성과를 내고 싶으면
실행하라

실행에 성공한 사람들의 4가지 행동 원칙

성과를 내고 싶으면
실행하라

크리스 맥체스니 · 숀 코비 · 짐 헐링

이창신 옮김 | 김경섭 감수

The
4 DISCIPLINES
of EXECUTION

김영사

성과를 내고 싶으면 실행하라

1판 1쇄 발행 2016. 3. 28.
1판 9쇄 발행 2023. 5. 15.

지은이 크리스 맥체스니·숀 코비·짐 헐링
옮긴이 이창신 | 감수 김경섭

발행인 고세규
편집 성화현 | 디자인 조명이
발행처 김영사
등록 1979년 5월 17일(제406-2003-036호)
주소 경기도 파주시 문발로 197(문발동) 우편번호 10881
전화 마케팅부 031)955-3100, 편집부 031)955-3200 | 팩스 031)955-3111

값은 뒤표지에 있습니다.   ISBN 978-89-349-7378-2 03320

홈페이지 www.gimmyoung.com   블로그 blog.naver.com/gybook
인스타그램 instagram.com/gimmyoung 이메일 bestbook@gimmyoung.com

좋은 독자가 좋은 책을 만듭니다.
김영사는 독자 여러분의 의견에 항상 귀 기울이고 있습니다.

이 도서의 국립중앙도서관 출판시도서목록(CIP)은 서지정보유통지원시스템 홈페이지
(http://seoji.nl.go.kr)와 국가자료공동목록시스템(http://www.nl.go.kr/kolisnet)에서
이용하실 수 있습니다.(CIP제어번호 : CIP2016006437)

"4가지 원칙은 산업시대의 상명하달과 통제 위주의 관리 기술 대신, 지식 근로자시대의 자유로운 접근법을 통해 사람들을 공통의 목표에 집중하게 하고, 이로써 전략을 실행하고 목표를 달성하게 한다. 이제까지 그 어느 방식에서도 찾을 수 없었던 정말 심오한 방식이다!"

스티븐 코비 〈뉴욕타임스〉 베스트셀러 작가이자 《성공하는 사람들의 7가지 습관》 저자.

"이 책은 조직의 전략적 변화를 달성하는 이론에 그치지 않는다. 저자는 효율적 실행이란 '무엇'인가에 그치지 않고 그것을 '어떻게' 달성하는지 알려준다. 그리고 그것을 한 번이 아니라 반복적으로 달성한 수많은 기업의 사례를 제시한다. 이 책은 모든 리더의 필독서이다!"

클레이튼 크리스텐슨 하버드 경영대학원 교수이자 《혁신기업의 딜레마》 저자

"문제는 전략이 아니라 실행이다! 이 책에는 가장 중요한 목표를 현실로

만드는 데 필요한 모든 것이 담겨 있다. 단순하지만 효과적인 이 모델은 이해하기도 쉽고 적용하기도 쉬워서 성과를 내는 데 그만이다. 나는 이 책을 사적인 삶에, 우리 가족에 그리고 우리 조직에 두루 사용한다. 모두 효과 만점이다!"

"메리어트는 '직원들을 보살피면 직원들은 손님을 보살필 것이다'라는 철학을 바탕으로 설립되었다. 이 책에 나오는 4가지 원칙은 직원들로 하여금 우리의 가장 중요한 목표인 '고객이 느끼는 첫인상'에 집중하게 만들어준다. 획기적인 성과를 올리고 싶은 모든 사람에게 이 책을 강력히 추천한다!"

"조지아 주는 이 책에 소개된 실행 원칙들을 적용해 전례 없는 성공을 거두었다. 우리는 수백 명에게 리더 인증을 해주고, 모든 부서에 4가지 원칙을 실시하게 해, 고객 서비스와 품질 개선, 비용 절감에서 전에 없던 성과를 달성했다. 세계 최고가 되려는 정부 부처라면 반드시 이 원칙을 실행해야 한다."

"목표·지표 설정과 관련된 4가지 원칙은 우리 회사의 모든 팀과 부서에서 호응을 얻었다. 많은 팀이 이 직관적 접근법을 이용해 직원의 참여를 이끌어내고 실행력과 책임감을 높였다."

"4가지 실행 원칙은 성장과 성공의 열쇠라고 생각한다. 우리는 여러 해 동안 직원의 집중도를 높이려 애썼다. 우선순위표, 성과 측정 기준, 기타 여러 방법을 동원해보았다. 그러다가 '회오리바람' '가장 중요한 목표' 개념에 매료되었다. 이 책을 읽는다면, 일이나 삶을 결코 예전 방식으로 바라보지 못할 것이다."

대니 웨그먼 〈포춘〉 선정 2005년 '가장 일하기 좋은 100대 기업' 1위 웨그먼스 푸드 앤드 마켓 최고경영자

"전략을 실행에 옮기는 능력이 없던 탓에 훌륭한 계획이 실패로 끝나는 경우를 많이 봤다. 이 책의 저자들은 장애물을 뚫고 성공으로 항해하는 현실적이고 실행 가능한 지침을 개발해냈다. 나는 이 책을 읽으면서 혼자 계속 생각했다. '이 책이 10년 전에 나왔더라면 얼마나 좋았을까!'"

테리 스콧 미국 제10대 해군주임원사

"사업을 하면서, 모든 직원을 회사의 가장 중요한 목표 달성에 매달리게 하는 몇 가지 간단한 행동을 찾아내는 것처럼 어려운 것도 없다. 4가지 원칙은 진짜 성과를 낼 수 있는 간단하고도 상식적인 방법을 알려준다."

롭 마키 베인 앤드 컴퍼니 파트너이자 《고객이 열광하는 회사의 비밀》 저자

"이 책에 나온 4가지 실행 원칙의 방법과 과정은 우리 조직에 말할 수 없이 큰 도움이 되었다. 모든 팀이 가장 중요한 목표를 정해 실천했고, 그 결과 직원의 참여도가 높아지고 고객 서비스와 프로젝트 수행이 개선되었다. 우

리는 직원들에게 계속 투자할 것이고, 4가지 원칙은 우리 기업 전체의 목표 달성에 여전히 매우 중요한 역할을 할 것이다."

앤드루 프롤리 엡실론사 사장

"이 책은 천재성과 단순성이라는 말로 표현할 수 있다. 전략적 계획을 실현하고 싶은 사람은 4가지 원칙을 이용하면 효과를 볼 수 있을 것이다. 선행 지표에 노력을 집중하면 성공할 수 있다. 그리고 간단한 책임 점검을 꾸준히 진행하면 업무의 질이 높아진다."

월터 레비 NCH 공동 사장 겸 공동 최고경영자

"'가장 중요한 목표' '선행지표' '점수판의 강점 활용' '책무 공유'. 이 책은 모든 리더와 조직에 필수인 전투 슬로건을 제시하고, 더불어 거기에 대응하는 법을 안내한다. 4가지 원칙은 모든 리더에게 단순히 미래의 계획을 넘어 전략을 완벽하게 실행하는 능력을 갖게 한다. 이 책은 모든 리더, 모든 조직에 큰 선물이다."

프랜시스 헤셀바인 프랜시스 헤셀바인 리더십 연구소 사장 겸 최고경영자이자 피터 드러커 비영리 경영재단 설립자

"훌륭하다! 그 어떤 조직이라도 이 책을 잘 활용하면 실행력을 획기적으로 끌어올리는 데 큰 도움이 될 것이다."

더글러스 코넌트 캠벨수프컴퍼니 전 최고경영자이자 〈뉴욕타임스〉 베스트셀러 작가

"나는 이 책에 나온 원칙과 과정을 여러 해 실천했고, 이 원칙이 조직의 전

성과를 내고 싶으면 실행하라

략적 목표 달성에 훌륭한 기본 틀이라고 증언할 수 있다."

로저 모건 리테일 프러덕츠 그룹 사장 겸 최고경영자

"이 책은 뛰어난 조직을 만드는 실무 지침서로, 조직의 모든 팀과 부서에 적용할 수 있는 단순하고 실천 가능한 성공 비결을 제시한다. 4가지 원칙은 고도의 집중력을 이끌어내 뛰어난 성과를 내게 한다. 경영에서 '혁신적'이라는 말이 남용되어 제 기능을 하지 못하는 경향이 있지만, 4가지 원칙만큼은 '혁신적' 추진력과 지속 가능한 성과를 이끌어낸다는 말이 과장이 아니다."

맷 올드로이드 파츠매스터 사장 겸 최고경영자

"사람들은 저마다 무한한 능력을 가지고 세상에 나온다. 누구나 경이로운 일을 해낼 수 있다. 인생에서 자신에게 중요한 일을 더없이 훌륭히 성취하는 것보다 더 신나는 일은 없다. 저자는 이 책에서 인간 성취의 핵심 원칙과 성취 과정을 포착했다."

무함마드 유누스 노벨 평화상 수상자이자 빈곤 퇴치 운동가

"지난 35년 동안 고등교육 행정 업무를 해왔는데, 그사이 사립대학과 공립대학의 관리 책임은 점점 늘었다. 그동안 나는 고등교육 리더들이 맞닥뜨리는 가장 큰 장애물은 해당 교육 기관의 주요 전략적 목표를 성공적으로 꾸준히 달성하는 것, 즉 실행의 문제라는 사실을 깨달았다. 이 책도 당연히 이론으로 시작하지만, 교육 행정가들에게 가장 크게 기여하는 부분은 '실행 과정'에 집중하는 것이다. 바로 이 점에서, 전략적 목표 달성이라는 책임을 지

닌 모든 대학 행정가들의 필독서다."

앙겔로 아르멘티 주니어 캘리포니아대학교 총장

"군 지도자들은 조직의 임무 완수에는 사람이 중심이자 핵심이라는 사실을 잘 안다. 이 책의 가치는 모든 사람을 분명하고, 구체적이고, 가시적으로 그 임무 완수와 연결시키는 데 초점을 맞춘다는 점이다. 사람들은 저마다 분명한 역할이 있고, 그 역할에 따라 측정되며, 그것을 달성하면 축하받는다. 해군에 전투기를 보급하든, 도시 공교육 체계를 극적으로 개선하든, 몇 가지 중요한 목표를 훌륭히 달성하는 데 초점을 맞출 수 있느냐에 따라 성공과 실패가 갈린다."

존 스캔런 퇴역 미 해군 대령이자 클리블랜드 시 교육자치구 최고재무관리자

"이 책은 전략을 실행으로 이끄는 획기적인 리더십을 선보인다. 중요한 연구 결과를 바탕으로, '지식을 행동으로' 옮기는 방법을 알기 쉽게 설명한다. 이 방법이라면 승리할 수 있다! 더 중요한 것은 직원이 자신의 업무를 더 적극적으로 수행한다는 점이다. 직원들은 자신의 노력과 성과가 회사의 전략 실행에 어떻게 기여하는지 명확히 이해하고 경험한다. 이들이 하는 일은 의미심장하다. 이들은 팀에 기여하고 있고, 자신이 성취한 것에 자부심을 가져도 좋다."

톰 핼포드 월풀 본부장

"원대함을 달성하는 것이 목표였던 조직에서 여러 해 동안 일한 경험을 바탕으로, 이 책을 강력히 추천한다. 대단히 무모해 보이는 꿈을 달성하려는 팀

10

성과를 내고 싶으면 실행하라

에게는 진정한 입문서이고, 원대함을 달성하려는 리더들에게는 필독서이다."

앤 로즈 피플 잉크 사장이며, 제트블루 전 부사장, 사우스웨스트 항공 전 인사 최고책임자,

《가치 기반 경영》 저자

"이 책은 실행과 가능한 전략의 중요한 관계를 명확히 설명할 뿐 아니라
성공 가능성을 높일 구체적인 방법을 제안한다. 이 책이 추천하는 접근법은
목표에 집중하게 하고, 업무와 목표의 연결고리를 분명히 하며, 단순한 계기
판을 만들어 생생하고 시의적절한 피드백을 받을 수 있게 한다. 더불어 다양
하고 구체적인 사례와 제안을 소개하고 그에 따른 처방을 제시한다."

조엘 피터슨 제트블루 항공 회장, 스탠퍼드 경영대학원 로버트 조스 경영 자문 교수, 피터슨
파트너 창립 파트너

"이 책은 조직의 최우선 순위 목표에 집중해 목표를 달성하는 놀라운 방
법을 소개한다. 나는 공공 조직의 리더로서, 복지사업의 필요성은 증가하는
데 자원은 줄어드는 상황에 처할 때마다 이 책에 나온 원칙을 되풀이해 참고
하곤 했다."

워커 조지아 주 전 복지부의 장관

"이 책을 처음 만난 것은 일선 관리자들이 6개월 동안의 결과를 처음 보
고하던 회의에서였다. 회의실은 승리자로 가득했다. 4가지 원칙과 그 방법을
전체 조직에 적용하면서, 기업 축소의 와중에도 직원의 참여도와 협동심이
높아졌고, 확장된 영업 목표도 달성했다."

알렉스 아자르 릴리 USA 사장

"4가지 실행 원칙은 원칙 기반 체계로, 일상적 실행의 복잡함을 단순화해 시간이 흐르면서 꾸준히 가치를 증대시킬 수 있게 한다. 실행 암호를 해독하게 해줘서 고마워요, 프랭클린코비!"

후안 보니파시 과테말라 그루포 엔테로 최고경영자

"리더가 해야 할 가장 중요한 일 하나를 꼽는다면 실행에 집중하기다. 이 책은 가장 중요한 목표에 꾸준히 집중하려는 리더들에게 훌륭한 지침서다. 조직에서 책무를 공유하라는 현실적인 조언도 담겼다. 유럽을 비롯해 전 세계 어디서나 통용되는 훌륭한 책으로, 시간이 지나도 변함없이 위대한 성과를 달성하는 탁월한 방법을 제시한다."

사나 리드베르크 린데 그룹 산하 AGA 가스 AB 북유럽 지역 보건의료 최고책임자

"사업 콘셉트나 방법의 타당성과 유효성을 검증하는 최선의 방법은 진짜 상황에 적용해 결과를 지켜보는 것이다. 이 책에서 조직의 전략적 목표 달성 방법으로 제시한 원칙들을 우리 회사에 적용할 기회가 생겼다. 그 결과 일단 이 원칙이 어느 정도 자리를 잡으면, 원하는 목표를 얼마든지 꾸준히 달성할 수 있으며, 따라서 원칙이 자리 잡기까지 노력할 가치가 있다고 확신하게 되었다. 이때 핵심은 전 과정을 열심히 훈련하는 것이다."

미구엘 모레노 블라덱스 라틴아메리카 무역은행 최고경영자 겸 최고운영책임자

"4가지 실행 원칙을 약 7개월간 실시한 결과, 우리는 비용절감 효과를 5.9퍼센트에서 26.1퍼센트로, 최종 이윤을 3.7퍼센트에서 43.3퍼센트로 증가시키는 성과를 올렸다. 무엇보다도 가장 중요한 것은 직원의 참여와 신뢰가 비

성과를 내고 싶으면 실행하라

약적으로 높아졌다는 것이다."

퍼 버키모스 유로마스터 덴마크 지역 총책임자

"4가지 실행 원칙을 활용하면서 우리에게 가장 중요한 것은 목표 달성에 확실한 효과가 있어야 한다는 것이었는데, 사용해보니 정말 그랬다. 우리 직원 7,168명이 힘을 합쳐 목표를 달성하는 데 4가지 원칙은 탁월한 도구였다. 직원들은 자신의 역할과 그것이 기업에 미칠 효과를 확실히 인식했다. 이 밖에 덤으로 얻은 효과도 있었는데, 이를테면 최고의 실천 사례를 교환하고, 최고의 조화와 협동을 보여주었으며, 서로 다른 영역에서 치열하지만 건전한 경쟁을 벌이기도 했다는 것이다. 대단한 효과가 아닐 수 없다."

리카르도 페르난데스 과테말라 코르포라시온 BI 최고운영책임자

"리더라면 획기적인 성과를 꾸준히 달성하기 위해서 이 책을 읽어야 한다. 4가지 실행 원칙은 오늘날의 세계 시장과 빠르게 변하는 사업 환경에서 진정한 경쟁력을 갖추게 한다."

줄리오 자페리 세고스 이탈리아 SPA 고위 경영자문가

"회사에서 4가지 원칙을 실행했더니 조직 문화에 긍정적 영향을 미쳐, 지금은 조직의 모든 구성원이 사업의 우선순위를 이해하고 그것을 실현하는 정확한 방법을 알게 되었다. 우리는 각 팀에서 우리가 무엇을 기대하는지 더 분명히 알게 되었고, 사람들에게 참여 의식을 고취시키는 공통된 언어를 갖게 되었다. 직원 개개인이 회사에 기여하는 부분을 명확히 이해하게 된 덕분이다. 이 방식은 가장 중요한 목표 실천을 지속적으로 관리하는 적절한 방법

을 제공할 뿐 아니라 더욱 효과적으로 회의를 진행해, 최우선 순위의 일에 더욱 집중하게 한다. 팀을 지도하고 전략 실행 계획을 세우는 효과적인 방법으로 4가지 원칙을 적극 추천한다."

루이스 페르난도 발라다레스 기엔 과테말라 티고 최고경영자

"4가지 실행 원칙은 이론을 넘어, 전략 실행에서 정말 유용한 길잡이다. 이 원칙들 덕에 우리 조직은 목표 달성에 꼭 필요한 중요한 일에 꾸준히 집중할 수 있었다. 이 책은 어느 분야든 전 세계 모든 리더들이 전략 실행에서 가장 흔히 빠지기 쉬운 함정을 피하게 해주는 훌륭한 도구이다."

피에트로 로리 스위스 게오르그 피셔 파이프 시스템스 사장

"프로그레소에서 4가지 원칙을 실행한 것은 회사의 모든 사람에게 훌륭한 학습 체험이었다. 우리는 이사회 팀, 최고관리 팀 등 팀 단위로 가장 중요한 목표를 정하고, 동시에 사업 단위별로 책무를 공유하여, 모두가 자기 임무를 이해할 뿐 아니라 더 중요하게는 성과를 내는 데 꼭 필요한 일을 주 단위로 실천할 수 있었다. 4가지 원칙은 회사의 핵심 가치를 기초로 리더의 의무를 실행하는 데도 도움이 되었다. 개인적으로는 4가지 실행 원칙을 배운 덕에 인생의 목표 설정 방식도 바뀌었다. 지금은 내가 참여하는 모든 활동에서 목표를 정하고 실천하는 데 이 개념을 추천하거나 직접 적용하고 있다."

호세 미구엘 토레비아르테 과테말라 그루포 프로그레소 사장

"20년 넘게 회사 운영을 책임지면서 직원과 관리자들에게 일상적 핵심 업무를 우선순위로 삼게 했었다. 4가지 실행 원칙을 실천하면서부터는 이런

성과를 내고 싶으면 실행하라

일상적 업무를 대단히 효과적으로 정착시키고, 가장 중요한 목표를 누구나 쉽게 알 수 있게 했다. 멕시코 전역에 있는 212개의 슈퍼센터 직원들은 가장 중요한 목표 3개를 누구나 알고 있다. 이런 노력으로 만족도와 협동심이 높아져, 직장 생활의 질이 개선되었다."

과달루페 모랄레스 멕시코 월마트 슈퍼센터 운영 부사장

"사업 환경이 수없이 바뀌고 다양한 정보가 쏟아지는 시대에, 이 책은 직원들과의 긴밀한 협조로 업무의 우선순위를 정하고, 명확한 목표와 행동을 설정해 조직의 효율성을 높여주었다."

젠스 에릭 페더슨 덴마크 동 에너지 전력생산 상무

"적절한 실행이 없는 전략은 그것이 적힌 종이만큼의 가치도 없다. 이 책은 경영대학원에서도 가르쳐주지 못하는, 그 어느 조직이건 성공에 이르는 필수 과정을 가르쳐줄 것이다."

진 가브리엘 페레스 스위스 뫼벤피크 호텔 앤드 리조트 사장 겸 최고경영자

차례

1부
4단계 실행 원칙

2부
팀에 4가지 원칙 정착시키기

3부
조직에 4가지 원칙 정착시키기

The *4* DISCIPLINES of EXECUTION

인텔 창립에 기여하고 그 뒤 최고경영자이자 회장으로 여러 해 인텔을 이끈 앤디 그로브Andy Grove는 이제까지 내게 놀라운 것들을 가르쳐주었다. 그와 그의 직속 부하 직원들이 모여 셀러론 마이크로프로세서 출시를 은밀히 논의하던 회의 때도 그랬다. 나는 당시 컨설턴트로 참여했다. 당시 파괴이론theory of disruption은 인텔을 위협하는 요인으로 지목됐었다. AMD와 사이릭스Cyrix, 두 회사가 마이크로프로세서의 저가 시장을 공략하면서, 초보자용 컴퓨터를 만드는 회사에 값싼 칩을 다량 판매했다. 이들은 이런 식으로 시장 점유율을 획기적으로 끌어올린 뒤에 고가 시장으로 옮겨가기 시작했다. 인텔은 손을 써야 했다. 쉬는 시간에 앤디 그로브가 내게 물었다.

"어떻게 해야 하지?"

나는 전반적으로 구조가 다르고 자체적으로 영업 인력을 확보한, 기존과 다른 자율적 사업 단위를 만들어야 한다고 기다렸다는 듯이 대답했다.

앤디는 특유의 걸걸한 목소리로 말했다.

"정말 순진한 학자시군. '어떻게' 해야 하는지 물었는데 '무엇'을 해야 하는지 말하다니."

그는 거친 말투로 이렇게 덧붙였다.

"무엇을 해야 하는지는 나도 알아. 어떻게 해야 하는지를 모르겠다고."

나는 숨을 곳도 없이 신 앞에 서 있는 기분이었다. 그로브가 옳았다. 아닌 게 아니라 나는 순진한 학자였다. 나는 '무엇'과 '어떻게'의 차이도 모르는 사람이라고 광고한 꼴이었다.

나는 보스턴으로 돌아가는 비행기에서, 내 연구의 초점을 바꿔 '어떻게' 이론을 개발해야 하는 게 아닌가 고민했다. 하지만 '어떻게' 이론을 어떻게 개발할지 생각이 떠오르지 않아 포기했다.

결국 하던 대로 경영의 '무엇', 즉 전략이라 부르는 것을 집중적으로 연구했고, 성과도 좋았다. 많은 전략 연구가, 컨설턴트, 작가 들이 전략적 문제를 바라보는 정적인 시각을 내왔다. 기술, 기업, 시장의 상황을 담은 사진 같은 이런 시각에는 당시 특정 시점에서 성공한 기업과 고전을 면치 못하는 기업의 특징, 또는 당시 다른 사람들보다 성과가 좋은 경영인의 특징들을 보여주었다. 최고의 성과를 내고 싶다면, 최고의 기업과 최고의 경영인을 따라 해야 한다는 직설적인 또는 암묵적인 권고가 담긴 시각이다.

나와 동료들은 사진은 피했다. 그 대신 전략 '영화'를 만들었다. 제작자, 시나리오 작가가 만들어낸 이야기가 극장에서 펼쳐지는 그런 영화는 아니다. 우리가 하버드에서 만드는 색다른 영화는 '이론'이다. 어떤 일이 벌어진 '동기'와 '이유'를 설명하는 이론이다. 이 이론들이 영화의 '줄거리'를 구성한다. 긴장과 반전으로 가득한 극장 영화와 달리 우리 영화의 줄거리는 100퍼센트 예상 가능하다. 관객은 영화에 등장하는 배우들, 그러니까 서로 다른 사람과 기업과 산업을 다른 인물이나 기업으로 대체해 영화를 다시 볼 수도 있다. 배우의 행위를 관객이 선택해도 좋다. 그러나 영화의 줄거리가 인과관계 이론에 바탕을 두었기 때문에 그 행위의 결과는 얼마든지 예상 가능하다.

지루하냐고? 오락을 원한다면 지루할 수도 있다. 하지만 자신이 하는 일의 '무엇', 즉 전략이 옳은지 그른지 알아야 하는 관리자라면 가급적 확실성이 필요하다. 바로 그 이론이 영화의 줄거리이기 때문에 원한다면 영화를 되돌려 반복해 보면서, 특정 시점에 무엇이 원인이고 왜 그러한지 이해할 수도 있다. 이런 종류의 영화가 지닌 또 다른 특징은 미래도 미리 볼 수 있다는 점이다. 내가 처할 법한 상황에 맞게 계획을 바꾸고, 그 결과 어떤 일이 일어날지 영화에서 확인할 수도 있다.

자랑 같지만, 우리가 전략, 혁신, 성장을 연구해 내놓은 전략 이론 또는 전략 영화를 많은 관리자들이 따로 시간을 내어 읽고 이해해 그 어느 때보다 풍성한 성공을 거두었다고 나는 확신한다.

남은 과제는 변화의 시기에 회사를 '어떻게' 운영하느냐이다. '어떻게'의 문제는 이 책이 나오기 전까지 제대로 연구된 적이 거의 없었다.

'어떻게'에 관해 연구다운 연구가 나오기까지 이렇게 오랜 시간이 걸린 이유는 연구의 규모가 다르기 때문이다. 전략, 즉 '무엇'에 관한 인과관계 이론은 대개 기업 한 곳을 집중적으로 연구해 얻는다. 내가 디스크 드라이브 산업을 연구할 때도 그랬다. 반면에 전략적 변화를 '어떻게' 이끌어내는가의 문제는 모든 기업에서 끊임없이 일어난다. '어떻게'에 관한 이론 개발은 기업 한 곳을 한 번 연구해서 끝나지 않는다. '어떻게'는 사진 한 방으로 해결되지 않는다. 여러 해 동안 여러 기업을 반복적으로 깊이 들여다봐야 한다. 나를 비롯해 학계 사람들이 전략적 변화의 '방법'에 눈을 돌리지 않은 이유는 이처럼 방대한 노력이 필요하기 때문이다. 쉽게 말해 우리 능력 밖이었다. 이 연구에 필요한 시각, 통찰력, 규모는 프랭클린코비FranklinCovey 같은 회사나 가능했다.

이 책이 무척 반가운 이유도 그 때문이다. 이 책을 채운 이야기는 한때 성공한 기업들의 일화가 아니다. 이 책에는 효과적인 실행 '방법'에 관한 인과관계 이론이 담겼다. 저자가 우리에게 제시한 것은 실행을 담은 일회성 사진이 아니라 영화다. 우리는 이 영화를 몇 번이고 되돌려 보면서 거듭 연구할 수 있으며, 리더라면 자기가 속한 기업과 그곳 직원들을 이 영화에 배우로 투입할 수도 있다. 그리고 자신의 미래도 내다볼 수 있다. 이 책은 상점별, 호텔별, 부서별로 오랜 시간에 걸쳐 새로운 실행 '방법'을 개발한 심도 깊은 연구 결과다.

독자들도 나만큼 이 책을 즐겁게 읽으면 좋겠다.

클레이튼 크리스텐슨
하버드 경영대학원 교수

전략과 실행

결과를 이끌어낼 때 리더가 힘을 발휘할 수 있는 중요한 2가지는 '전략'(또는 계획)과 그 전략을 '실행'할 능력이다.

하던 일을 잠시 멈추고 이렇게 자문해보라.

"리더들은 어느 쪽에 더 매달리는가? 전략을 짜는 쪽인가, 그 전략을 실행하는 쪽인가?"

세상의 어느 리더든 이 질문을 받으면 주저 없이 대답한다.

"실행!"

그렇다면 이제 두 번째 질문을 던져보자.

"경영학 석사 과정을 밟았거나 경영학 수업을 들었다면, 어느 쪽을 더 많이 공부했는가? 실행인가, 전략인가?"

리더에게 이 질문을 던지면, 이번에도 주저 없이 대답한다.

"전략!"

리더들이 가장 고민하는 분야가 그들이 교육을 가장 덜 받는 분야라

성과를 내고 싶으면 실행하라

는 사실은 어쩌면 그다지 놀랍지 않다.

우리가 전 세계 다양한 분야의 산업체와 학교 그리고 정부 기관에 속한 리더와 팀을 연구하면서 알게 된 사실은 이렇다. 일단 어떤 일을 하겠다고 결심했을 때 가장 큰 도전은 내가 원하는 수준으로 사람들이 그 일을 실행하게 하는 것이다.

실행이 왜 그리 어려울까? 전략이 분명하고 리더가 그 전략을 추진한다면 팀은 자연스럽게 참여하지 않겠는가? 그 답은 "아니오"이다. 실제로 리더들은 그렇지 않았던 경험이 여러 번 있을 것이다.

독자들은 이 책에서 우리가 이제까지의 경험에서 얻은, 행동에 옮길 수 있고 효과가 큰 통찰력을 마주할 것이다. 그리고 수천 명의 리더들과 수십만 명의 일선 직원들이 도입해 놀라운 성과를 얻은 일련의 원칙을 발견할 것이다.

편지

그날 일정표에 적힌 세 시간짜리 회의를 보며 가야 하나 말아야 하나 고민스러웠다. 엘리 릴리 앤드 컴퍼니 Eli Lilly and Company 미국 지점의 부사장이 된 나는 정신없이 바쁜 시기를 보내고 있었다. 하지만 우리 임원 한 사람이 주최하는 회의라 참석하기로 마음먹었다.

나는 이때의 결정을 두고두고 기뻐하는데, 회의가 시작된 지 몇 분 만에 내가 뭔가 특별한 것을 보고 있다고 깨달았기 때문이다. 어느 팀이 '4가지 실행 원칙'이라 알려진 새로운 실천 방법을 시험 삼아 실행해 놀라운 성과를 거둔 일화를 발표했다. 이들은 목표를 달성한 사람들이었을 뿐 아니라 말과 행동이 영락없는 '승자'였다. 다들 가슴을 쭉 펴고 고개를 꼿꼿이 들었다. 나는 임원으로서 그런 성과가 나오길 바랐고, 더 중요하게는, 조직 전체에 그런 '마음가짐'이 퍼지길 바랐다.

우리는 2가지 중요한 목표를 달성하기 위해 우리 의료보장 사업 전체에서 4가지 실행 원칙을 시작했다. 고객이 우리 약을 쉽게 만날 수 있게 하는 동시에 현실적인 수익성을 높인다는 목표였다. 이 시기에 회사는 더욱 효과적인 운영을 위해 대대적인 조직 개편도 단행하던 중이었다. 직원의 참여를 이끌어내기에는 상황이 매우 복잡한 때였다. 결국 우리는 이윤을 획기적으로 높여 2가지 목표를 거뜬히 달성했다. 그러나 우리가 거둔 가장 큰 성과는 따로 있었다.

그것은 팀의 참여를 높여 조직의 문화를 굳건히 한 것이었다. 조직의 요구가 높아지고 더불어 조직을 재정비하느라 상당한 변화가 있던 이 시기에 직원의 참여는 오히려 높아졌다.

나는 그때 회의에 참석하기로 한 결정과 우리가 함께한 긴 여정을 자주 회고한다. 그 여정에서 우리는 놀라운 성과를 냈을 뿐 아니라 성취도가 높은 문화를 만들어냈다. 내게는 더없이 중요한 결정이었고, 내가 조직을 이끄는 방식을 영원히 바꿔놓은 결정이었다.

앨릭스 아자르
릴리 USA 사장

실행의 진짜 문제

워커B. J. Walker는 이제까지의 이력에서 가장 어려운 과제에 직면했다. 2004년, 조지아 주 복지부 장관으로 새로 임명되어 와보니, 2만여 명에 이르는 직원의 사기가 땅에 떨어져 있었다. 5년 사이에 장관이 여섯 명이나 거쳐가 힘이 다 빠졌고, 주 정부 보호시설에 있던 아이들 여럿이 죽거나 다치는 사고가 일어나 끊임없이 매체의 감시를 받고 있었다. 여러 달 동안 직원들은 행여 실수라도 하지 않을까 줄곧 노심초사했고, 가뜩이나 저조했던 생산성은 더 나빠져 미국에서 미해결 업무가 많기로 손꼽히게 되었다. 워커는 팀원의 집중력을 높이고 조직의 방향을 제시할 조치가 필요했다. 시간이 촉박했다.

워커가 이끄는 팀은 18개월이 채 안 되어, 반복되던 아동 학대를 무려 60퍼센트가량이나 줄였다.

성과를 내고 싶으면 실행하라

· · ·

메리어트 인터내셔널 본사 근처에 있는 베데스다 메리어트Bethesda Marriott 호텔은 실적을 올리기 위해 회사 차원의 리더십을 발휘했다. 총지배인 브라이언 힐거가 이끄는 팀과 호텔 소유주들은 다 함께 2천만 달러 규모의 호텔 새 단장 작업에 착수했다. 객실과 복도 그리고 레스토랑을 완전히 새로 바꾸는 작업이었는데, 고객 평가에 아주 중요한 요소였다. 결과는 놀라웠다. 바뀐 호텔은 그야말로 환상적이었다. 그러나 고객 평가는 아직 여전히 만족스럽지 못했다. 두 번째로 고려할 부분은 호텔에서 직원들이 어떻게 고객과 소통하고, 어떻게 직무를 수행하느냐는 것이었는데, 이는 새로운 행동이 필요한 전략이었다.

1년 뒤, 브라이언이 이끄는 팀은 고객 만족도 평가에서 회사의 30년 역사상 가장 높은 점수를 받았다. "고객 만족도 평가가 집계되는 금요일만 되면 겁이 났었어요. 이제는 금요일 아침에 눈을 뜨면 마음이 설렙니다." 브라이언은 이렇게 말했다.

· · ·

조지아 주 엘리 릴리 사례와 메리어트 사례는 전혀 다른 이야기 같지만, 사실은 그렇지 않다. 두 사례에서 리더들이 부딪힌 가장 큰 도전은 본질적으로 똑같다. 따라서 해결책도 같았다.

그렇다면 공통된 도전은 무엇이었을까? 획기적인 행동 변화가 필요한 전략을 실행하는 것이었다. 팀이나 조직의 구성원 다수 또는 전부의 행동을 바꿔야 하는 전략이다.

공통된 해결책은? 4가지 실행 원칙4DX, The 4 Disciplines of Execution을 깊이 뿌리 내리게 하는 것이었다.

리더라면 누구나 더러는 자신도 모르게 이 도전에 맞서게 된다. 리더들은 지금도 사람들의 행동을 변화시키려고 노력할 것이다. 소규모 팀이든 회사 전체든, 가족이든 공장이든, 행동이 변하지 않고는 획기적인 성과를 내기 어렵다. 성공하려면 순응만으로는 부족하다. 몰입해야 한다. 리더라면 다들 알겠지만, 성심성의를 다한다는 것이, 지루하고 고된 일상에서도 꾸준히 몰입한다는 것이 결코 쉬운 일은 아니다.

우리는 이 책을 쓰기 전에 4가지 원칙을 1,500번 이상 실행해보았다. 왜? 앨릭스 아자르, 워커, 브라이언 힐거 등이 직면했던 수백 가지의 현실적 도전에서 유용하게 쓰이도록 4가지 원칙을 시험하고 다듬기 위해서였다.

사람들의 지속적인 행동 변화가 필요한 전략을 실행하려면 전에 없던 대단한 리더십을 발휘해야 한다. 4가지 실행 원칙은 흥미로운 이론을 실험하는 것이 아니다. 도전에 맞서 증명된 방법을 실행하는 것이다.

진짜 도전

팀이나 조직의 추진력을 크게 높이기 위해 리더가 주도하는 것을 전략이라 부르든, 목표라 부르든, 아니면 단순히 개선 노력이라 부르든, 그것은 다음 두 부류 중 하나다. 주로 펜대를 굴리는 것이거나, 행동을 변화시키는 것이거나.

펜대 굴리기 전략은 명령이나 허가를 내려 전략이 실행되게 하는 것이다. 간단히 말해, 돈과 권위가 있으면 실행할 수 있는 전략이다. 가령 대규모 자본 투자, 보상 체계 변경, 역할과 책무 조정, 직원 확충, 새로운 광고 같은 전략이다. 이런 전략을 실행하려면 기획, 의견 수렴, 배짱, 두뇌, 돈이 필요하겠지만, 어쨌든 결국은 실행되게 마련이다.

행동 변화 전략은 펜대 굴리기 전략과는 사뭇 다르다. 명령만으로는 실행할 수 없다. 사람들의, 대개는 아주 많은 사람들의 행동을 바꿔야 하기 때문이다. 그리고 사람들의 행동 방식을 바꾸려 시도해본 사람이라면 그것이 얼마나 어려운 일인지 잘 안다. 나를 바꾸는 것만으로도 벅차다.

예를 들어, 가게에 손님이 들어왔을 때 30초 안에 인사를 하도록 매장 직원을 일일이 교육해야 할 수도 있고, 영업 부서에서 새로운 고객관계관리CRM 시스템을 사용하도록 해야 할 수도 있으며, 제품개발 팀과 마케팅 팀을 서로 협력하게 해야 할 수도 있다. 앨릭스 아자르나 워커라면 수십 년간 몸에 밴 일상을 바꿔야 할지도 모른다. 결코 만만한 일이 아니다.

펜대 굴리기 전략	행동 변화 전략
자본 투자	고객 체험 향상
직원 확충	서비스 품질 향상
공정 변경	빠른 대응
전략적 인수	운영 일관성
광고 지출	상담 판매 접근
제품 구성 변화	초과 비용 감축

사람들의 행동 변화가 필요한 전략과 펜대를 굴려 실행할 수 있는 전략의 사례

한때 펜대 굴리기 전략으로 알려졌던 전략이 획기적인 행동 변화가 필요한 전략으로 발전하는 경우도 그리 드물지 않다.

우리 동료 짐 스튜어트는 그런 도전을 이렇게 요약했다. "한 번도 달성한 적 없는 목표를 달성하려면, 한 번도 해본 적 없는 행동을 해야 한다." 그 목표는 판매 방식 변화일 수도 있고, 고객의 만족도 향상일 수도 있으며, 기획 관리 원칙을 개선하거나 새로운 제조 공정에 익숙해지는 것일 수도 있다. 이때 사람들의 행동 변화가 필요하다면 행동 변화 전략을 추진해야 하는데, 쉬운 일이 아니다.

출근길에 "빌어먹을, 이거 하나 못 하는 게 말이 돼?" 하고 혼자 중얼거린 적이 있지 않은가? 그렇다면 사람들을 바꾸지 못한 탓에 원하는 결과를 얻지 못했을 때 어떤 기분이었는지 기억할 것이다. 많은 리더들이 경험하는 일이다.

세계적 경영 컨설팅 기업인 베인 앤드 컴퍼니Bain & Company는 조직 변화를 연구한 뒤 이렇게 보고했다. "새로운 기획의 65퍼센트가 일선 직원들의 획기적인 행동 변화를 필요로 하는데, 관리자들은 이 점을 생각하지 못하거나 미리 계획하지 않기 일쑤다."[1]

매우 중요한 사실인데도 이를 아는 리더는 드물다. "사람들의 행동 변화가 필요한 전략을 제대로 추진하고 싶다"고 말하는 리더를 본 적 있는가? 그보다는 "톰, 폴, 수는 이 일에서 빠졌으면 좋겠다"고 말하는 리더를 더 자주 보았을 것이다.

리더가 직원들이 문제라고 생각하는 것은 당연하다. 해야 할 일을 하지 않은 사람은 어쨌든 그들이니까. 하지만 그 생각은 잘못이기 쉽다. 절대 직원들 문제가 아니다!

품질향상운동의 아버지 에드워즈 데밍Edwards Deming은 대다수 사람들이 대부분의 시간에 특정 방식으로 행동한다면 사람들이 문제가 아니라 시스템이 문제라고 가르쳤다.[2] 리더는 시스템에 책임을 져야 한다. 특정인이 큰 골치일 수도 있지만, 늘 직원을 비난하는 리더는 문제를 다시 살펴봐야 한다.

우리는 여러 해 전에 이 문제를 연구하기 시작하면서 실행력이 약한 근본 원인이 궁금했다. 우리는 전 세계 노동자를 대상으로 설문조사를 의뢰했고, 수백 개의 기업과 정부 기관을 연구했다. 연구 초기부터 문제는 곳곳에서 눈에 띄었다.

실행을 좌절하게 하는 주범은 목표의 명확성과 관련된 듯했다. 사람들은 자기가 수행해야 하는 목표를 이해하지 못했다. 초기 연구 결과, 자기가 속한 조직의 가장 중요한 목표를 하나라도 말할 수 있는 직원은 일곱 명 중 한 명꼴에 불과했다. 그렇다, 상사가 명시한 3가지 주요 목표 중에 하나라도 말할 수 있었던 사람은 고작 15퍼센트에 지나지 않았다. 나머지 85퍼센트는 '본인이 생각하는' 조직의 목표를 말했지만, 대개는 상사가 말한 목표와 거리가 멀어도 한참 멀었다. 직위가 아래로 내려갈수록 목표를 명확히 이해하지 못했다. 그리고 이런 현상은 우리가 발견한 문제의 시작에 불과했다.

목표에 몰입하지 못하는 것도 문제였다. 목표를 아는 사람도 목표 달성에는 소극적이었다. 단지 51퍼센트만이 팀의 목표에 열정적으로 매달린다고 답했고, 나머지 절반은 마지못해 시늉만 낼 뿐이었다.

책임 소재도 문제였다. 조사 대상의 무려 81퍼센트가 조직의 목표를 달성하는 일상적 과정에 책임을 지지 않는다고 답했다. 그리고 조직의 목표가 구체적인 행위로도 제시되지 않았다. 그런 탓에 87퍼센트가 목표 달성을 위해 무엇을 해야 하는지에 대한 명확한 개념이 없었다. 이런 상황에서 목표를 일관성 있게 실행하지 못하는 건 당연했다.

한마디로 사람들은 목표가 무엇인지 분명히 알지 못했고, 목표에 몰입하지 않았으며, 목표를 달성하려면 구체적으로 무엇을 해야 하는지도 몰랐고, 그에 대해 책임도 지지 않았다.

여기까지가 목표 실행이 실패하는 가장 분명한 이유였다. 이 외에도 더 구체적으로 따지고 들어가면 신뢰 부족, 잘못된 보상 체계, 미숙한 개발 과정, 부실한 의사 결정 등의 문제도 있었다.

마음 같아서는 당장 "다 뜯어 고쳐! 전부 뜯어 고쳐야 전략을 실행할 수 있어"라고 해야 할 것 같았다. 하지만 그것은 바닷물을 끓이라고 충고하는 꼴이었다.

우리는 문제를 점점 더 깊이 파고들면서 실행 실패의 뿌리 깊은 원인을 구체적으로 지목하기 시작했다. 방금 지적한 목표의 불명확함, 몰입과 협동과 책임감 부족은 모두 전략 실행을 어렵게 한 요소가 분명했다. 그런데 사실, 처음에는 그런 문제에 정신을 쏟느라 더 근본적인 문제를 보지 못했다. "물고기는 마지막에 물을 발견한다"라는 속담이 있다. 우리가 딱 그 꼴이었다. 뒤늦게 물을 발견한 물고기처럼 우리는 내내 헤엄만 치다가 실행의 근본적인 문제는 늘 우리 코앞에 있었음을 뒤늦게 깨달았다. 그동안 문제를 보지 못한 이유는 문제가 사방에, 너무나 빤히 보이는 곳에 있던 탓이었다.

회오리바람

실행의 진짜 적은 일상적인 일이다! 우리는 그것을 '회오리바람'이라 부른다. 날마다 해야 하는 일을 관리하는 데도 상당한 힘이 필요하다. 그리고 새로운 것을 실행하는 데 걸림돌이 되는 것도 바로 이런 일상적인 일들이다. 이 회오리바람에 집중력을 빼앗기다 보면 팀에 추진력을 불어넣기 힘들다.

리더들은 회오리바람과 전략적 목표를 구분하지 못하는 때가 많다. 둘 다 조직의 생존에 꼭 필요한 요소이기 때문이다. 하지만 둘은 엄연히 다르다. 그뿐만 아니라 이 두 요소는 시간, 자원, 힘과 주의를 끌기 위해 끊임없이 경쟁을 벌인다. 이 경쟁에서 대개 둘 중 어느 것이 승리할지는 구태여 말할 필요가 없다.

회오리바람은 다급하고, 리더와 그 밑에서 일하는 모든 사람에게 매 순간 영향을 미친다. 앞으로 나아가기 위해 세운 목표도 중요하지만, 다급한 일과 중요한 일이 충돌하면 언제나 다급한 일이 승리하게 마련이다. 일단 이 사실을 인식하면, 이런 충돌은 도처에서 그리고 새로운 것을 실행하려는 팀에서 매번 일어난다는 것을 알게 된다.

본인의 경험을 떠올려보라. 시작은 좋았지만 나중에 폐기 처분된 중요한 기획은 없었는가? 그때 결말은 어땠는가? 요란한 충돌과 거대한 폭발로 끝이 났는가? 아니면 회오리바람에 질식되어 시간이 흐르면서 조용히 사그라들었는가? 우리는 리더 수천 명에게 이 질문을 던졌는데, 답은 항상 똑같았다. "천천히 질식사했다!" 마치 옷장 서랍 바닥에서 색바랜 단체 티셔츠를 발견하고는 "맞아, '오퍼레이션 서밋' 컨퍼런스가 있었지. 대체 무슨 일이 있었던 걸까"라고 중얼거리게 되는 것과 같다. 그때 세운 작전은 죽었고, 장례식도 치르지 못했다.

회오리바람이 몰아치는 와중에도 목표를 실천한다는 것은 주의를 흩뜨러뜨리는 회오리바람의 막강한 위력뿐 아니라 '늘 하던 방식'이라는 타성도 극복해야 한다는 뜻이다. 회오리바람이 나쁘다는 뜻이 아니다. 나쁘기는커녕 조직의 생명을 유지하는 것이어서 무시할 수 없다. 다급한 회오리바람을 무시하면 오늘 당장 죽을지도 모른다. 하지만 마찬가지로, 중요한 일을 무시하면 내일 죽을 수도 있다. 다시 말해, 회오리바람 안에 갇히면 전진이 불가능하다. 회오리바람에 맞서 똑바로 서기만 해도 온 힘이 다 빠진다. 결국 관건은 다급한 상황에서 가장 중요한 목표를 실천하는 것이다.

리더들이 회오리바람을 경험하는 방식은 다 다르다. 세계 최대의 주택 수리 업체에 근무하는 어느 중역은 이렇게 말한다. "우리를 급습해 최우선 목표를 방해하는 용은 없다. 흡혈 해충이 있을 뿐이다. 이 해충은 날마다 우리 눈을 파고드는데, 지난 6개월을 돌아보면, 하겠다고 다짐했던 일 중에 어느 하나 달성한 게 없다."

리더라면 부하 직원에게 새로운 목표나 전략을 설명하려 할 때 회오리바람을 마주친 적이 분명 있을 것이다. 그때의 대화를 기억하는가? 리더는 목표에 집중해, 이해하기 쉬운 말로 설명한다. 그런데 설명하는 동안 상대방은 알았다고 고개를 끄덕이며 천천히 사무실 밖으로 뒷걸음질친다. 그들이 '진짜 업무'라고 부르는 회오리바람을 처리하려는 것이다.

그 직원은 목표 달성에 전념하고 있는가? 천만에. 그렇다면 리더의 목표를 고의로 방해하거나 리더의 권위를 깎아내리고 있는가? 그렇지 않

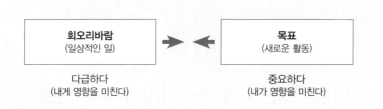

회오리바람 (일상적인 일)	→ ←	목표 (새로운 활동)
다급하다 (내게 영향을 미친다)		중요하다 (내가 영향을 미친다)

기존과 다른 새로운 행동이 요구되는 중요한 목표는 시간과 힘을 소모하는 다급한 일상적 일들인 '회오리바람'과 충돌할 때가 많다.

다. 그는 단지 회오리바람에서 살아남으려고 노력할 뿐이다.

우리 동료 한 사람은 다음과 같은 이야기로 이 상황을 설명한다.

"내가 우리 지역 고등학교에서 지역 위원회 회장을 맡았을 때였어요. 우리 위원회는 시험 성적을 향상시킬 목표를 정했지요. 내 임무는 교사들에게 새로운 목표를 제시하는 거라서, 핵심 교사 몇 사람하고 약속을 잡았어요. 우리가 어떤 일을 할 예정이고, 어떻게 시작할지 설명하려고요. 처음에는 당황스러웠어요. 교사들이 내 말을 듣지 않는 것 같았으니까요. 그 이유를 나중에야 알게 됐죠. 어떤 교사는 작은 책상 위에 수천 장쯤 되어 보이는 종이를 산더미처럼 쌓아놓고 있더군요. 그날 채점을 끝내야 하는 작문이었어요. 그것 말고도 학부모 회의에도 참석하고, 다음 날 학습 계획서도 써야 했죠. 내가 계속 떠드는 동안 그 교사는 무력한 모습이었는데, 사실 내 말을 듣고 있지 않았어요. 교사의 머릿속에는 내 말이 들어갈 여지가 없던 거예요. 교사를 탓하고 싶지는 않더군요."

이제까지의 이야기를 요약해보자., 첫째, 획기적인 성과를 내려면 행동 변화 전략을 실행해야 한다. 펜대 굴리기 전략은 한계가 있다. 둘째, 행동 변화 전략에 착수하면 회오리바람과 싸워야 한다. 상대할 가치가 있는 적수이자, 많은 조직에서 살아남은 적수이다.

4가지 실행 원칙은 회오리바람을 관리하는 원칙이 아니다. 회오리바람의 '한가운데에서' 가장 중요한 전략을 실행하기 위한 원칙이다.

4가지 실행 원칙

《경제학 콘서트Undercover Economist》의 저자 팀 하퍼드Tim Harford가 말했다. "당신은 내게 성공적인 복잡한 시스템을 보여주지만, 나는 시행착오를 거쳐 진화한 시스템을 보여주겠다."[3]

4가지 실행 원칙에서 보면, 그는 절대적으로 옳다. 4가지 원칙은 탄탄한 연구 조사를 바탕으로 한 아이디어에서 나왔지만, 시행착오를 거쳐 '진화'했다.

우리는 처음에 해리스 인터랙티브Harris Interactive와 함께 연구 조사를 진행하면서, 전 세계 17개 산업군에서 13,000여 명의 사람들을 조사하고, 500개 기업을 내부 평가했다. 여기에 더해, 여러 해 동안 30만 명에 가까운 리더와 팀원을 조사했다. 이 연구 조사는 원칙을 만들고 초기 결론을 내리는 데 소중한 기초가 되었지만, 우리가 진정한 통찰력을 얻은 곳은 이 연구가 아니다. 그것은 독자 여러분과 같은 사람들과 1,500번 넘게 직접 실행한 경험에서 나왔다. 이런 노력으로 우리는 분야와 국가에 상관없이 효과를 발휘할 원칙과 방법을 개발할 수 있었다.

여기에는 좋은 소식도 있고 나쁜 소식도 있다. 좋은 소식은 회오리바람이 몰아칠 때도 실행할 수 있는 규칙이 있다는 것이다. 나쁜 소식은? 지키지 않으면 당장 피해가 나타나는 규칙도 있다는 것이다.

우리가 만든 원칙은 언뜻 단순해 보일 수 있지만, 사실 그리 단순하지 않다. 그것은 목표에 접근하는 방법을 완전히 바꿔놓을 것이다. 일단 이 원칙을 도입하면, 프로젝트 조정자든, 작은 영업팀 팀장이든, 〈포춘〉 선정 500대 기업 경영자든, 절대 예전 방식으로 돌아갈 수 없다. 우리는 이 원칙이 팀과 조직을 이끄는 획기적인 전환점이 되리라고 확신한다.

우선 4가지 원칙을 간단히 살펴보자.

원칙 1: 가장 중요한 목표에 집중하라

기본적으로 많은 일을 시도할수록 달성할 확률은 낮아진다. 삶에서 피할 수 없는 엄연한 원칙이다. 대부분의 리더는 어느 순간 이 원칙을 잊어버린다. 왜 그럴까? 똑똑하고 야심찬 리더는 일을 줄이려 하지 않기 때문이다. 이 원칙을 잘 알면서도 일을 더 하려 든다. 아주 훌륭한 아이디어가 아닌 그저 좋은 아이디어를 거부하기가 그렇게 어려울까? 좋은 아이디어는 팀이 감당할 수 있는 수준보다 더 많은 게 보통이다. 첫 번째 도전이 가장 중요한 일에만 집중하기인 이유도 바로 이 때문이다.

집중은 자연의 원칙이다. 햇볕이 흩어지면 너무 약해 불을 지피기 어렵지만 돋보기로 햇볕을 모으면 몇 초 만에 종이에 불이 붙는다. 사람도 마찬가지다. 한 가지 도전에 힘을 모으면 이루지 못할 게 없다.

가장 중요한 일에 집중하는 원칙은 리더의 기본 성향에 어긋나지만, 더 '적은' 일에 집중하는 팀이 더 '많은' 것을 성취할 수 있다. 원칙 1을 실천하려면 우선 모든 것을 한 번에 획기적으로 개선하려 하지 말고 가장 중요한 목표 하나(또는 최대한 두 개)를 골라야 한다. 우리는 이제 그 목표가 제일 중요한 목표라는 점을 강조하기 위해 그것을 '가중목(가장 중요한 목표)'이라 부르려 한다. 그 목표를 달성하지 못하면 다른 모든 성취가 부차적이거나 심지어 하찮아 보일 수 있다.

지금 중요한 목표를 5개나 10개, 심지어 20개까지 실행하는 팀이 있다면, 그 팀은 집중하지 못한다는 뜻이다. 집중하지 못하면 회오리바람은 더 거세지고, 노력은 희석되며, 성공은 거의 불가능해진다. 특히 조직의 상부에서 너무 많은 목표를 실행할 때 문제는 더욱 심각해지는데, 이 목표들은 조직의 아래로 내려오면서 수십 개, 나아가 수백 개로 분산되어 거미줄처럼 복잡해진다.

그러나 한두 개의 가중목에 집중하는 팀은 진짜 중요한 일과 회오리바람을 쉽게 구별할 줄 안다. 이들은 막연하게 정의된 소통하기 어려운 목표들의 집합에서 작고 집중적인 달성 가능한 목표의 집합으로 옮겨간다. 원칙 1은 집중 원칙이다. 이것이 없으면 원하는 결과를 절대 얻을 수 없다. 그리고 이것은 시작일 뿐이다.

원칙 2: 선행지표에 따라 행동하라

원칙 2는 지렛대 원칙이다. 모든 행위는 애초부터 동등하지 않다는 단순한 원칙이다. 목표 달성에 큰 영향을 미치는 행위는 따로 있다. 목표를 달성하려면 그런 행위를 찾아내 그렇게 행동해야 한다.

성과를 내고 싶으면 실행하라

어떤 전략을 추구하든 그 과정과 성공은 두 종류의 지표에 기초하는데, 하나는 후행지표이고, 또 하나는 선행지표이다.

'후행지표'는 대단히 중요한 목표를 추적하는 지표로, 흔히 우리가 늘 간절히 기원하는 지표이다. 수익, 이익, 시장 점유율, 고객 만족도 등이 여기에 속한다. 그런 결과가 나왔을 때면 그것을 유도한 행위는 이미 예전에 끝난 상태이다. 결과를 두고 기도하는 이유도 그 때문이다. 후행지표 결과가 나올 때면 그 원인이 된 행위를 고칠 도리는 없다. 그것은 이미 지나간 이야기이다.

'선행지표'는 목표를 위해 팀이 반드시 달성해야 하는 파급력이 가장 큰 지표라는 점에서 후행지표와는 사뭇 다르다. 선행지표는 기본적으로 후행지표를 달성할 새로운 행동을 측정하는데, 그런 행동은 빵집에서 손님에게 시식용 빵을 제공하는 단순한 행위부터 제트 엔진 설계에서 표준을 지키는 복잡한 행위에 이르기까지 다양하다.

좋은 선행지표는 2가지 기본 특징이 있다. 목표 달성을 '예측한다'는 점, 팀원의 '영향을 받는다'는 점이다. 이 특징을 이해하기 위해 체중 감량이라는 단순한 목표를 생각해보자. 후행지표가 감소한 체중이라면, 선행지표는 이를테면 일일 섭취 열량과 주당 운동 시간 같은 것이다. 이 선행지표가 예측력이 있다는 것은 그것을 지키면 다음 주에는 체중이 몇 킬로그램일지(후행지표) 예측할 수 있다는 뜻이다. 이 지표가 영향을 받는다는 것은 새로운 행위를 본인이 통제한다는 뜻이다.

'선행지표에 따라 행동하기'는 잘 알려지지 않은 실행법 중 하나다. 대부분의 리더들은, 심지어 경험이 아주 많다 해도, 후행지표에만 몰두한 탓에 선행지표에 집중한다는 원칙이 반직관적으로 느껴진다.

하지만 오해는 금물이다. 후행지표는 가장 중요한 궁극의 목표이고, 선행지표는 그 이름처럼 후행지표를 달성하는 수단이다. 일단 선행지표를 찾았다면, 목표 달성을 위해 지렛대가 되어야 할 중요한 지점을 찾은 것이다.

원칙 3: 점수판의 강점을 활용하라

사람들은 점수를 기록하면 행동이 달라진다. 믿기지 않으면 농구하는 십대들을 무작위로 찾아가 점수를 자세히 기록하기 시작하면 경기가 어떻게 달라지는지 확인해보라. 그런데 이 말에 단어 하나만 추가하면 그 사실이 더욱 분명해진다. 즉, 사람들은 '스스로' 점수를 기록하면 행동이 달라진다. 점수를 기록해야 하는 사람은 제3자가 아닌 본인이다.

원칙 3은 참여 원칙이다. 마음에서 우러나 참여할 때 최고의 성과가 나오고, 내 점수를 알 때, 그러니까 내가 지금 이기고 있는지 지고 있는지 알 때 적극 참여할 마음이 생기게 마련이다. 아주 간단한 원리다. 볼링 핀 앞에 장막을 치고 볼링을 한다면 처음에는 재미있겠지만 핀이 쓰러지는 모습을 볼 수 없으니 아무리 볼링을 좋아하는 사람이라도 금방 지루해지기 쉽다.

원칙 1에 따라 후행지표가 딸린 가장 중요한 목표에 집중하고, 원칙 2에 따라 그 목표에 꾸준히 집중할 중요한 선행지표를 정했다면, 경기에서 승리할 요소는 갖춘 셈이다. 다음 단계는 단순하지만 한눈에 들어오는 점수판에 그 경기를 기록하는 것이다.

팀을 가장 적극적으로 참여하게 만드는 점수판은 경기를 뛰는 사람들만을 위해 만든 (그리고 대개는 그들이 직접 만든) 점수판이다. 선수들의 점수판은 리더들이 좋아하는 복잡한 코치의 점수판과는 사뭇 다르다. 현재의 승패 상황을 곧바로 알아볼 수 있도록 아주 단순해야 한다. 그 점이 왜 그토록 중요할까? 점수판이 명확하지 않으면, 다른 일들이 회오리바람처럼 불어닥칠 때 경기를 포기하기 쉽다. 그리고 경기에서 이기고 있는지 지고 있는지를 팀원이 알 수 없는 상황이라면, 지고 있는 상황이기 쉽다.

원칙 4: 책무를 서로 공유하라

원칙 4는 실행이 실제로 일어나는 단계다. 앞의 3가지 원칙은 경기를 준비하는 단계이며, 원칙 4를 적용해야 비로소 경기에 '참여한다'고 볼 수 있다. 이 원칙의 기초는 책무 원칙이다. 다시 말해, 끊임없이 서로에게 책무를 지우지 않으면, 목표는 회오리바람에 휩쓸려 자연스럽게 분해되어버린다.

책무 공유는 회의를 하며 점검해야 한다. 가중목을 세운 팀이 정기적으로 그리고 자주 하는 회의의 리듬이다. 이런 회의는 적어도 일주일에 한 번 진행하되 20~30분을 넘기지 않는다. 이 짧은 시간에, 팀원들은 회오리바람의 와중에도 서로 성과를 낼 책임을 분명히 정한다.

여기서 중요한 점은 '정기적인' 책무 공유다.

우리와 함께 일했던 사람의 경험을 보자. 그는 십대인 딸과 한 가지 협약을 맺었다. 딸이 토요일 아침마다 가족의 자동차를 세차하면 그 차를 써도 좋다는 내용이었다. 그는 토요일마다 딸을 만나 세차를 했는지 확인할 것이다.

두 사람은 여러 주 동안 토요일에 만났고, 약속은 잘 지켜졌다. 그러던 중 그가 두 주 연달아 토요일에 도시를 떠날 일이 생겼다. 그리고 집에 돌아와 보니 세차가 되어 있지 않았다. 그는 딸에게 왜 약속을 지키지 않았느냐고 물었다.

딸의 대답은 이랬다. "아, 우리 아직도 그 약속 지키는 거예요?"

협약은 고작 두 주 만에 무너졌다. 두 사람 사이의 상황이 이렇다면, 하나의 팀 또는 조직 전체에서는 이런 일이 얼마나 자주 일어날지 상상해보라. 문제를 해결할 마법은 '정기적인' 책무 공유다. 팀원들은 규칙적으로 서로 책임 소재를 분명히 할 수 있어야 한다. 이들은 한 사람씩 매주 간단한 질문에 대답한다. "점수판의 점수를 가장 확실하게 바꾸기 위해 다음 주에 (회오리바람 바깥에서) 내가 할 수 있는 가장 중요한 일 한두 가지는 무엇인가?" 그런 다음, 지난주 공약은 지켰는지, 점수판의 선행지표와 후행지표를 얼마나 잘 변화시키고 있는지, 다음 주에는 어떤 공약을 정할지를 몇 분 안에 보고한다.

정기적인 책무 공유 외에 원칙 4의 또 다른 비결은 팀원들 스스로 공약을 정한다는 점이다. 위에서 무엇을 하라고 지시가 내려오겠거니 예상하거나 심지어 지시가 내려오기를 바라는 팀도 많다. 그런데 팀원이 자기만의 공약을 내건 팀은 책임감이 높아진다. 팀원들은 위에서 내려온 지시보다 자기 의견에 더 공을 들이게 마련이다. 더 중요한 사실은, 상사에게만이 아니라 팀원에게도 공약을 하다 보면, 그 공약이 업무적인 것에서 개인적인 것으로 옮겨간다는 사실이다. 간단히 말해, 그 공약은 업무 수행을 넘어 팀에게 하는 약속이 된다.

팀은 매주 새로운 목표를 추가하기 때문에 연간 전략 계획에서는 절대 예상할 수 없는 도전과 기회에 걸맞은 시의적절한 주간 실행 계획을

성과를 내고 싶으면 실행하라

세울 수 있다. 이 계획은 사업의 변화 속도에 맞춰 빠르게 변한다. 그 결과는? 팀은 주변에 몰아치는 변화의 회오리바람을 이겨내고 가장 중요한 목표에 엄청난 힘을 거침없이 쏟을 수 있다.

팀원들이 자기 노력의 결과로 중요한 목표의 후행지표가 움직이는 것을 목격하기 시작한다면, 자신이 승리하고 있다고 깨닫게 될 것이다. 승리만큼 팀의 사기와 참여를 높이는 것도 없다.

이를 잘 보여주는 놀라운 사례는 고객 유지율 97퍼센트라는 후행지표를 가장 중요한 목표로 정한 세계 최고급 호텔 체인이다. 이 호텔의 모토는 이렇다. "한 번 찾은 고객이 다시 찾을 수 있기를!" 호텔은 이 목표를 훌륭히 수행했다.

이들은 고객 맞춤형 서비스를 선행지표로 정해 목표를 달성하기로 했다.

그렇다면 이들의 행동은 어떻게 달라졌을까?

전 직원은 이 목표 달성을 위해 각자 역할을 맡았다. 이를테면 객실 관리자는 컴퓨터에 고객의 취향을 일일이 기록해두었다가 고객이 다시 찾아왔을 때 똑같은 서비스를 제공했다. 어떤 고객은 방을 청소하는 직원에게, 곧 돌아올 테니 재떨이에 있는 피우다 만 시가를 그대로 두라고 했다. 그가 방에 돌아왔을 때 재떨이에는 똑같은 상표의 새 시가가 있었다. 그는 만족스러웠다. 하지만 몇 달 뒤에 다른 곳에 있는 같은 체인의 호텔에 갔을 때 방에 똑같은 상표의 시가가 있을 줄은 상상도 못 했다. 그는 이렇게 말한다. "그 시가가 또 있을지 확인하기 위해서라도 그 호텔에 다시 가야 한다. 나는 그 호텔에 묶여버렸다!"

호텔 객실 관리자들은 회오리바람 외에도 새로 해야 할 일이 제법 많이 생겼다. 고객의 취향 적어두기, 컴퓨터에 고객의 취향을 입력하고 찾아보기, 고객의 취향에 맞춰 서비스하기. 객실 관리자가 이 모든 새로운 일들을 해낼 수 있었던 까닭은 다음 사실들을 인식했기 때문임은 물론이다.

- 고객 유지가 최우선 목표다.
- 이 목표 달성에는 몇 가지 새로운 행동이 필수다.
- 그 행동을 세심하게 추적한다.
- 자신의 공약을 날마다 책임 있게 설명한다.

달리 표현하면 이렇다.

- 목표를 이해한다.(원칙 1)
- 목표를 달성하려면 무엇을 해야 하는지 안다.(원칙 2)
- 점수를 늘 알고 있다.(원칙 3)
- 정기적으로 그리고 자주 결과에 스스로 책임을 진다.(원칙 4)

이는 4가지 실행 원칙을 실천하는 조직의 특징이다.

사람들은 이기고 싶어 한다. 중요한 일에 기여하고 싶어 한다. 그러나 너무나 많은 조직에서 핵심 목표를 훌륭히 수행하는 데 필요한 의식적이고 꾸준한 이런 훈련이 부족하다. 그 결과 재정에 심각한 타격을 받기도 하는데, 그것은 수많은 피해 가운데 하나일 뿐이다. 또 다른 피해는 최선을 다하고 싶고 승리하는 팀의 팀원이 되고픈 사람들이 입는 피해

다. 반면에 목표를 알고 그 목표를 달성하려고 결심한 사람들로 이루어진 팀에 속하는 것만큼 동기부여가 큰 것도 없다.

4가지 원칙이 효과가 있는 이유는 그것이 행위가 아닌 원칙에 근거하기 때문이다. 행위는 상황에 좌우되고 주관적이고 항상 진화한다. 원칙은 시간을 초월하고 자명하며 어디에나 적용된다. 그것은 중력 같은 자연 법칙이다. 그것을 이해하든 못 하든, 심지어 그것에 동의하든 안 하든, 그 원칙은 여전히 유효하다.

경영 분야에서 역대 최고의 베스트셀러 가운데 하나는 스티븐 코비가 쓴 《성공하는 사람들의 7가지 습관》이다. 스티븐 코비는 이 책에서 인간의 행동과 효과를 지배하는 주요 원칙을 열거하는데, 이를테면 책임감, 미래를 보는 안목, 정직, 이해, 협동, 쇄신 등이다.

이처럼 인간의 행동을 지배하는 원칙이 있듯이 팀의 성취나 실행을 지배하는 원칙이 있다. 여기에는 집중, 지렛대, 참여, 책무 원칙이 빠지지 않는다고 우리는 믿는다. 실행과 관련해 다른 원칙도 있을까? 있다. 하지만 그 4가지 원칙과 순서에 뭔가 특별한 게 있다는 이야기인가? 물론이다. 그 원칙을 만든 사람은 우리가 아니다. 그리고 우리가 장담하건대 그 원칙을 이해하는 건 문제가 아니다. 리더들이 어려워하는 도전은 특히 회오리바람이 몰아칠 때 그 원칙을 어떻게 이행하느냐는 것이다.

이 책은 어떻게 구성되었나

이 책은 세 부분으로 나뉘고, 각 부분은 4가지 원칙과 그것을 팀에 적용하는 문제를 깊이 있게 다룬다.

1부 '4가지 실행 원칙'에서는 각각의 원칙을 자세히 설명한다. 그리고 간단해 보이는 이 개념들이 실제로 왜 그토록 실행하기 어려운지, 그리고 왜 그것이 리더의 가장 큰 도전을 성공적으로 마무리하는 데 핵심인지 설명한다.

2부 '팀에 4가지 원칙 정착시키기'는 일종의 현장 지침서이다. 여기서는 팀에 4가지 원칙을 실행하는 방법을 단계별로 매우 자세히 소개하는데, 이때 4가지 원칙을 하나씩 따로 떼어 설명할 것이다. 그리고 마지막에는 팀에서 4가지 원칙을 관리하는 인터넷 시스템을 소개한다.

3부 '조직에 4가지 원칙 정착시키기'에서는 지난 10여 년간 수백 번의 지도 경험에서 나온 몇 가지 규칙을 제시한다. 여기서는 일류 기업에서 4가지 원칙을 이용해 전략을 추진하고 획기적인 성과를 올린 리더들의 통찰력도 배울 수 있다. 더불어 다양한 산업 부문에서 전략을 실행할 때 생기는 수많은 질문에 우리가 직접 경험한 내용을 토대로 답을 할 것이다.

이 책에 실린 많은 사례와 관련한 동영상은 4DX 사이트www.4dxbook.com에서 확인할 수 있다.

책 마지막에는 '자주 하는 질문'을 따로 묶었고, 4가지 원칙이 개인이나 가족의 목표 달성에도 어떻게 도움이 되는지 따로 짧게 소개했다.

이 책은 여타 다른 경영서와 약간 다르다. 기존 경영서는 유용한 아이디어나 이론은 많지만 그것을 적용하는 문제에는 소홀했다. 이 책은 적용에 초점을 두고, 여러 원칙을 실행하려면 무엇을 해야 하는지 자세히 알려줄 것이다. 세부적인 내용, 조언, 주의할 점, 반드시 해야 할 일

등 우리는 아는 지식을 총동원할 것이다. 1부에서는 4가지 실행 원칙을 소개하고, 2부와 3부에서는 그것을 적용하는 방법을 조목조목 생생하게 소개한다. 4가지 원칙이 독자에게 참신한 접근법이 될 수 있다면 좋겠다.

· · ·

4가지 원칙을 자세히 연구하기 전에 유의할 점이 3가지 있다.

4가지 원칙은 말은 쉽고 실천은 어렵다.

첫째, 4가지 원칙은 거짓말처럼 너무 간단해 보이지만, 실행하려면 지속적인 실천이 필요하다. 우리 고객의 말을 빌리면, "말은 쉽고 실천은 어렵다." 이 단순함을 오해하지 말라. 4가지 원칙이 막강한 효과를 내는 이유는 이해하기 쉽기 때문이기도 하다. 하지만 실행에 성공하려면 오랜 기간 상당한 노력이 필요하다. 지속적으로 몰입해야 한다. 지금 추구하는 목표가 꼭 성취해야 하는 목표가 아니라면, 지속적인 몰입까지는 필요하지 않을 수 있다. 그러나 몰입할 경우 그 보상은 커서, 목표를 달성할 뿐 아니라 조직의 힘과 능력을 키워 다음 목표, 그다음 목표까지 달성할 수 있다.

4가지 원칙은 반직관적이다.

둘째, 4가지 원칙 하나하나는 패러다임의 전환이며, 직관에 역행할 수 있다. 언뜻 생각하기에 목표가 많으면 좋을 것 같지만, 목표가 많을수록 훌륭히 달성하기는 어렵다. 어떤 목표를 달성하고 싶다면 그 목표 자체에 매달리지 말고 그 목표의 원동력이 되는 선행지표에 몰두하라. 원칙을 하나하나 실행하다 보면, 적어도 처음에는 언뜻 말이 안 되는 것 같고 직관에 역행하는 것 같은 일을 할 수도 있다. 그러나 우리가 강조하고 싶은 것은 4가지 원칙은 진지하고 신중한 실험의 결과이며 여러 해 동안 검증한 가설의 결과라는 점이다. 이 책에서 말하는 것은 모두 철저한 검토를 거쳤다. 일단 4가지 원칙 실행에 경험을 쌓으면 처음에는 이상해 보이던 것이 나중에는 더 편안하고 더 효과적이라는 점을 약속한다.

4가지 원칙은 운영 체계다.

셋째, 4가지 원칙은 4가지 중에 선택하는 메뉴가 아니라 하나의 묶음이다. 각각의 원칙도 가치가 있지만, 그것의 진짜 위력은 차례대로 모두 실행할 때 나타난다. 각 원칙은 다음 원칙을 실행할 토대가 된다. 어느 하나를 빼면 효과는 훨씬 떨어진다. 4가지 원칙을 컴퓨터 운영 체계로 생각하라. 한번 설치하면 어떤 전략이든 다 돌릴 수 있지만, 운영 체계는 전체를 설치해야 한다. 다음 장에서 그 이유가 더 분명해진다.

1부

4가지 실행 원칙

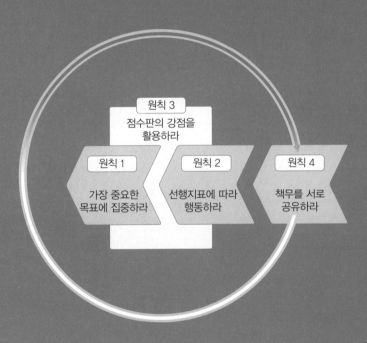

4가지 실행 원칙은 뭐니 뭐니 해도 훌륭한 성과를 내기 위한 것이다. 원칙의 방향은 오른쪽에서 왼쪽으로 향한다. 훌륭한 팀은 그 순서로 실행하기 때문이다. 이들은 선행지표에 따른 성과에 지속적으로 책임을 지고, 이는 다시 가장 중요한 목표 성취로 이어진다.

'원칙 3 점수판의 강점 활용'이 가운데 놓인 이유는 목표 달성 수치를 모두가 볼 수 있게 전시하기 때문이다.

'원칙 4 책무 공유'는 다른 원칙을 에워싼다. 다른 원칙을 모두 포함하기 때문이다. 원으로 둥글게 돌아가는 화살표는 점수판에 나타난 성공지표를 정기적으로 그리고 자주 책임지는 행위를 상징한다.

The *4* DISCIPLINES of EXECUTION

가장 중요한 목표에 집중하라

⟶

첫 번째 원칙은 10여 개의 목표에 그런대로 노력하기보다 상황을 바꿔놓을 한두 개의 목표에 노력을 '집중'하는 것이다.

실행은 집중에서 시작한다. 집중하지 않으면 나머지 원칙이 쓸모가 없어진다.

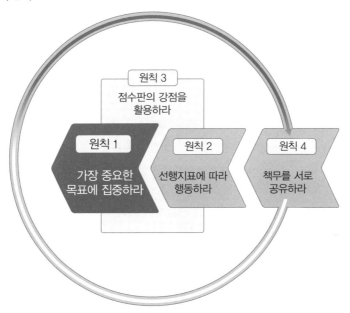

거의 모든 리더들이 한두 가지에 집중하려 애쓰는 이유가 무엇일까? 다른 곳에 집중할 필요가 없다고 생각해서가 아니다. 우리는 매주 전 세계에서 수십 개의 리더 팀과 함께 작업하는데, 이들은 거의 예외 없이 집중도를 높여야 한다고 했다. 하지만 이런 인식에도 불구하고 우선순위를 다투는 수많은 일에 치여 살다 보니 팀을 일관된 방향으로 이끌지 못하고 우왕좌왕하게 만든다. 이런 리더는 한둘이 아니다. 리더의 집중력 상실은 대단히 만연한 문제이다.

하나에 집중하라는 원칙 1은 회오리바람의 규모와 복잡함을 줄이라는 뜻은 아니다. 물론 오랜 시간 가장 중요한 목표에 집중하다 보면 그런 효과가 생기긴 하지만. 회오리바람에는 다급한 일이 모두 포함되며, 그날그날 업무를 지속하려면 꼭 필요한 일이다. 가장 중요한 목표에 집중한다는 이야기는 날마다 처리해야 하는 회오리바람 외에 성취하려는 목표의 수를 줄인다는 뜻이다.

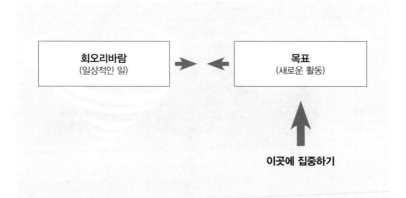

원칙 1을 실천한다는 것은 제일 중요한 목표에 집중해 일상적 업무의 회오리바람이 몰아치는 와중에도 그 목표를 관리하고 달성한다는 뜻이다.

성과를 내고 싶으면 실행하라

원칙 1을 실천한다는 것은 제일 중요한 목표에 집중해 일상적 업무의 회오리바람이 몰아치는 와중에도 그 목표를 관리하고 달성한다는 뜻이다.

간단히 말해, 원칙 1은 적은 몇 가지 목표에 더 많은 힘을 쏟는 것이다. 목표를 정할 때 수확체감의 법칙(여러 생산 요소 중 어느 한 요소를 더 투입하면 생산량이 증가하지만 투입량이 늘수록 그 증가 정도는 점점 줄어든다는 법칙—옮긴이)은 중력의 법칙만큼이나 현실적이기 때문이다.

팀이 회오리바람 외에 목표를 두세 개만 정해 집중하면 성취할 확률이 높다. 하지만 목표를 네 개에서 열 개까지 정해놓으면 우리 경험으로 보건대 한두 개만 달성할 공산이 크다. 이때부터 목표 달성은 되레 후퇴한다. 회오리바람 외에 목표가 열한 개에서 스무 개에 이르면 집중력은 거의 제로에 가까워진다. 목표가 너무 많으면 팀원들은 목표 실행은커녕 목표를 아예 듣지도 않을 것이다.

목표 개수 (회오리바람 제외)	2~3	4~10	11~20
훌륭히 달성한 목표 개수	2~3	1~2	0

목표가 2~3개일 때는 훌륭히 달성할 확률이 높지만, 한꺼번에 많은 목표를 달성하려 할수록 목표에 도달할 확률은 줄어든다.

왜 그럴까?

원칙 1에 작동하는 기본 원리는 인간은 태어날 때부터 한 번에 하나씩 '훌륭하게' 해내도록 설계되었다는 것이다. 한 번에 여러 가지 일을 잘해낼 수 있다고 자랑스럽게 생각하는 사람도 있을 것이다. 하지만 사람들은 가장 중요한 목표에는 최선을 다하고 싶어 한다. 애플의 스티브 잡스는 거대 기업을 운영했고, 더 많은 제품을 시장에 내놓을 수 있었지만 몇 개의 '가장 중요한' 상품에만 집중하기로 했다. 그의 집중 전략은 전설적이다. 그의 성과도 마찬가지다. 과학에서도 인간의 뇌는 어느 때든 하나의 목표에만 전적으로 집중할 수 있다고 말한다. 하다못해 운전을 할 때도 전화 통화를 하거나 햄버거를 먹으면 운전에 집중하기 어려운데, 하물며 사업상의 중요한 목표 여러 개와 한꺼번에 씨름하기가 어디 쉽겠는가.

MIT 신경과학자 얼 밀러Earl Miller는 이렇게 말한다. "2가지 일에 집중하다 보면 뇌의 처리 능력에 과부하가 일어난다. (…) 특히 이메일 쓰기나 전화 통화처럼 비슷한 일을 동시에 할 때면 뇌의 비슷한 부분을 쓰려고 경쟁이 일어난다. 뇌가 너무 많은 일을 수행하면 업무 처리 속도가 떨어진다."[4] 이메일이나 전화 통화 같은 단순한 일조차 그렇다면, 사업을 완전히 바꿀 수도 있는 목표에 집중하지 못할 때 어떤 일이 일어날지 상상해보라.

뇌의 관문에 해당하는 전전두엽 피질은 우리 앞에 날마다 쏟아지는 일들을 다 처리하지 못한다. 정보의 쓰나미가 아닌 티스푼 분량의 정보만을 처리하도록 설계된 탓이다.

스탠퍼드 대학의 클리포드 나스Clifford Nass 교수는 한 번에 여러 가지를 처리하는 멀티태스킹 문화에서 일어나는 현상을 이렇게 말한다. "대충 훑어보기와 멀티태스킹을 전문적으로 하는 신경회로는 확장되고 강력해지는 반면, 지속적인 집중력을 발휘해 깊이 읽고 생각하는 신경회로는 약해지거나 퇴화하고 있다."

그 결과는? "멀티태스킹이 습관이 된 사람은 중요한 일을 잘 해내지 못할 수 있다. 이들은 중요하지 않은 일에 몰두한다."('중요한 일'을 다른 말로 표현하자면 '가장 중요한 목표'이다.)

"멀티태스킹 능력을 키우면 깊게 창조적으로 생각하는 능력은 떨어진다. (…) 한꺼번에 많은 일을 할수록 (…) 깊이 생각하지 않는 사람이 되고, 문제를 고민하고 추론하는 능력이 떨어진다." 미국 국립 신경질환 뇌졸중 연구소National Institute of Neurological Disorders and Stroke의 조던 그래프먼 Jordan Grafman의 말이다.[5]

물론 뇌를 과부하시킬 필요는 없다. 뇌의 능력을 조절해, 한 번에 '가장 중요한 목표' 하나에만 무섭게 집중하되 다른 우선순위 일들도 계속 신경 쓸 수 있다. 이 원칙을 가장 잘 보여주는 곳이 공항 관제탑이다.

지금 이 순간에도 수백 대의 비행기가 공항에 접근하고, 이륙하고, 땅에서 서서히 움직이는데, 모두 매우 중요한 순간이다. 특히 내가 그 비행기에 타고 있다면 가장 중요한 순간이다. 하지만 관제탑에서는 딱 한 대의 비행기만 '대단히 중요'하다. 바로 지금 막 착륙하는 비행기다.

다른 모든 비행기도 관제탑 레이더에 뜬다. 관제탑은 이 비행기들을 모두 주시하지만, 지금 당장 모든 능력과 전문 지식을 집중하는 대상은 비행기 한 대뿐이다. 그 비행기를 안전하고 완벽하게 착륙시키지 못하면 다른 노력이 모두 물거품이 될 수 있다. 관제탑은 '한 번에 한 대씩'

틀에 박힌 사고	4가지 원칙에 따른 사고
우리 목표는 모두 우선순위 1번이다. 멀티태스킹으로 중요한 목표를 다섯 개, 열 개, 열다섯 개도 달성할 수 있다. 필요한 것은 더 열심히 그리고 더 오래 일하는 것뿐이다.	우리 목표 중 상당수가 중요하지만, 가장 중요한 목표는 한두 개뿐이다. 그것을 가장 중요한 목표라 한다. 반드시 달성해야 하는 목표이다. 우리는 한 번에 가장 중요한 목표 한두 개에만 온 힘을 쏟을 수 있다.

착륙시킨다.

가장 중요한 목표도 마찬가지이다. 날마다 해야 하는 중요한 일들 외에 최대한 훌륭하게 달성해야 하는 목표가 가장 중요한 목표이다. 이를 위해 레이더에 잡힌 수많은 그럭저럭 중요한 목표에서 가장 중요한 목표를 선별하는 어려운 선택을 해야만 한다. 그런 다음 약속한 수준에 이를 때까지 가장 중요한 목표를 훌륭히 달성하도록 성실하게 집중해야 한다.

그렇다고 해서 다른 중요한 목표를 모두 포기해야 한다는 뜻은 아니다. 그 목표들은 여전히 레이더에 잡히지만, '지금 당장' 최대한 성실하게 그것에 매달릴 필요는 없다.(그중에 어떤 것은 애써 매달릴 가치가 전혀 없을 수 있고, 어떤 것은 처음부터 목표로 정하지도 말았어야 한다!)

한 번에 목표를 여러 개 밀어붙이는 사람들은 모든 목표를 신통치 않은 수준으로 마무리하게 마련이다. 우리는 집중 원칙을 모른 척할 수도 있다. 물론 이 원칙은 우리를 모른 척하지 않지만. 아니면 이 원칙에 힘을 실어, 최우선 목표부터 한 번에 하나씩 차근차근 달성할 수도 있다.

리더의 도전

그렇다면 한 가지 중요한 물음이 있다. 왜 목표를 줄이기보다 늘리라는 압박이 거셀까? 집중할 필요성을 알면서도 왜 실제로 실천하기는 그토록 어려울까?

리더라면 이렇게 대답할 것이다. 항상 개선할 일이 10여 개가 넘고 어느 날이든 붙잡고 싶은 새로운 기회가 또 10여 개라고. 게다가 다른 사람이 (그리고 다른 사람의 임무가) 거기에 목표를 추가하기도 한다. 특히 조직의 윗선에 있는 사람들이 그렇다.

하지만 이런 외부 요인보다 더 자주 이런 문제를 일으키는 주범은 바로 자신이다. 오래전 만화 주인공 '포고'의 말을 빌리면 이렇다. "적을 만났지. 그게 우리더라고."

업무를 늘리는 성향은 좋은 의도에서 나왔지만, 까놓고 말하면 나의 가장 큰 적은 나일 때가 많다. 일단 이 성향을 인식하는 게 우선이다. 그렇다면 이 성향 중 몇 가지를 솔직하게 들여다보자.

리더가 팀에 너무 많은 부담을 지우는 이유 하나는 야심차고 창조적인 성향 때문일 수 있다. 조직이 승진시켜주고 싶은 사람도 바로 이런 부류다. 문제는 창조적이고 야심찬 사람은 일을 줄이는 게 아니라 늘린다는 점이다. 여기에 해당하는 사람은 실행 원칙 1과 반대의 성향을 타고난 사람이기 쉽다.

팀에 너무 많은 목표를 세우는 또 다른 이유는 구실 만들기이다. 다시 말해, 팀이 모든 것을 떠안으면 뭔가 될 것만 같다. 그리고 행여 실패하더라도 누구도 팀의 노력에 의문을 제기하지 못한다. 많다고 좋은 게 아니라는 걸 안다 해도 어쨌거나 겉으로는 더 좋아 보인다. 특히 윗사람이 보기에는 더 그렇다. 그러다 보니 목표를 적게 추구해 책임을 더 많이 떠안느니 성공의 동력이 되는 노력의 양을 늘리는 쪽을 택할 수 있다.

그러나 목표를 줄일 때 마주치는 가장 큰 어려움은 수많은 좋은 아이디어를 퇴짜 놓아야 한다는 것이다. 4가지 원칙대로라면 더러는 '뛰어난' 아이디어도 퇴짜를 놓아야 한다. 적어도 그 당장은 그렇다. 좋은 아이디어를 뿌리치는 것만큼 리더에게 반직관적인 것도 없다. 그리고 모든 아이디어를 받아들이는 것만큼 집중도를 떨어뜨리는 것도 없다.

게다가 그 좋은 생각이 작은 묶음으로 한꺼번에 나온다면 골라내기 쉬울 텐데, 그렇지 않으니 문제이다. 그것들은 한 번에 하나씩 걸러져 나온다. 각 아이디어는 따로 떼어놓고 보면 무척 그럴듯해서 퇴짜를 놓기란 거의 불가능하다 보니, 자기가 만든 덫에 빠지고 만다.

이 어려운 문제에 직면한 리더라면 다음 문구를 사무실에 잘 보이게 붙여놔야 한다고 생각한다.

한 번에 가장 중요한 목표 한두 개에만 집중하는 것의 중요성은 아무리 강조해도 부족하다. 반직관적이지만 꼭 그래야 한다.

애플이 여러 자료에서 "지난 10년간 미국 최고의 회사"로 뽑히기 전에[6] 당시 최고운영책임자COO였던 팀 쿡Tim Cook(현재 최고경영자)은 회사 주주들에게 이렇게 말했다.

"내가 알고 있거나, 관련 자료를 읽어봤거나, 약간의 지식이라도 있는 회사 중에, 집중력에서는 우리 회사가 최고입니다. 우리는 날마다 좋은 아이디어를 퇴짜 놓습니다. 아주 뛰어난 아이디어도 퇴짜를 놓죠. 집중하는 대상을 최소화하기 위해서, 우리가 선택한 것에 온 힘을 쏟기 위

> "좋은 아이디어는
> 언제나
> 실행 능력을 넘어
> 쏟아지게 마련이다."

해서입니다. 지금 여러분 앞에 놓인 탁자에 애플이 만든 전 제품을 올려놓을 수 있을 겁니다. 그런데도 애플의 지난해 수익은 400억 달러였습니다."[7]

좋은 아이디어에 퇴짜를 놓는 애플의 결단은 경쟁사에 치명적인 결과를 가져왔다. 우리는 애플의 아이폰과 직접적으로 경쟁을 벌이는 제조사와 함께 일했던 적이 있다. 아이폰과 경쟁할 새로운 인터페이스를 만들어야 하는(이런 책임을 맡으면 기분이 어떻겠는가?) 리더를 만났을 때, 그는 단순히 낙심한 것 이상이었다. 그가 머리를 흔들며 말했다. "이건 정말 불공평해요. 우리는 국내와 외국에서 40가지가 넘는 휴대전화를 만들어요. 그런데 애플은 달랑 하나 만들죠."

이보다 더 적절한 설명은 없다.

스티븐 코비는 이렇게 말한다. "우선순위가 가장 높은 일을 정하고, 그 외의 것들은 기분 좋게, 웃으며, 미안해하지 않고 거절하는 용기가 필요하다. 그러려면 내부에서 활활 타오르는 더 큰 열정, 우선순위가 가장 높은 일에 몰두하는 열정이 있어야 한다."

좋은 아이디어를 거절해 팀이 한 곳에 집중하게 하는 것이 얼마나 중요한지 이해했다면 집중의 함정 2가지 중에 첫 번째 함정을 피한 셈이다. 하지만 더 흔히 나타나는 함정은 회오리바람 안의 모든 것을 가장 중요한 목표로 만들려는 두 번째 함정이다. 일단 그 안에 갇히면 회오리바람 안의 모든 것을 목표로 삼으려 한다.

회오리바람 안에는 오늘 당장 조직을 돌아가게 하는 기존의 지표가 모두 들어 있는데, 아래 그림에서 둥근 숫자판이 그것이다. 회오리바람을 견디거나 점점 개선하는 일에 팀의 전체 시간과 힘의 80퍼센트를 소비하면 딱 좋다. 배를 가라앉지 않게 하는 일이 최우선 과제이어야 하지만, 모든 숫자판을 단박에 획기적으로 개선하는 데 온 힘을 쏟는다면 집중력을 잃고 말 것이다.

이 많은 숫자판을 똑같은 힘으로 누르는 것은 다섯 손가락에 똑같은 힘을 주어 종이에 구멍을 내려는 것과 마찬가지이다. 이렇게 하면 숫자

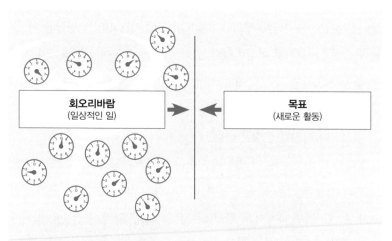

사람들은 조직에 몰아치는 회오리바람 속에서 재무, 고객 만족도, 제품의 수명 주기 등 무수한 숫자에 주목한다. 새로운 가장 중요한 목표는 이 회오리바람에 길을 잃을 수 있다.

판의 어느 하나도 인간 행동을 변화시킬 만큼 힘껏 누를 수 없다. 숫자판이 변하려면 인간의 행동이 수십 가지는 변해야 하는 경우가 대부분이다. 하나의 가장 중요한 목표에 집중하는 것은 손가락 하나로 종이에 구멍을 뚫는 것과 같아서, 모든 힘이 그 구멍 하나에 집중된다.

펜대를 굴려 목표를 달성할 수 있는 경우가 아니라면, 성공하기 위해서는 팀의 행동 변화가 필요하다. 하지만 리더가 아무리 간절히 원한다한들 팀원의 여러 행동이 동시에 변할 수는 없는 일이다. 회오리바람 안의 모든 지표를 획기적으로 개선하려다 보면 시간은 다 가고 이렇다 할 성과는 나오지 않는다.

그렇다면 좋은 아이디어를 거절하지 못하는 것과 회오리바람 안의 모든 일을 목표로 삼으려는 것, 이 2가지 함정을 피하는 것 외에 또 무엇을 해야 할까? 한두 개의 가장 중요한 목표에 집중해, 그곳에 팀의 시간과

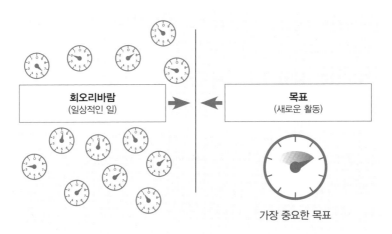

원칙 1에 따르면, 회오리바람 안의 숫자들을 놓치지 않되, '가장 중요한 목표' 달성에 지표가 되는 하나의 숫자에 특히 집중해야 한다.

힘을 꾸준히 쏟을 것. 다시 말해, 팀원의 집중도와 성취도를 높이려면, 팀원이 집중할 가장 중요한 목표가 있어야 한다.

가장 중요한 목표 찾기

가중목(가장 중요한 목표)은 큰 변화를 가져올 목표다. 이 목표는 일종의 전략적 임계라 상당한 힘을 쏟아야 하는데, 회오리바람에 쓰지 않은 20퍼센트의 힘을 여기에 할당해야 한다. 그런데 그 많은 목표 가운데 어느 것을 가장 중요한 목표로 할지 어떻게 결정하는가?

가장 중요한 목표를 선택하기란 더러는 애매하고 더러는 혼란스럽다. 무엇이 제일 중요한지 스스로에게 물어 가장 중요한 목표를 고르려하면 생각은 뱅뱅 돌기 쉽다. 왜 그럴까? 회오리바람에 속한 급한 일들은 중요성에서 항상 앞을 다투다 보니 어떤 걸 골라도 그럴듯한 명분이 있다.

이 문제를 제대로 이해하기 위해, 다음과 같은 대화를 주고받는 어느 제조 공장의 리더들을 떠올려보자. "분명히 말씀드리지만, 품질이 최우선입니다. 품질이 가장 중요한 목표가 되어야 해요!" 그러자 다른 사람이 말한다. "잊지 마세요. 여기서 돈이 되는 건 생산량입니다." 이번에는 세 번째 사람이 말한다. "죄송하지만 저는 두 분과 생각이 다릅니다. 안전이 최우선이 되어야 합니다. 주변에서 사고로 크게 다친 사람 본 적 있나요? 있다면 제 말에 다들 동의하실 거예요."

결국 좌절감과 혼란스러움만 남긴 채 어쩔 수 없이 초점을 잃고 만다.

이 대화에서 문제는 리더들이 던지는 질문이 잘못되었다는 것이다.

가장 중요한 목표를 정할 때 "무엇이 가장 중요한가?"라고 묻지 마라. 그보다는 "우리 사업에서 딱 한 분야만 바뀌고 나머지 분야는 모두 현재 수준을 유지한다면, 그 변화의 파급력이 가장 큰 분야가 어디겠는가?"라고 물어야 한다. 그러면 우리는 다른 식으로 생각하게 되고, 큰 변화를 가져올 목표 하나를 정확히 찾아낼 수 있다.

명심하라. 팀은 여전히 힘의 80퍼센트를 회오리바람을 견디는 데 사용할 것이다. 그러니 가장 중요한 목표를 한두 개로 줄인다고 해서 다른 모든 것이 무시되리라는 일시적인 걱정은 접어두는 게 좋다. 그리고 모든 게 힘들어지지 않을까 걱정하는 습관을 일단 멈추면 그다음부터는 가장 중요한 목표를 향해 곧장 나아갈 수 있다. 원칙 1의 말로 표현하면, 가장 중요한 목표에 집중할 수 있다.

가장 중요한 목표가 나오는 곳은 둘 중 하나이다. 회오리바람 안이거나 밖이거나.

회오리바람 안에서 나왔다면, 크게 문제가 있어서 반드시 고쳐야 하는 것이거나, 가치제안(회사가 고객에게 자사 제품으로 실현하겠다고 약속한 가치―옮긴이)의 핵심 요소인데도 실현되지 않는 것이기 쉽다. 프로젝트 완성 기한이 지켜지지 않거나, 비용이 천정부지로 치솟거나, 고객 서비스 평가가 나쁘거나 하는 문제가 모두 좋은 예이다. 그런가 하면 지금도 잘 실행하고 있지만 더 힘을 쏟으면 큰 효과를 얻을 수 있는 분야에서 나올 수도 있다. 이를테면 병원에서 환자의 만족도를 백분위 85번째에서 95번째로 끌어올린다면 수익도 극적으로 높아질 수 있다.

가장 중요한 목표가 회오리바람 밖에서 나왔다면, 그 선택은 자신을 전략적으로 재배치하는 것과 관련 있을 것이다. 경쟁 위협에 맞서기 위해서든 큰 기회를 잡기 위해서든, 새로운 제품이나 서비스를 내놓는 것도 큰 변화를 가져올 가장 중요한 목표가 될 수 있다. 이런 종류의 가장 중요한 목표는 전에 없던 완전히 새로운 목표이기 때문에 더욱 대대적인 행동 변화가 필요하다는 점을 기억하라.

가장 중요한 목표가 회오리바람 안에서 나오든 밖에서 나오든, 팀의 진짜 목적은 단지 그 목표를 달성하는 것만이 아니라 새로운 차원의 업무 수행력을 팀에 자연스럽게 스며들게 하는 것이다. 기본적으로 한 번 가장 중요한 목표를 달성하면 그것은 다시 회오리바람 안으로 들어가는데, 이때마다 회오리바람이 바뀐다. 정신없고 만성적인 문제가 해결되는 때와는 다르며, 이때 달성한 새로운 차원의 업무 수행력은 계속 유지되어, 꽤 높은 성과를 내는 회오리바람이 된다. 그 결과 궁극적으로 더 탄탄한 기초 위에서 다음으로 가장 중요한 목표를 수행하게 된다.

더러 가장 중요한 목표(가중목) 선정이 업무에서 가장 큰 성과가 기대되는 분야를 고르는 것 이상일 때가 있다. 가장 중요한 목표가 자신의 사명에서 워낙 핵심이라 가중목 달성이 조직에서 자기 존재를 규정하는 경우이다.

한번은 대형 중고 상점 체인에 새로 온 사장과 함께 일한 적이 있는데, 그 역시 자신에게 그런 질문을 던지고 있었다. 그의 전임자는 마케팅과 광고, 상점의 외양과 분위기, 회계 절차를 새롭게 바꿔 회사의 재정과 경영에서 탄탄한 기초를 다졌다. 우리가 가장 중요한 목표 토론을 시작하자 어떤 사람은 그런 부분을 계속 강조해야 한다고 했다. 또 어떤 사람은 장애인 직원 충원이 더 먼저라고 했다. 가장 중요한 목표는 성장이어야 한다고 주장하는 사람도 있었다. 선택 범위가 너무 넓어 당혹스러웠다.

새 사장은 팀에게 공통분모를 찾아주기 위해, 모두가 "장애인과 난민의 자립 도모"라는 조직의 사명을 곰곰이 생각해달라고 했다. 회사가 재정과 운영에서 탄탄한 기반 위에 섰으니, 이제 회사 사람들이 가장 큰 성과를 원하는 분야는 더 직접적으로 사명과 연관된 분야가 아닐까?

바로 여기서 가장 중요한 목표가 서서히 나오기 시작했다. 전에는 한 번도 생각해본 적 없는 목표였다. "장애인 노동자들을 도와 우리 조직 밖에서 꾸준히 일할 수 있는 일터를 찾게 하자." 이들은 장애인을 그 지역에 모두 채용할 수는 없었지만 소매업에서 수천 명을 훈련할 운영 능력을 갖춘 터라, 그들이 더 좋은 일자리를 찾아 자립해 살아가도록 도울 수 있었다. 그렇다면 이 조직의 새로운 성공지표는? "더 많은 장애인을 더 오래 일할 수 있는 일터에 취직시키기."

이 가장 중요한 목표가 조직을 완전히 바꿔놓았다. 이들은 수천 명의 자립을 돕고, 그들에게 새로운 자존감을 심어주었다. 그러면서 재정과 운영 상태도 그날그날 적절한 수준을 유지해 사명을 실천할 수 있게 했다.

조직을 가장 중요한 목표에 집중시키기

이제까지는 주로 리더와 팀이 소수의 목표에 집중하는 것에 대해 이야기했다. 이것만으로도 엄청난 도전이다. 그러나 조직 전체 차원에서, 또는 하다못해 조직의 상당 부분을 포함하는 차원에서 소수의 목표에 집중하는 것은 훨씬 더 어렵다. 3부 '조직을 가장 중요한 목표에 집중시키기'에서 이 내용을 자세히 다루겠지만, 원칙 2로 넘어가기 전에 원칙 1을 조직 전체에 적용할 때의 규칙을 한 차원 높여 이해하는 게 좋겠다.

규칙 1: 어떤 팀도 두 개가 넘는 가장 중요한 목표에 동시에 집중할 수 없다.

이 규칙은 엔진의 조절기 같은 역할을 한다. 4가지 실행 원칙에 더욱 깊이 들어가면, 조직 전체에 가장 중요한 목표가 수십 개, 심지어 수백 개가 있을 수 있지만, 관건은 목표를 수행하는 어느 한 리더나 팀 또는 개인에게 지나친 부담을 주지 않는 것이다. 이들은 모두 끊임없이 휘몰아치는 회오리바람에 대처하고 있다는 사실을 기억하라. 나머지 규칙 셋을 이야기할 때도 이 규칙을 염두에 두라. 이를 어기면 조직이 초점을 잃고 갈팡질팡할 수 있다.

규칙 2: 내가 택한 전투는 전쟁을 승리로 이끌어야 한다.

실제 전쟁이든, 굶주림이나 암 또는 가난과의 전쟁이든, 전투와 전쟁은 일정한 관계가 있다. 전투를 수행하는 유일한 이유는 전쟁에서 이기기 위해서다. 조직의 하부 차원에서 가장 중요한 목표의 유일한 목적은 상부의 가장 중요한 목표 달성을 돕는 것이다. 이때 하부의 가장 중요한 목표가 상부의 가장 중요한 목표를 지지하거나 따라가는 것만으로는 부족하다. 하부의 가장 중요한 목표는 상부의 가장 중요한 목표를 '반드시' 달성되게 하는 것이다.

예를 들어, 우리와 함께 작업했던 어느 인터넷 금융 서비스 업체는 회계연도 말까지 수익을 1억 6천만 달러에서 2억 달러로 늘려 투자자의 기대에 부응해야 했다. 그래서 새로운 외부 영업팀에 800만 달러, 주고

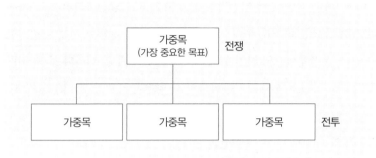

객 관리 부서에 3천 2백만 달러의 추가 수익을 할당했다.

다른 주요 부서인 기술팀은? 수익 가중목에서 기술팀은 어떤 역을 맡았는가? 맡은 역이 있기는 했나? 처음에 이들은 가장 중요한 목표에서 소외된 느낌을 받았다.

이들은 세심한 연구 끝에, 스스로 정할 수 있는 가장 파급력이 큰 하부 차원의 가중목을, 그동안의 작업을 개선해 지속적이고 중단 없는 서비스를 제공하는 것이라고 판단했다. 이는 새로운 고객이 인터넷 금융 서비스 업체를 고를 때 고려하는 주요 기준, 어쩌면 가장 중요한 기준이었다. 나중에 알고 보니, 이 팀은 가장 중요한 목표 달성에서 핵심 전투를 치러야 했고, 그 결과 다른 부서들을 위해 길을 닦아주는 효과가 있었다.

일단 최상부의 가장 중요한 목표가 정해지면 그다음 질문이 매우 중요하다. "이 전쟁에서 승리하기 위해 우리가 할 수 있는 일을 모두 나열한다면?"이라고 물어서는 안 된다. 흔히 사람들은 이 물음에 길게 답을 나열하는 실수를 저지른다. 그보다는 "이 전쟁에서 승리할 수 있는 최소한의 전투 수는 몇 번인가?"라고 물어야 한다. 이 질문에 어떻게 답을 하느나에 따라, 최상부 차원의 가장 중요한 목표를 달성하려면 하부 차원의 가장 중요한 목표를 무엇으로 그리고 몇 개나 정해야 하는지 결정할 수 있다. 전쟁에서 승리하기 위해 치러야 하는 전투를 택하다 보면, 전략을 명확히 하면서 동시에 단순화하기 시작한다.

규칙 3: 시니어 리더는 거부권을 행사할 수 있지만 명령해서는 안 된다.

조직의 최고 리더들끼리 전략을 짜고 그것을 하부 리더나 팀에 전달하는 방법으로는 절대 실행의 최고 단계에 이를 수 없다. 직접 참여하지 않고는 실행에 필요한 최대한의 몰입을 끌어내기 힘들다. 시니어 리더들은 당연히 최고 수준의 가중목을 정하겠지만, 각 단계의 리더들은 그들 나름대로 '자기 팀'의 가중목을 정해야 한다. 그래야 이 리더들의 지식을 이용할 수 있을 뿐 아니라 높은 주인 의식과 참여 의식을 끌어낼 수 있다. 간단히 말해, 조직 전체의 목표를 지원하되 자신이 직접 정한 목표라야 더욱 적극적으로 참여한다. 시니어 리더는 팀이 정한 전투로는 전쟁을 이길 수 없다고 판단했을 때 거부권을 행사할 수 있다.

원칙 1을 실행하는 조직은 광범위한 전략을 명확하게 규정된 단계별 가장 중요한 목표로 빠르게 전환할 수 있다. 이는 오직 위에서 아래로 전달되는 과정도 아니고, 일방적으로 아래에서 위로 전달되는 과정도 아니다. 이 과정을 통해, 시니어 리더들이 선택한 조직 전체의 가중목은 분명해지고(위에서 아래로), 하부의 여러 리더와 팀은 자신의 가중목을 직접 선택함으로써(아래에서 위로) 참여도가 높아진다. 이로써 조직 전체가 가장 중요한 문제를 중심으로 움직이고, 주인 의식을 가지고 성과를 내려 애쓴다.

규칙 4: 가장 중요한 목표는 '특정 일까지 X에서 Y로'라는 형식으로 결승선을 정해야 한다.

단계별 가중목에는 모두 명확히 측정할 수 있는 결과가 있어야 하고, 그 결과가 나와야 하는 마감일이 있어야 한다. 예를 들어 수익에 초점을 맞춘 가중목이라면 이런 식이다. "신제품의 연간 수익을 12월 31일까지 15퍼센트에서 21퍼센트로 끌어올릴 것." '특정 일까지 X에서 Y로'라는 형식은 오늘 우리가 어디에 있고, 어디로 가고 싶으며, 그 목표를 달성할 마감은 언제인지를 보여준다. 이 공식은 거짓말처럼 너무 간단해 보일 수 있지만, 많은 리더들이 자신의 전략을 '특정 일까지 X에서 Y로'라는 하나의 결승선으로 옮기는 데 어려움을 겪는다. 하지만 일단 옮기고 나면, 리더와 팀 모두 목표를 대단히 명료하게 인식한다.

하지만 대부분의 목표가 이런 명료함이 부족하다. 결승선이 없어 누구도 달성하지 못할 것 같은 목표가 수없이 많다. 이런 목표는 내가 목표를 달성했는지, 특정 시점에 내가 어디에 있는지 알려주지 못한다.

- 세계적인 어느 중견 소매업체: "재고 처리 개선."
- 영국의 어느 출판사: "신규 고객 그리고 기존 고객과의 관계를 발전시키고 강화하기."
- 오스트레일리아의 어느 관광 당국: "퀸즐랜드의 효과적인 관광 인력 개발 지원."
- 유럽의 어느 투자사: "우리 포트폴리오를 생애주기 전략으로 성공적으로 전환하기."
- 어느 다국적 농업 관련 기업: "최고의 직원을 찾아내고, 채용하고,

유지하기.”

이런 목표에는 팀이 언제 경기에서 이겼는지를 알려주는 명확한 지표가 없다. “재고 처리 개선?” 얼마나? “신규 고객과의 관계 강화?” 강화 정도를 어떻게 측정하나? “포트폴리오를 생애주기 전략으로 성공적으로 전환한다?” 전환 여부를 어떻게 아나?

효과적인 후행지표는 이를테면 다음과 같다.

- “연간 재고 회전율을 12월 31일까지 8에서 10으로 끌어올려 재고 처리를 개선한다.”
- “고객 충성도를 2년 안에 40에서 70으로 끌어올려 고객 관계 평점을 높인다.”
- “5년 안에 고객의 40퍼센트를 고정 범주 투자에서 생애주기 범주 투자로 옮긴다.”
- “새로운 고객관계관리CRM 시스템을 이용해 회계연도 말까지 품질 만족도를 85퍼센트 수준으로 만든다.”

가장 중요한 목표라면 그 목표를 달성했는지 못했는지 구별할 수 있어야 한다. ‘특정 일까지 X에서 Y로’라는 형식은 그 구별을 가능하게 한다.

결승선을 정할 때 우리는 곧잘 이런 질문을 받는다. “가장 중요한 목표 달성 기간은 어느 정도로 잡아야 하는가?” 우리는 “상황에 맞게”라고 답한다. 팀과 조직은 자체 일정이나 회계연도에 따라 스스로를 돌아보고 평가하는 게 보통이어서, 1년 단위로 가장 중요한 목표를 시작해도 좋다. 하지만 가중목은 전략이 아니라는 점을 기억하라. 가중목은 제한된 시간에 달성해야 하는 전술 목표이다. 우리는 2년, 더러는 6개월이 걸리는 가장 중요한 목표도 보았다. "7월 1일까지 주어진 예산으로 새 웹사이트 완성하기"처럼 어떤 프로젝트를 기초로 하는 가장 중요한 목표는 대개 달성 기간이 프로젝트 자체의 제한 시간과 동일할 것이다. 알아서 판단하면 된다. 가장 중요한 목표는 인상적인 미래상을 제시할 수 있어야 한다. 동시에 달성 가능한 목표가 되어야 한다는 기준에 따라 기한을 잡아야 한다는 점만 명심하라.

달을 향해 쏘다

1958년, 이제 막 설립된 미국항공우주국NASA은 매우 중요한 목표가 많았는데, 그중 하나는 이렇다. "대기와 우주의 현상에 관한 인류의 지식 확장." 오늘날 업계에서 흔히 보는 "세계적 수준의 ○○ 되기" 또는 "○○ 업계를 선도하기" 같은 목표와 비슷하다. 나사의 리더들에게는 이 목표의 여러 측면을 측정하는 방법이 있었지만, 결승선 규정에 명료함이 부족했다. 그리고 성과도 당시 소련의 성과만 못 했다.

그러다가 1961년에 존 F. 케네디 대통령이 나사를 근본까지 뒤흔드는 선언을 발표했다. "1960년대가 가기 전에, 인간을 달에 착륙시키고 다시 지구로 안전하게 귀환시킨다." 나사는 갑자기 엄청난 새 도전에 직면했다. 다음 10년 동안 싸워야 할 전쟁이다. 그리고 그 도전은 정확히 가장 중요한 목표의 표현 방식대로 발표되었다. 'X'는 지상에 있는 것이

고, 'Y'는 달에 갔다가 돌아오는 것이며, '특정 일'은 1969년 12월 31일
이다.

다음 표[8]를 얼핏 봐도 전통적인 조직 목표와 진정한 가중목의 차이를
금방 알 수 있다.

1958년의 목표를 보자.

- 분명하고 측정 가능한가?
- 목표가 몇 개인가?
- 결승선이 있는 목표가 하나라도 있는가?

나사를 자극한 이 목표가 나오게 된 배경은 무엇이었을까? 러시아는
세계 최초로 우주에 인공위성과 우주비행사를 보냈지만, 미국은 여전히
발사대에서 로켓을 쏘아 올리는 수준이었다.

1961년의 목표를 1958년의 목표와 비교해보라. 1961년에는 명료하
고 측정 가능한 하나의 가장 중요한 목표로 바뀌었다.

세계무대에서 명성이 위태로워진 나사는 이 전쟁에서 승리할 몇 가지
주요 전투를 정해야 했다.

그 결과 주요 전투 세 개가 선택되었다. 바로 항해, 추진력, 생명 유지
다. 항해에는 우주선이 초속 29킬로미터로 우주를 날아, 역시 지구 주위
를 타원 궤도로 빠르게 돌고 있는 달의 정확한 지점에 착륙한다는 엄청
난 도전이 담겼다. 추진력도 마찬가지로 어려운 도전이었다. 달 착륙선
을 실을 징도로 무서우면서 지구의 중력을 이탈할 정도의 속도를 내는
로켓은 이제까지 만들어진 적이 없었다. 생명 유지는 셋 중 가장 중요했

다. 우주비행사가 달을 오가는 동안 그리고 달 표면을 탐색하는 동안 생명을 유지할 캡슐과 착륙선을 개발해야 했기 때문이다.

케네디 대통령의 연설에는 원칙 1의 또 다른 중요한 면이 담겼다. 다른 좋은 아이디어를 거절하는 것인데, 해당 목표를 달성하기 위해 미국은 다른 많은 중요한 목표를 추구하지 않으리라고 케네디가 인정한 부

1958년 나사의 목표	1961년 현재 나사의 목표
1. 대기와 우주의 현상에 관한 인류의 지식 확장. 2. 항공 우주선의 유용성, 성능, 속도, 안전성, 효율성 개선. 3. 우주에 기구, 장비, 보급품, 생물체를 실어 나를 운송 수단 개발과 운용. 4. 항공 우주 활동을 평화적이고 과학적인 목적으로 활용할 가능성과 그 잠재적 이익 그리고 문제점을 장기적으로 연구. 5. 항공 우주 과학과 기술 분야에서 그리고 그것을 대기권 안팎에서 평화적 활동으로 활용하는 분야에서 미국이 선도적 역할 유지. 6. 군사적 가치와 의미를 지닌 연구 성과를 국가 방위와 직접 연관된 정부 기관이 사용할 수 있게 하고, 그러한 기관은 그 연구 성과와 관련한 정보를 그것이 가치 있고 의미 있게 쓰일, 비군사적 항공 우주 활동을 지휘하고 통제하는 민간 기구에 제공. 7. 이 조항에 의거한 활동에서 그리고 연구 성과의 평화적 활용에서, 미국과 타 국가 그리고 타 국가 단체와의 공조. 8. 미국 내 모든 관련 기관이 긴밀히 협조하여 미국의 과학과 공학 자원을 가장 효과적으로 사용함으로써, 노력과 설비와 장비의 불필요한 이중 소모 방지.	"1960년대가 가기 전에, 미국은 인간을 달에 착륙시키고 다시 지구로 안전하게 귀환시킨다는 목표에 전념해야 한다고 생각합니다." — 존 F. 케네디

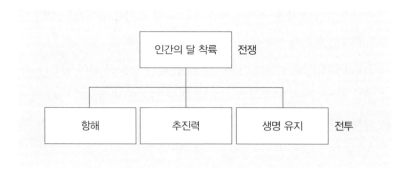

분이다. 그런데 그도 물었듯이 왜 그랬을까? "누군가는 왜 하필 달이냐고 묻습니다. 왜 그것을 우리 목표로 선택했느냐고. (…) 그 목표가 우리 힘과 기술의 최고치를 이끌어내고 측정해줄 것입니다. 그 도전이야말로 우리가 기꺼이 받아들이는 도전이고, 미루지 않을 도전이며, 우리가 승리할 도전이기 때문입니다."⁹ 케네디는 이런 식으로 인류 역사상 가장 중요한 모험이 될 결승선에 나사의 힘을 집중했다.

인간을 달에 보낸다는 도전이 공개적으로 선언되었을 때 나사 내부의 책임 부담은 어떠했겠는가. 그것은 상상하기 힘든 수준이었다. 특히 나사 우주선의 성능이 우리 주머니 속 스마트폰보다 훨씬 미미했다는 점을 생각하면 그 책임 부담이 어떠했을지 짐작할 만하다. 더 심각한 것은, 공학자들과 과학자들은 그 3가지 전투에서 승리할 운용 기술을 전혀 가지고 있지 않았다는 것이다. 돌이켜보면 1969년에 인류는 달에 발을 디딜 수준이 아니었다고 말할 수 있을 것이다.

이제 다른 질문을 하나 생각해보자. 책임 부담이 치솟으면서 사기와 참여에 어떤 일이 일어났을까? 그 역시 상상을 뛰어넘었다. 대부분의 리더들이 몹시 놀랐다. 책임 부담이 최고조에 이르면 그 압력으로 사기가 떨어지리라고 흔히 생각하기 쉽다. 사실은 그 반대이다. 어느 하나에만 집중하다 보면 팀의 책임감과 참여도가 모두 올라간다.

팀이 '우리가 정말 바라는 목표' 10여 개를 '무조건 달성해야 하는 목표' 한두 개로 바꾸면, 팀의 사기에 엄청난 효과를 미친다. 마치 팀원들 머리에 '게임 시작!'이라는 스위치가 있어서, 그것을 켜기만 하면 놀라운 실행력이 나타나는 것처럼 보인다. 케네디가 1960년대 말까지 달에 갔다 오겠다고 말했을 때, 그는 그 스위치를 켠 셈이다.

게임 시작 스위치가 켜졌을 때 팀의 일부가 된다는 것이 어떤 느낌인지 기억하는가? 그것은 놀라운 경험이다. 무수한 일이 휘몰아치는 회오리바람의 와중에도 분명하고 중요한 승리의 관문인 결승선이 보인다. 결승선의 더 큰 의미는 모든 팀원이 자신이 변화에 기여하는 상황을 볼 수 있다는 점이다. 사람은 누구나 자신이 승리하고 있고 중요한 일에 기여하고 있다고 느끼고 싶어 한다. 어려운 시기일수록 그 욕구는 강하다.

여러 해 전, 우리가 이 여정을 시작할 때, 전략 정하기나 하다못해 전략 다듬기에 주목할 의도는 없었다. 하지만 얼마 안 가 우리는 전략과 실행의 구분이 애매하다는 사실을 발견하게 되었다. 여기에 원칙 1을 적용하면 전략이 의외로 훨씬 더 분명해질 것이다. 그러나 원칙 1의 진짜 효과는 전략을 실행 가능하게 만든다는 것이다.

이렇게 생각해보자. 내 머리 위에 생각 풍선이 있고, 그 안에 내 전략의 다양한 측면이 모두 들어 있다. 새로운 아이디어와 개념, 추구하고 싶은 기회, 해결해야 할 문제 그리고 그것들을 실현하기 위한 수많은 '행동'과 '방법' 등 풍선은 복잡하고 정신이 없다. 그리고 이 풍선은 리더마다 제각각이다.

원칙 1에서, 전략을 개념에서 추구하는 대상으로, 모호한 전략적 의도에서 구체적인 결승선으로 바꾸라고 말하는 것도 그런 이유에서다. 앞에 간단히 언급한, 원칙 1을 실행하는 4가지 규칙은 조직 전체가 이를 훌륭히 해낼 기본 틀을 제공한다.(더 많은 예와 실행 과정은 2부와 3부를 참고하라.)

마지막으로 집중의 4가지 규칙은 사정을 봐주지 않는다는 점을 기억하라. 어느 순간에는 아주 조금일지언정 규칙을 슬쩍 속이고 싶은 마음이 들 것이다. 우리도 안다. 우리 역시 조직 안에서 자주 그런 마음이 들곤 한다. 하지만 집중을 지배하는 이 규칙은 중력을 지배하는 규칙과 같아서, 우리가 무슨 생각을 하든, 우리의 구체적 상황이 어떠하든 전혀 개

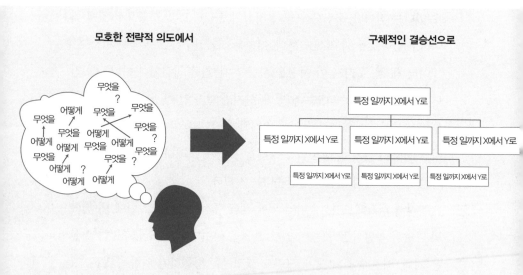

조직의 목표가 너무 많으면 모호하고 부정확해서 사람들은 무엇을 해야 하고 '어떻게' 해야 하는지 갈피를 잡지 못한다. 원칙 1은 명확하고 분명한 결승선을 제시해 성공이 어떤 모습인지 정확히 알게 한다.

성과를 내고 싶으면 실행하라

의치 않는다. 단지 예측 가능한 결과만을 내놓을 뿐이다.

이 점을 생각하면, 아주 중요한 소수의 목표에 집중한다는 원칙은 상식이지만 흔한 습관은 아니다. 이솝 우화에서, 어떤 소년이 헤이즐넛이 가득 담긴 단지에 손을 넣었다. 그리고 헤이즐넛을 최대한 많이 움켜쥐었는데, 손을 빼려고 하니 단지 입구가 너무 좁았다. 헤이즐넛을 놓기는 싫고 그래서 손을 빼지도 못하는 소년은 울음을 터뜨리며 몹시 슬퍼했다.

소년처럼, 더 큰 목표에 집중하기 전에 수많은 좋은 목표를 놓아버리기가 힘든 사람이 있을 것이다. 스티브 잡스는 자주 이런 말을 했다. "나는 우리가 하지 않은 일도 해낸 일 못지않게 자랑스럽다."[10] 원칙 1은 더 큰 목표를 정하는 원칙이며, 여기에는 훈련이 필요하다. 2부에서는 조직의 가장 중요한 목표를 정하는 정확한 절차를 좀 더 자세히 소개하겠다.

선행지표에 따라 행동하라

→

두 번째 원칙은 선행지표를 움직이는 행위에 많은 힘을 쏟는 것이다. 후행지표를 달성하는 지렛대가 되는 원칙이다.

원칙 2는 지렛대 원칙이다. 선행지표는 목표 달성과 가장 밀접히 관련된 행동을 '측정'한다.

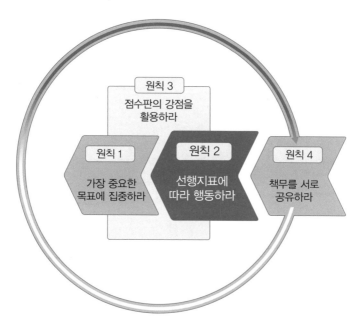

원칙 1은 조직의 가장 중요한 목표가 구체적이고 측정 가능한 여러 목표로 분해되어, 모든 팀이 그들만의 가장 중요한 목표를 갖는 단계다. 원칙 2에서는 그 목표 달성에 지렛대가 될 팀의 행위를 정한다. 아래 그림은 팀 차원의 후행지표와 선행지표의 관계를 보여준다.

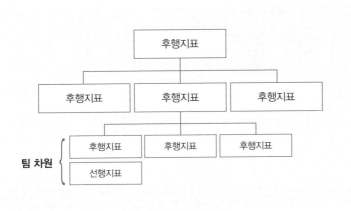

후행지표가 목표 달성 여부를 말해주는 반면에 선행지표는 목표 달성 '가능성'을 말해준다. 후행지표는 손쓸 수 없지만 선행지표는 자신이 조절하기 나름이다.

예를 들어 도로에서 내 차가 고장 나는 횟수(후행지표)를 직접 조절할 수는 없지만, 내 차의 정기 점검 횟수(선행지표)는 얼마든지 조절할 수 있다. 그리고 선행지표에 따라 행동할수록 도로에서 차가 고장 나는 일을 막을 가능성이 높다.

일단 가장 중요한 목표를 정하면, 앞으로 수개월 안에 그 목표를 달성하기 위한 특정한 과제와 하위 과제 목록을 작성하는 식으로 구체적인 계획을 세우는 게 자연스럽고 심지어 직관적으로 보일 것이다. 그러나 원칙 2에 따르면 그렇지 않다.

대부분의 조직이 세우는 장기 계획은 지나치게 엄격할 때가 많다. 이런 계획으로는 요구 사항과 사업 환경이 끊임없이 바뀌는 상황에 대처하기 어렵다. 그리고 이런 계획은 고작 두어 달 뒤에 선반에서 먼지를 뒤집어쓰고 있기 일쑤이다.

원칙 2에 따른 행동은 이와는 사뭇 다르다.

원칙 2는 목표 달성으로 이어질 일간 또는 주간 지표를 정하게 한다. 그런 다음, 팀은 매일 또는 매주 그 선행지표를 움직일 가장 중요한 행위를 찾아낸다. 이런 식으로 그때그때 계획을 세워 재빨리 상황에 대처하면서 가장 중요한 목표에 꾸준히 집중한다.

틀에 박힌 사고	4가지 원칙에 따른 사고
분기별 성과, 판매량, 체중 감량 같은 후행지표에 주목한다. 스트레스를 받는다. 결과를 기다리며 손톱을 물어뜯는다.	선행지표 달성에 집중한다. 그것은 후행지표를 움직이는 가장 큰 지렛대이다.

후행지표 대 선행지표

후행지표와 선행지표의 차이를 좀 더 자세히 살펴보자. 후행지표는 달성하려는 결과를 나타낸다. 후행지표라 부르는 이유는 그 지표에 도달하는 순간, 결과는 이미 나왔기 때문이다. 후행지표는 항상 뒤처져 나온다. '특정 일까지 X에서 Y로'라는 공식은 가장 중요한 목표에서 쓰이는 후행지표이지만, 후행지표가 쓰이는 곳은 가중목 말고도 더 있다. 회오리바람도 이를테면 수익, 외상매입금, 재고 숫자, 입원 비율, 자산 이용률 같은 후행지표로 가득하다.

선행지표는 다르다. 이 지표는 결과를 예견한다. 선행지표에는 2가지 주요 특징이 있다. 첫째, '예측력'이 있어서, 선행지표가 바뀌면 후행지표도 바뀔 것이라고 예측할 수 있다. 둘째, 팀에 직접 '영향을 받는다.' 그 말은 다른 팀에 크게 의존하지 않고도 선행지표를 실천할 수 있다는 뜻이다.

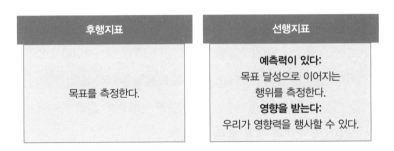

후행지표	선행지표
목표를 측정한다.	**예측력이 있다:** 목표 달성으로 이어지는 행위를 측정한다. **영향을 받는다:** 우리가 영향력을 행사할 수 있다.

원칙 2에서는 선행지표를, 즉 가장 중요한 목표 달성의 추진력이 될 활동을 정한다. 그리고 앞으로 몇 달 동안 팀은 이 선행지표에 꾸준히 힘을 쏟을 것이고, 우리가 수백 개의 팀에서 보았듯이, 이러한 노력은 성공의 열쇠가 된다.

선행지표를 이해하는 것이, 독자들이 이 책에서 얻어갈 가장 중요한 통찰력이라고 우리는 굳게 믿는다.

좋은 선행지표의 2가지 특성을 좀 더 살펴보기 위해 우선 "옥수수 생산량을 9월 1일까지 200톤에서 300톤으로 늘린다"라는 가중목을 세웠다고 가정해보자. 이때 "옥수수 양을 X에서 Y로"가 후행지표가 된다. 강우량은 옥수수 생산에 중요한 요소이며, 따라서 강우량은 옥수수 수확을 예측할 수 있다. 하지만 이것이 좋은 선행지표일까? 그렇지 않다. 우리가 날씨에 영향을 주어 적절한 양의 비를 내리게 할 수는 없기 때문이다. 강우량은 예측력이 있지만, 우리의 영향을 받지는 않는다. 이처럼 강우량은 2가지 특성을 모두 만족하지는 못한다. 그러나 토양의 질이나 비료 사용량 같은 지표는 그 2가지를 쉽게 만족시킨다.

이제 많은 사람에게 대단히 친숙한 다른 예를 하나 들어보자. 체중 감량이라는 가중목이다. 후행지표는 당연히 체중계에 나타나는 몸무게가 될 것이다. 이 가중목을 올바르게 규정한다면, 가령 "체중을 3월 30일까지 85킬로그램에서 80킬로그램으로 줄인다"(특정 일까지 X에서 Y로)가 될 것이다. 괜찮은 출발점이다. 하지만 목표 달성을 예측하고, 우리가 영향력을 미칠 수 있는 선행지표는 무엇일까? 사람들은 흔히 다이어트와 운동을 선택할 것이다. 물론 옳은 지표다.

이 2가지 지표는 선행지표의 첫 번째 특징인 예측력을 충족한다. 열량을 덜 섭취하고 더 소모하면 몸무게가 줄 것이다. 그러나 또 한 가지 중요한 점은 이 2가지 선행지표에 내가 직접 영향을 미칠 수 있다는 점이다. 일상적인 회오리바람 밖에서 이 두 선행지표를 특정한 수준까지 성취하라. 그러면 체중계에 올라갔을 때 후행지표가 움직이는 것을 목격할 것이다.

선행지표는 반직관적일 수 있다

선행지표에 문제가 하나 있다. 리더들은 선행지표와 후행지표 중에 보통 어디에 집착할까? 맞다. 리더는 자신이 직접 영향을 미치지도 못하는 후행지표에 모든 것을 쏟아붓기 일쑤다. 일부 리더의 이야기가 아니다. 당신이 바로 전에 만난 조직의 리더를 떠올려보라. 그들이 토론하고 분석하고 계획하고 고민하는 주제가 무엇이었는가? 후행지표 그리고 그것을 움직이지 못하는 자신의 무능이었을 것이다.

예를 들어 교사가 표준화한 시험으로 학생들의 읽기 능력을 측정하는 일은 쉽다. 교사들은 흔히 이 후행지표에 집착한다. 그러나 학생들의 시험 결과를 '예견하는' 선행지표를 떠올리기는 쉽지 않다. 학교는 개인 지도 교사를 고용하거나 시간을 더 할애해 꾸준히 읽기 지도를 할 수도 있다. 어떤 방법을 쓰든, 읽기 점수(후행지표)가 저절로 올라가기를 기도하기보다 읽기나 개인 교습에 쓴 시간(선행지표)을 계속 살핀다면 더 좋은 성과를 낼 것이다.

우리는 세계 곳곳에서 그리고 삶의 모든 영역에서 날마다 이런 현상을 본다. 영업 리더는 총판매량에 집착하고, 서비스 리더는 고객 만족도에 집착하며, 부모는 아이들의 성적에 집착하고, 다이어트를 하는 사람은 체중에 집착한다. 그리고 후행지표에만 집착하면, 거의 모든 경우에, 원하는 결과를 얻지 못한다.

거의 모든 리더가 이렇게 행동하는 데는 2가지 이유가 있다. 첫째, 후행지표가 성공의 지표이기 때문이다. 그것은 반드시 성취해야 하는 결과다. 둘째, 후행지표의 수치는 선행지표의 수치보다 거의 항상 정하기 쉽고 좀 더 눈에 띄기 때문이다. 체중계에 올라가 몸무게를 정확히 확인하기는 쉽다. 그러나 오늘 열량을 얼마나 섭취했고 얼마나 소모했는지 알아내기는 쉬운가? 이 수치는 얻기 힘들 때가 많고, 그 수치를 '유지'하려면 고된 훈련이 필요할 수도 있다.

여기서 한 가지 주의할 점! 지금 우리가 한 이야기를 지나치게 단순화하려는 사람이 있을 것이다.

'결국 체중을 줄이려면 다이어트와 운동을 해야 한다는 얘기 아냐? 그걸 누가 몰라?' 이런 생각이 든다면, 원칙 2의 요점을 놓친 것이다.

다이어트와 운동의 중요성을 단지 '이해'하는 것과 열량을 얼마나 섭취했고 얼마나 소모하는지 '측정'하는 것은 하늘과 땅 차이다. 다이어트와 운동을 해야 한다는 건 누구나 알지만, 열량을 얼마나 섭취했고 얼마나 소모했는지를 날마다 측정하는 사람이 실제로 체중을 줄일 사람이다.

상황을 변화시키고, 할 일을 아는 것과 실제로 하는 것의 차이를 줄이는 것은 결국 선행지표의 '수치'다. 선행지표가 없다면, 후행지표에만 매달려 안간힘을 쓰게 되고, 의미 있는 결과를 내기도 힘들다.

이를 가장 잘 표현한 사람은 경영과 품질 분야의 권위자인 에드워즈 데밍이다. 그는 경영자들을 향해, 재정적 수치(후행지표)로 회사를 경영하는 것은 "백미러를 보고 운전하는 것"과 같다고 했다.[11]

후행지표에만 주목하면 나중에 결과를 보고 깜짝 놀랄 수 있지만, 선행지표에 주목하면 그럴 일이 없다. 이런 상상을 해보자. 당신과 당신 팀은 고객 만족도를 높인다는 목표에 매진 중이다. 당신에게 가장 중요한 지표이고, 보너스도 거기에 달렸다. 그런데 새로운 고객 만족도 점수가 이제 막 받은 편지함에 도착했다. 우리 고객의 표현처럼 당신의 반응은 둘 중 하나일 것이다. "와, 끝내주는데!" 아니면 "아니, 이럴 수가!" 하지만 어떤 반응을 보이든 결과를 뒤집을 도리는 없다. 이미 끝난 일이니까. 앞서 우리 같은 고객은 또 이렇게 지적한다. "경력에서 운이 중요한 작용을 한다고 생각하는 사람이라면 후행지표에 집착할 것이다."

우리 생각도 바로 그러하다.

이제 이렇게 상상해보자. 당신은 고객 만족도를 가장 잘 예견해주는 2가지 선행지표를 실천하고 있고, 지난 3주 동안 당신 팀은 그 지표에서 기준을 훨씬 뛰어넘은 성과를 냈다. 그렇다면 새 고객 만족도 결과가 도착했을 때 당신의 느낌이 달라지겠는가? 물론이다. 그것은 날마다 다이어트와 운동이라는 지표를 지킨 뒤에 체중계에 올라가는 것과 같다. 후행지표가 바뀌리라는 걸 당신은 이미 알고 있다.

선행지표 정하기

"연간 식수 생산량을 12월 31일까지 1억 7,500만 리터에서 1억 8,500만 리터로 늘린다." 우리가 대규모 음료 회사의 먹는샘물 공장에서 공급망을 책임진 고위 경영자와 4가지 원칙을 함께 실행하기 시작했을 때, 이곳의 가장 중요한 목표였다. 이 공장은 당시 식수 생산량 목표 달성에 여러 해 동안 애를 먹고 있었고, 그곳 리더들은 식수 생산을 새로운 차원으로 끌어올릴 선행지표를 알아내려고 무척 고심했다.

우리는 그들과 연간 식수 생산을 늘리려면 어떤 선행지표가 좋겠냐는 문제를 두고 토의를 시작했다.

"월간 식수 생산이요." 그들이 재빨리 대답했다.

우리는 미안하지만 그건 아닌 것 같다고 했다.

그들은 당혹스러워했다. 공장 관리자가 물었다.

"왜 아니죠? 월간 식수 생산 목표를 달성하면 연간 목표도 달성하는 거 아닌가요?"

"물론 월간 생산은 연간 생산을 예견합니다. 하지만 팀의 영향이 미치지 못하기는 월간 생산이나 연간 생산이나 마찬가지입니다. 연간 생산보다 더 자주 등장하는 후행지표만 하나 더 만드는 꼴이죠. 그것 역시 선행지표는 아닙니다."

팀이 선행지표를 처음 결정할 때 매우 자주 나누게 되는 대화이다. 하지만 이 식수 공장 리더들은 안타깝게도 우리 이야기를 이해하지 못했다.

우리는 이해를 돕기 위해 그들에게 월간 식수 생산을 늘리려면 어떤 선행지표가 좋겠냐고 물었다.

"일일 생산이죠!" 그들이 대답했다.

아직도 이해가 안 되는 듯싶었다. 토론이 점점 활기를 띠던 중에 마침내 생산 관리자가 주목해달라고 했다. 그는 정말 흥분된 표정이었다.

"무슨 말인지 알겠어요. 선행지표를 무엇으로 정해야 하는지 알겠어요!" 그는 앞으로 걸어 나와 설명하기 시작했다. "우리는 인원이 충분치 않은 상태에서 계속 교대 근무를 하고, 기계가 노는 시간도 너무 많아요. 식수를 더 많이 생산하지 못하는 주된 요인은 바로 이 2가지예요."

드디어 좀 이해가 되는 듯싶었다.

자리에 있던 모든 사람이 그의 진단에 동의했다. 이들은 여전히 선행지표를 내놓지 못했지만(사실 이들은 인원 확충과 예방적 정비 점검을 실제 수치로 바꿔야 했다.) 개념만큼은 제대로 이해했다. 그리고 얼마 안 가 첫 번째 선행지표를 찾아냈다. 충분한 인원이 갖춰진 교대 근무 비율을 80퍼센트에서 95퍼센트로 올리기. 두 번째 선행지표는 더 쉬웠다. 예방적 정비 점검 일정 준수 비율을 72퍼센트에서 100퍼센트로 늘리기.

이들의 전략적 내기는 공장이 인원을 충분히 확충하고 기계가 노는 시간을 줄인다면, 식수 생산이 눈에 띄게 증가하리라는 것이다. 이후 몇 개월 동안 공장 팀들은 일상적인 회오리바람보다 이 2가지 선행지표에 훨씬 더 많은 노력을 쏟았다. 그 결과 식수 생산은 애초 예상보다 훨씬 높은 비율로 늘었다.

이는 선행지표 선정 과정을 보여주는 좋은 사례이면서 한 가지 중요한 사실을 지적한다. 이 프로젝트에 참여한 우리 컨설턴트는 공장의 성과를 칭송하면서 한 가지 중요한 질문을 던졌다. "왜 이 2가지를 진작 하지 않았나요?"

후행지표	선행지표
목표를 측정한다.	**예측력이 있다:** 목표 달성으로 이어지는 행위를 측정한다. **영향을 받는다:** 우리가 영향력을 행사할 수 있다.
연간 식수 생산량	충분한 인원이 갖춰진 교대 근무 비율 예방적 정비 점검 준수 비율

그의 요점은 이들의 선행지표는 프랭클린코비에서 조언을 얻기 전부터 존재한 것이라는 점이다. 공장 리더들은 충분한 인원이 갖춰진 교대 근무와 예방적 정비 점검 기준 준수의 중요성을 이미 알고 있었지만 실천하지 않았다. 왜 그랬을까?

팀이 거의 다 그렇듯, 문제는 이들이 모른다는 게 아니다. 문제는 집중이다. 이들은 실천하지 않을 뿐이다. 개선하고 집중해야 하는 일은 인원 확충이나 예방적 정비 점검 외에도 수십 가지이다. 모든 걸 개선하려다 보면 늘 회오리바람 안에 갇혀 있어야 한다. 날마다 다급한 일에 온 힘을 쏟고 모든 숫자판을 한꺼번에 조정하려고 하면 결국 아무 성과도 얻지 못한다. 앞에서 그림으로 설명했듯이, 열 손가락에 똑같은 힘을 주어 종이에 구멍을 뚫으려는 것과 마찬가지이다.

물론 이 공장 리더에게만 나타나는 문제는 아니다. 어느 리더든 며칠간 따라다닌다면 두드러진 행위 2가지를 발견할 것이다. 하나는 대부분의 시간을 회오리바람과 사투를 벌이는 데 쓴다는 것이고, 또 하나는 남은 시간은 후행지표를 걱정하는 데 쓴다는 것이다. 두 행위의 문제는 엄청난 힘을 소모하면서도 단지 회오리바람에서 살아남는 것 외에 다른 문제에 지렛대가 되지 못한다는 점이다. 가장 필요한 일을 못하는 꼴이다.

선행지표에 숨은 핵심 원리는 단순하다. 지렛대 원리. 이렇게 생각해 보라. 가장 중요한 목표를 성취하는 것은 거대한 바위를 움직이는 것과 비슷하다. 그런데 팀이 힘을 다 쏟아부어도 바위는 꿈쩍하지 않는다. 노력이 문제가 아니다. 노력이 문제라면 팀은 벌써 바위를 움직였을 것이다. 노력만으로는 부족하다. 선행지표는 일종의 지렛대로, 선행지표가 있어야 바위를 움직일 수 있다.

이제 지렛대의 2가지 주요 특성을 생각해보자. 첫째, 지렛대는 바위와 달리 우리가 얼마든지 움직일 수 있다. 우리에게 영향을 받는다는 이야기다. 둘째, 지렛대가 움직이면 바위도 움직인다. 즉, 지렛대는 예측력이 있다.

어떻게 적절한 지렛대를 선택할 수 있을까?

한 번도 달성한 적 없는 목표를 달성하려면, 한 번도 해본 적 없는 행동을 해야 한다. 주위를 둘러보라. 같은 또는 비슷한 목표를 달성한 사람이 또 누가 있는가? 그들의 행동은 어떻게 달랐는가? 예상되는 걸림돌을 면밀히 분석하고, 그것을 어떻게 극복할지 다 함께 의논하라. 상상력을 동원하라. 상황을 뒤바꿀 것이라고 한 번도 생각해본 적 없는 행동은 무엇인가?

그런 다음, 가중목 달성에 가장 큰 영향을 미칠 것 같은 행동을 골라라. 이때 80/20 원칙을 기억하라. 내 행동 중에 목표 달성에 지렛대가 되

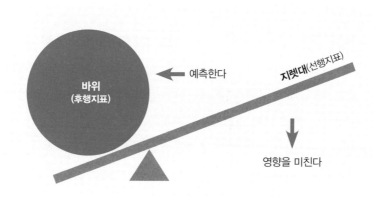

는 행동 중 상위 20퍼센트에 있는 것은 무엇인가? 컨설턴트이자 기업가인 리처드 코크Richard Koch의 말에 따르면, 사업에서 "행동 대부분이 항상 무의미하고, 잘못 구상되고, 엉터리로 지휘되고, 소모적으로 실행되고, 요점을 크게 벗어날 것이다. 대단히 효과적인 행동은 항상 적은 부분에 지나지 않는다. (…) 그 행동은 사람들이 못 알아보기 쉽고, 불분명하고, 덜 효과적인 행동에 파묻힌다."[12]

많은 가능성 중에 적절한 지렛대를 찾는 일은 가장 중요한 목표를 실현하려는 리더들에게 가장 어려운 일이자 가장 흥미로운 도전일 것이다.

애틀랜타 근처 고급스러운 핍스 플라자 몰에 있는 유명한 고급 백화점은 최근에 전국적 체인 두 곳과 여러 할인점이 이 지역으로 이주해 오면서, 심한 경쟁 압박을 받았다. 수익은 전년 대비 8퍼센트 떨어졌다.

출혈을 막으려면 어떻게 해야 할까?

관리자들은 4가지 원칙을 도입하면서, 그해 딱 하나의 가장 중요한 목표를 발표했다. 평균 구매율(건당 구매액)을 끌어올려 전년도 수익을 따라잡는다는 목표였다.

가장 중요한 목표 달성에 11개 부서가 총동원되었지만 조직 전체의 가중목 달성에 확실한 지렛대가 되어줄 선행지표를 찾아내지 못했다. 선행지표는 끝내 나타나지 않았다. 전년 대비 후행지표를 달성해야 한다는 압박이 워낙 커서 관리자들은 사람들을 볼 때마다 소리쳤다. "더 팔아! 더 팔아!" 이들은 모든 힘을 구매액 평균을 올리는 데(후행지표) 쏟아부었지만, 구체적으로 어떻게 행동해야 하는지 감을 잡지 못했다.

하루는 구두 부서 관리자와 함께 밤늦게까지 고민했다. 이 부서도 다

성과를 내고 싶으면 실행하라

른 부서보다 나을 게 없었다. 우리는 적절한 지렛대를 찾으려 안간힘을 썼다. "부서 직원들에 대해 말해보세요. 어떤 식으로 판매를 합니까?"

그러자 그가 판매 실적이 가장 높은 직원을 알려주었는데, 구두를 평균보다 3배 이상 파는 여직원이었다. 우리가 물었다. "그분은 남들과 뭐가 다른가요?"

관리자는 그 직원의 차이점을 바로 알아챘다. 고객에게 빠져, 고객의 옷차림을 주시하고, 고객의 가족을 묻고, 고객의 요구를 이해하려 했다. 그런 다음 구두를 한 켤레가 아니라 여섯 켤레를 가져와 고객 앞에 내놓는다. 그리고 이렇게 말한다. "봄이잖아요. 앞이 트인 이 구두 어때요? 지금 메고 계신 구치 가방은 이 샌들하고 정말 잘 어울리는 것 같아요. 여기 빨간색 구두도 좋아하실 것 같은데요? 이건 어때요?"

그리고 고객에게 후불거래 계좌를 만들겠느냐고 물었다가 거절당하기보다 금전등록기에 가격을 찍으면서 바로 이렇게 말한다. "오늘 여기서 후불거래 계좌 만들면 바로 10퍼센트를 할인 받으실 수 있어요. 여기 서명만 하시면 돼요."

순간 이거다 싶었다. "이런 식으로 판매하는 직원이 얼마나 됩니까? 하루에 고객에게 구두를 몇 켤레나 보여주나요?"

"그건 모르겠는데요. 우리 시스템으로 그걸 어떻게 추적하겠어요?"

"물론 못 하겠죠. 그렇다고 해서 아예 측정할 수 없는 건 아니에요."

그들은 구두 부서에 실험 삼아 기준을 하나 만들었다. 직원은 지속적으로 3가지를 해야 했다. (1) 고객이 올 때마다 구두를 적어도 네 켤레 보여준다. (2) 감사 메모를 쓴다. (3) 모든 고객에게 후불거래 계좌를 트게 한다.

"그럼 직원들이 이걸 지키는지 제가 어떻게 알죠?" 관리자가 물었다.

"모를 거예요. 직원이 스스로 할 테니까요."

계산대 탁자 뒤에 여러 칸이 쳐진 종이를 마련해놓는다. 판매 직원은 고객에게 3가지 응대 규칙을 실천하고, 해당 칸에 표시를 할 것이다.

"정확히 표시했는지 어떻게 알아요? 엉터리로 표시하면 어떡하나요?" 관리자가 물었다.

우리는 직원을 믿어도 좋을 것이라고 말했다. 그리고 가짜로 표시하는 사람은 언젠가는 들통 날 것이었다. 구매액 평균은 직원별로 체크했다. 이 선행지표가 후행지표를 움직이기 시작하면 둘의 상관관계를 확인할 수 있을 것이다.

결과는? 판매팀은 3가지 선행지표에 미친 듯이 집중했고, 드디어 지렛대가 움직이기 시작했다. 후행지표가 움직이자 사람들이 흥분했다. 이 선행지표는 후행지표 달성과 직접적인 관계가 있는 게 분명했다. 이들은 백화점의 모든 부서에 이 지표를 정착시켰고, 그 결과 연말까지 전년도 수익을 따라잡는다는 가중목을 2퍼센트 초과 달성했다. 3개월 만에 10퍼센트 포인트 증가한 양이었다.

관리자들에게 이해의 문이 활짝 열렸다.

이 선행지표 중 어느 것도 이들에게 새삼스럽지는 않았다. 고객에게 물건을 더 보여주면서 판매하는 전략은 흔한 '판매의 정석'이지만, 이들은 팀원이 실제로 그렇게 하는지 알 길이 없었다. 사실 그 행동은 측정할 수 있다. 우리가 알아낸 바에 따르면, 선행지표는 대개 이미 사업장에 존재하지만 추적하지 않을 뿐이다. 관리자들은 수많은 자료에 허우적대느라 진짜 '변화'를 이끌어낼 자료에 주목하지 못했다. 핵심은 적절한 지렛대를 따로 떼어내 꾸준히 추적하는 것이다.

마침내 관리자들은 실적을 올리라며 직원들을 닦달하기보다 중요한 자료를 관리하는 법을 터득했다. 이들은 제인이 고객에게 하루에 구두를 100켤레 보여주는지, 300켤레 보여주는지 확인할 수 있었다. 각 판매원이 후불거래 계좌를 몇 개나 트는지도 추적할 수 있었다. 이들은 교사가 되어, 사람들을 살피고, 고객에게 물건을 더 보여주며 판매하는 방법을 직접 보여주고, 가장 뛰어난 사례를 공유했다. 이들은 힘이 났고, 자연스레 결과도 따라왔다.

이들은 이제 결코 예전 방식으로 관리하지 않을 것이다. 물론 확실한 지렛대가 될 선행지표를 찾느라 더러는 고생도 하겠지만.

흥미로운 사례를 하나 소개하겠다. 1990년대에 미국 프로야구 메이저리그에서 성적이 최하위권인 오클랜드 애슬레틱스Oakland Athletics가 놀랍게 변화한 사례다. 이 팀은 다 쓰러져가는 경기장에서 경기를 했고, 사람들의 주목도 받지 못했으며, 훌륭한 선수를 영입하는 건 갈수록 힘들어졌다.

선수 영입 경쟁에서 오클랜드보다 예산이 5배나 많은 뉴욕 양키스New York Yankees 같은 부유한 팀을 이길 수 없었다.

구단주들의 재정 압박 그리고 더 훌륭하고 더 비싼 선수를 영입하라는 팬들의 항의에 시달리던 단장 샌디 알더슨Sandy Alderson의 가장 중요한 목표는 팀을 구하는 것이었고, 그러려면 경기장을 가득 채워야 했다. 하지만 어떻게?

그는 사람들이 야구장을 찾는 이유는 여러 가지라고 생각했다. 어떤 사람은 스타 선수를 보려고, 어떤 사람은 경기장 분위기를 즐기려고, 또 어떤 사람은 그저 저녁에 외출하고 싶어서 야구장을 찾는다. 하지만 변함없는 이유 하나는 이기는 팀을 보러 온다. 가장 중요한 것은 승리다.

그는 야구에서 승리의 진짜 원인이 무엇인지 자신에게 묻기 시작했다. 누구도 진지하게 이 물음을 던진 적이 없었다. 사람들은 대부분 훌륭한 선수가 승리의 핵심이려니 생각했다. 스타 선수가 있다면 이길 것이라고. 하지만 알더슨은 고민했다. 혹시 다른 이유도 있지 않을까?

그와 부단장 빌리 빈Billy Beane은 이 주제와 관련해 가장 훌륭한 제안을 내놓을 사람들을 모았다. 어떻게 하면 이길 수 있을까. 그 답은 물론 가장 높은 득점이지만, 득점의 가장 큰 요인은 정확히 무엇일까? 득점으로 이어지는 선행지표는 무엇일까?

이때 통계 전문가와 컴퓨터 과학자가 동원되었다. 이들은 면밀한 연구로, 이미 존재했지만 누구도 주목하지 않은 요소들을 내놓기 시작했다. 홈런을 치는 대단한 강타자들은 보통 득점에 크게 기여하지 못하는 경우가 많았다. 득점을 가장 많이 내는 선수는 단연 출루하는 선수였다. 이들이 1루, 2루, 3루로 나아갈 수 있다면, 모든 사람이 그토록 좋아하고 천문학적인 연봉을 받는 강타자보다 훨씬 더 안정적으로 득점을 올릴 수 있다. 오래된 우화처럼, 결과적으로 거북이들이 토끼들보다 지렛대의 힘이 강했다.

알더슨이 떠나고 빌리 빈이 새 단장이 되었다. 그는 예상을 뛰어넘은 영입을 시작했다. 이름 없는 선수들을 대거 영입한 것이다. 일부는 대단히 서투르고 가능성을 인정받지 못한 선수들이었고, 따라서 그들에게 비교적 적은 연봉을 지급했다. 오클랜드는 웃음거리가 되었다. 빈은 대체 무슨 생각인 걸까?

성과를 내고 싶으면 실행하라

그런데 야구장에서 마법이 펼쳐졌다. 무슨 까닭인지, 오클랜드가 경기에서 다시 이기기 시작했다. 결국 메이저리그에서 가장 가난한 팀이 지구별 리그 우승팀이 되었다. 다음 해도 마찬가지였다. 이들은 곧 막강하고 부유한 양키스와 결승전을 치르기까지 했다. 비록 우승은 못 했지만, 오클랜드는 연봉과 실력에서 훨씬 더 대단한 팀들을 차례로 꺾으면서 모든 이를 놀라게 했다. 팀의 승리에 고무된 팬들이 다시 돌아왔고, 우중충한 경기장에서 경기를 치르던 보잘것없는 오클랜드는 해마다 거의 최고 순위에 올랐다.

오클랜드 애슬레틱스는 10년 동안 메이저리그에서 5위를 유지했지만, 선수들 연봉은 메이저리그 30개 팀에서 25위에 머물렀다. 선수들은 자신이 속한 곳에서 바닥으로 떨어지기는커녕 서부 지구에서 1, 2위 아래로 내려가는 법이 거의 없었다.

빌리 빈이 한 일은 리그를 통틀어 선수들의 출루 기록을 추적해, 출루 성적이 좋은 선수들을 끌어모은 것이었다. 이 선수들은 대개 화려하거나 유명하지 않고, 연봉도 높지 않았다. 하지만 출루만큼은 신뢰할 만한 성실한 선수들이었다. 출루는 득점을 예측하는 가장 믿을 만한 요소였다. 그리고 야구에서는 뭐니 뭐니 해도 득점이 최고였다.

오클랜드 관리팀은 승리로 이어질 선행지표에 따라 경기를 새로 짰다. 득점으로 이어지는 핵심 요소를 찾기 위해 통계를 샅샅이 분석하면서 부지런히 연구해, 과거에 누구도 주목하지 않은, 강력한 지렛대로서의 선행지표를 찾아냈다.[13] 이 흥미로운 역전의 이야기는 마침내 〈머니볼Moneyball〉이라는 영화로도 제작되었다.

우리 고객들이 깨달은 교훈을 바탕으로, 효과적인 선행지표를 찾아내는 방법을 2부에서 좀 더 자세히 소개할 예정이다.

여러 해 동안 우리가 만난 리더 수천 명이, 선행지표를 움직이는 데 집중해 지렛대를 써야 할 지점에 많은 힘을 쏟는 것이 실행의 핵심이라는 사실을 깨달았다. 움직여야 할 거대한 바위가 있다면, 결과 예측력이 높고 우리가 조절할 수 있는 지렛대가 필요할 것이다. 바위가 클수록 지렛대의 필요성은 높아진다.

선행지표 수치 추적하기

영거 브라더스 컨스트럭션Younger Brothers Construction은 애리조나에 있는 주택 건설 회사인데, 한 가지 큰 문제가 있었다. 사고와 부상이 점점 늘어나는 문제였다. 사고가 일어나면 직원이 다치는 것도 문제지만, 촉박한 공사 기한이 연기되고, 보험료가 올라가고, 잠재적으로는 안전 신뢰도도 떨어질 것이다. 안전사고 줄이기는 예전부터 이 회사의 가장 중요한 목표이다 보니 자연스럽게 "안전사고를 12월 31일까지 7퍼센트에서 1퍼센트로 줄인다"가 가장 중요한 목표가 되었다.

가중목을 정했으니, 이제 사고를 줄이고 팀이 영향력을 행사할 수 있는 선행지표를 결정해야 했다.

이들이 생각한 첫 번째 안은 안전 훈련의 강도를 높이는 것이었다. 모두가 훈련을 더 하면 되니, 팀이 큰 영향력을 행사할 수 있는 지표였다. 하지만 리더들은 안전을 유지하기에는 지금의 훈련 양으로도 부족하지 않다는 이유로 그 안을 거부했다. 훈련 시간을 늘린다고 해서 새로운 목표의 달성 가능성이 높아질 것 같지는 않았다.

영거 브라더스 리더들은 회사의 발목을 잡는 사고의 근본 원인을 좀 더 자세히 들여다보았고, 새로운 시각으로 선행지표를 찾아냈다. 안전 규정 준수. 이들은 6가지 기준으로 준수 여부를 결정했다. 안전모, 장갑, 장화, 보호 안경 착용 그리고 인부가 지붕에서 미끄러지지 않도록 지붕 버팀대와 비계 사용. 이들은 이 6가지 기준을 철저히 지키는 것이야말로 사고 감소를 예측하고 팀이 영향력을 행사할 수 있는 지표라고 확신했다.

영거 브라더스는 안전 규정 준수라는 선행지표에 집중한 지 1년 만에 회사의 30년 역사상 최고의 안전 기록을 달성했다. 쉬운 일은 아니었다.

이 선행지표에서 가장 어려웠던 부분은 수치 집계였다. 사고와 부상을 나타내는 후행지표 수치는 회사 시스템에서 매주 자동으로 집계됐다. 하지만 선행지표인 안전 규정 준수는 직접 관찰해야 알 수 있었다.

현장 감독이 현장을 돌면서 인부들이 안전모, 장갑, 장화, 보호 안경을 착용했는지, 비계와 지붕 버팀대는 튼튼한지 직접 살펴야 한다는 이야

후행지표	선행지표
목표를 측정한다. 또는 결과를 측정한다.	**예측력이 있다:** 목표 달성으로 이어지는 행위를 측정한다. **영향을 받는다:** 우리가 영향력을 행사할 수 있다.
월별 사고 보고	핵심 안전 기준 6가지 준수

기다. 현장 감독은 이런 점검 외에도 할 일이 태산이었다. 하도급 업체와의 문제, 선적 지연, 고객 문제, 날씨로 인한 지연 등등. 이런 회오리바람 한가운데에서 안전 규정 준수를 확인하는 것이 현장 감독에게는 '가장 중요한' 문제로 보이지 않을 수 있다. 하지만 안전사고를 줄이는 것이 가장 중요한 목표였고, 안전 규정 준수가 그 목표 달성을 위해 지렛대를 써야 할 주요 지점이었기에 이들은 매주 점검을 계속했다.

이 이야기에서 배울 점은, 선행지표 수치는 후행지표 수치보다 구하기가 어려운 게 보통이지만 무슨 수를 써서라도 선행지표는 반드시 추적해야 한다는 사실이다. 이 문제와 씨름하며 강력한 지렛대로서의 선행지표에 집중하던 팀은 급기야 "와, 이 수치 얻기 진짜 힘드네! 바빠죽겠는데 이걸 어떻게 하나"라고 말하는 경우가 많다. 하지만 가장 중요한 목표가 절실하다면, 선행지표를 추적할 방법을 찾아야 한다. 수치가 없으면 선행지표에 따라 행동할 수 없고, 선행지표가 없으면 지렛대를 사용할 수 없다.

가중목이 정말로, 제일 중요하다면, 반드시 지렛대를 확보해야 한다.

모든 항공사의 가장 중요한 목표는 안전한 착륙이다. 오늘날에는 비행이 실제로 대단히 안전하지만, 예전부터 그랬던 것은 아니다. 1930년대에는 조종사 실수로 심각한 비행 충돌이 많이 일어났다. 1935년에는 미 육군 소속의 노련한 시험 비행 조종사인 피트 힐 소령이 그때까지 제작된 가장 큰 항공기와 충돌했다. 이륙 전에 꼬리 승강타를 풀어놓는 걸 깜빡했기 때문이었다.

그 뒤로 조종사들이 모여 비행 전 점검사항이라는 명확한 선행지표를 도입했다.[14] 그러자 조종사 실수에서 나온 충돌이 크게 줄었다. 오늘날에는 비행 전 점검사항이 안전한 착륙을 예측하는 가장 확실한 지표다.

비행 전 점검 목록은 강력한 지렛대로서의 활동을 보여주는 완벽한 사례다. 점검 목록을 살피는 것은 고작 몇 분이면 끝나지만 그 효과는 엄청나다. 점검 목록 100퍼센트 준수 또한 선행지표의 훌륭한 예로, 그 행위는 안전한 착륙을 예측하고 조종사의 영향을 받는다.

일단 원칙 2에 따라 선행지표를 만들기 시작하면, 가장 중요한 목표에 집중한다는 원칙 1을 더 확실하게 이해할 수 있다. 회오리바람의 와중에 하나의 가중목을 향해 선행지표를 실행하기란 보통 힘든 일이 아니다. 원칙 1에서 (우리 조언을 무시하고) 가장 중요한 목표를 셋 이상 고집하는 리더들도 원칙 2에서 선행지표를 이해하기 시작하면 늘 마음을 바꾼다.

선행지표와 참여

팀이 선행지표를 분명히 하면, 목표를 바라보는 그들의 시선도 바뀐다.

식료품점 관리자인 베스 우드가 해마다 판매량을 늘리는 대단히 어려운 목표를 달성하기 시작했을 때 어떤 일이 일어났는지 살펴보자.

베스는 상점 내 제빵 관리자인 밥을 불러, 점점 줄어드는 연간 매출을 개선할 방법을 물었다.

밥은 성격 좋은 관리자여서, 평소 같으면 판매량을 늘릴 뾰족한 수가 없어도 "좋아요, 베스. 얼마든지 도울게요" 하고 대답했을 것이다. 그런데 이날은 밥도 참을성이 한계에 이르러 그럴 마음이 나지 않았다.

그가 비꼬듯 말했다. "판매량을 늘리고 싶다고요? 어디 한번 잘해 봐요."

밥의 반응에 깜짝 놀란 베스는 빠르게 대답했다. "이봐요, 밥. 나 혼자 는 못 해요. 그쪽이 나보다 손님과도 더 가깝고 직원들과도 더 가깝잖 아요."

순간 밥은 화가 치밀어 올랐다. "대체 어쩌라고요? 사람들 머리를 후 려갈겨서 끌고 들어올 수는 없잖아요. 나는 제빵 담당이에요. 베이글이 필요하면 그때 불러요."

베스와 밥을 잘 모르는 사람이라면, 밥은 늘 태도가 불량하다거나 베 스를 존경하지 않는다고 생각할 수 있다. 더 심하면, 밥은 그저 게으른 사람이겠거니, 생각할 수도 있겠다. 하지만 그렇지 않다.

밥은 베스를 좋아하고, 판매량을 늘리는 데 도움도 주고 싶다. 하지만 2가지가 그의 발목을 잡았다. 하나는 그도 방법을 모른다는 것이고, 하 나는 앞으로도 알 수 없으리라고 생각한다는 것이다. 그 순간 밥의 머 릿속을 스친 생각은 이랬다. '우리가 여기 있은 지 30년인데, 바로 얼마 전에는 저 아래에 대형 월마트가 들어왔어. 우리는 위치도 나빠서 교차 로에서 여기 들어오려면 좌회전을 해야 하는데, 우리 간판이 보여야 좌 회전을 하든지 말든지 하지. 그런데 나더러 판매량을 늘리라고? 내가 그 방법을 알면 이제까지 가만히 있었겠어? 비법을 알면 말을 안 했겠 냐고!'

밥의 관점에서 생각해보면, 이 답답한 상황에서 *그*가 보인 반응을 좀 더 제대로 이해할 수 있다. 밥 같은 처지에 놓인 사람이 한둘이 아니다.

성과를 내고 싶으면 실행하라

그들 모두 바위는 잘 본다. 문제는 지렛대가 없다는 것이다.

똑같은 각본을 다시 재생해보자. 다만 이번에는 목표 달성을 위해 선행지표를 이용하는 베스의 입장에 서보자. 베스는 관리자들을 모두 불러 질문을 던진다. "하루하루 버티는 것 말고, 매해 판매량을 최대한 늘리기 위해 우리 팀이 할 수 있는 것 한 가지가 뭐가 있을까요?" 이때 베스는 팀이 영향을 미칠 수 있는 결과나 행동 중에 판매량이라는 후행지표를 움직일 수 있는 가장 확실한 행동을 묻고 있지만, 그 범위를 크게 제한하고 있다.

팀은 고객 서비스 향상이나 가게 환경 개선 또는 공짜 샘플 더 많이 나눠주기 같은 여러 가능성을 토론하기 시작한다. 이런저런 토의 끝에 마침내 '그들' 가게에서 할 수 있는 가장 확실한 것 하나는 일시 품절 상품 줄이기라는 데 동의한다.

일시 품절 상품 줄이기라는 선행지표는 판매 증가를 예측하는 분명한 요소다. 소매 업계에서는 잘 알려진 사실이다. 또 하나 중요한 점은, 일시 품절은 팀이 영향력을 발휘할 여지가 많은 선행지표란 것이다. 그렇다면 밥은 판매를 촉진하기 위해 제빵 부서에서 자기가 할 일이 무엇인지 알 수 있다. 일시 품절을 줄이는 것은 그와 그의 팀이 직접 할 수 있는 일이다. 다 팔린 상품이 있는지 좀 더 자주 재고를 확인해볼 수 있고, 빠르게 팔리는 제품은 보충하기 쉽게 물품 창고를 재정리할 수 있으며, 추가 주문 횟수와 양을 바꿀 수도 있다. 다시 말해, 그와 팀이 승리할 수 있는 게임이며, 따라서 이제는 그도 게임에 참여한다.

팀이 선행지표를 정했다면, 전략적 내기를 하는 것이다. 어느 면에서는 "이 선행지표를 추진해 가장 중요한 목표를 달성한다는 데 내기를 하

후행지표	선행지표
목표를 측정한다. 또는 결과를 측정한다.	**예측력이 있다:** 목표 달성으로 이어지는 행위를 측정한다. **영향을 받는다:** 우리가 영향력을 행사할 수 있다.
월별 판매 보고	일시 품절 수량

겠다"고 말하는 셈이다. 이들은 지렛대가 바위를 움직이리라 믿고, 그 믿음 때문에 그 행위에 참여한다.

원칙 3과 원칙 4는 팀이 선행지표를 움직이는 데 힘을 쏟게 하려고 만들어졌다. 그러나 원칙 2에 나오는 좋은 선행지표의 장점과 진짜 효과는 팀을 가장 중요한 목표에 확실하게 연결시킨다는 점이다. 궁극적으로 리더가 추구하는 최종 성과를 내는 것은 조직의 최전선인 팀이다.

올바른 선행지표를 찾다 보면, 모든 사람이 자신을 전략적 사업 동반자로 생각하고, 가중목 달성을 위한 더 나은 행동, 새로운 행동은 무엇인지 서로 대화를 나누게 된다.

미국 남부의 신문 〈사바나 모닝 뉴스Savannah Morning News〉의 광고 부서는 그 좋은 사례이다. 우리가 그들을 만났을 때 그들의 가중목은 심각한 수익 격차 해소였다. 이들은 수익을 올리기 위해 신상품 판매, 일일 특집 게재, 기타 추가 삽입 광고 등을 고민하면서 한 번에 모든 것에 집중하려는 늪에 빠져 있었다. 워낙 여러 가지 일에 관심을 갖다 보니 정작 제일 중요한 상품에 소홀했다. 그래서 그들은 원칙 1에서 출발해, 핵심 상품에 다시 집중해 광고 수익을 높인다는 가장 중요한 목표를 세웠다.

그리고 선행지표에 따라 행동한다는 원칙 2를 실천하기 시작했을 때 모든 것이 달라졌다. 팀원이 모두 대화에 참여했다. 이들은 광고 수익을 높일 방법을 고민하다가 3가지 핵심 행위를 찾아냈다. 지금은 함께 사업을 하지 않은 잠재적 광고주인 신규 고객과의 접촉 횟수 늘리기, 6개월 이상 무거래 고객과 관계 회복하기, 기존 고객을 대상으로 광고에 색을 추가한다거나 좋은 지면을 준다거나 광고 크기를 늘리는 등 가치를 더하는 방식으로 더 비싼 상품 권유하기.

이 계획은 실천 단계에서 더 단순한 선행지표로 다듬어졌다. 주간 가중목 회의에서 사람들은 신규 고객 접촉, 관계 회복 전화 통화, 비싼 상품 권유에 일정한 횟수를 정해놓고 그 수치 달성에 매달렸다. 그리고 다음 주에 결과를 보고했다. 개별 영업사원은 자기 몫을 효과적으로 관리했을 뿐 아니라 다른 사원들과 정기적으로 소통하면서 최고 실천 사례, 개선된 고객 접근법, 장애물 극복법 등을 주고받았다.

광고 책임자는 이렇게 말했다. "20년 동안 이 일을 하면서, 기본적으로 후행지표가 잘 나오기를 빌고 급한 불을 끄는 데만 급급했던 것 같다." 그는 생전 처음, 가시적인 방법으로 팀원의 목표 달성을 도울 수 있다는 느낌을 받았다. 이 신문사는 그해에 수익 격차를 해소하고 목표를 초과 달성했다. 적절한 선행지표를 정해 꾸준히 노력한 결과였다. 이 신문사의 모기업인 모리스 커뮤니케이션스Morris Communications는 이 성공에 힘입어 다른 40개 신문에도 4가지 원칙을 실시하기로 했다.

올바른 선행지표 선택에 관해서는 2부에서 더 자세히 설명하겠다.

점수판의 강점을 활용하라

⟶

세 번째 원칙은 모든 사람이 언제든 점수를 알 수 있게 해서 자신이 승리하고 있는지 판단하게 해야 한다는 원칙이다.

원칙 3은 참여 원칙이다.

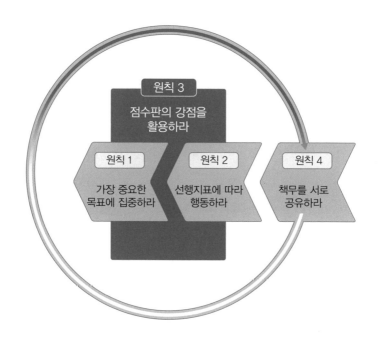

점수를 기록하면 사람들의 행동이 달라진다는 사실을 기억하라. 선행지표와 후행지표를 '개념으로만' 이해하는 팀과 그 지표에서 실제 자기 점수를 아는 팀의 업무 차이는 극과 극이다. 선행지표와 후행지표가 점수판에 새겨지고 정기적으로 수치가 바뀌지 않는다면 회오리바람에 휩쓸려 사라질 것이다. 간단히 말해, 자기 점수를 모르면 사람들은 참여하지 않는다. 자기가 지금 이기고 있는지 아닌지를 쉽게 알아볼 수 있을 때 진심으로 참여한다.

원칙 3에서 팀, 팀의 선행지표, 후행지표를 놓고 벌이는 전략적 내기는 가시적이고 인상적인 점수판이다.

우리는 여러 해 전에 노스롭 그루먼Northrop Grumman 리더들과 함께 일하면서 연안 경비정 설계와 건조 작업에 4가지 원칙 적용을 의논했다. 허리케인 카트리나로 공장 설비에 심각한 피해를 입은 지 몇 달 지나지 않아 우리 프로젝트가 시작되었다. 우리가 원칙 3을 소개하자 그들은 점수판 활용의 중요성을 보여주는 더없이 적절한 예를 알려주었다.

바로 전날 금요일 밤에 중요한 지역 고교 미식축구 경기가 열렸다. 예상대로 관람석은 가득 찼고, 경기가 시작될 때까지 흔히 그렇듯 분위기가 달아올랐다. 그런데 경기가 진행되면서 뭔가 허전했다. 사람들이 환호하지 않았다. 사실 아무도 경기에 집중하지 않는 듯했다. 관중석에서 나오는 소리라고는 지루한 대화의 웅성거림뿐이었다. 대체 무슨 일이 일어난 걸까?

점수판이 허리케인에 날아갔는데 여전히 복구가 안 된 탓에 관객은 점수를 볼 수 없었다. "몇 점이나 됐는지, 몇 번째 공격 기회인지, 하다못해 시간이 얼마나 남았는지 말해주는 사람이 없었어요. 경기는 계속 진행됐지만, 마치 누구도 그 사실을 모르는 것 같은 느낌이랄까요."

우리는 이 이야기에 빠져들었다. 좌절감에 빠져 팀에게 이렇게 소리치고 싶은 적은 없었는가? "이해 못 하겠어? 지금 여기서 경기가 진행 중이라고. 얼마나 중요한 경기인지 알기나 해?" 그런 적이 있다면, 앞에서 경기장 관중에게 영향을 미친 것과 똑같은 중요한 요소가 빠졌기 때문이기 쉽다. 바로 한눈에 들어오는 명확한 점수판이다.

훌륭한 팀은 매순간 자기 팀이 이기고 있는지 아닌지를 안다. '반드시' 알아야 한다. 그렇지 않으면 경기를 이기기 위해 무엇을 해야 하는지 알 수 없다. 제대로 된 점수판은 팀에게 그들이 지금 어느 위치에 있고 어디에 있어야 하는지를 알려준다. 팀이 문제를 해결하고 의사 결정을 하는 데 꼭 필요한 정보이다.

행동을 '강제하는' 점수판이 없으면 훌륭한 팀도 제 기능을 못 하는 이유도 이 때문이다. 점수판이 없으면 힘이 분산되고 긴장감도 떨어져 팀은 평소대로 후퇴한다.

여기서 분명히 할 게 있다. 눈에 보이는 숫자는 새로울 게 없다. 사실 이미 점수판이 있다고, 그것도 아주 많은 점수판이 컴퓨터에 복잡한 스프레드시트로 모두 저장되어 있다고 생각할 수도 있다. 거기에 새로운 점수가 계속 입력된다. 그런 점수는 거의 다 후행지표의 형태이며, 이미 지나간 성향, 앞으로의 전망 그리고 상세한 재정 분석이 담겨 있다. 중요한 점수이며, 리더의 존재 목적을 보여주는 점수이다. 이 스프레드시트는 우리가 앞으로 '코치의 점수판'이라 부를 점수판이다.

그러나 우리가 원칙 3에서 추구하는 것은 많이 다르다. 원칙 3을 이행하려면 선수들의 점수판을 세워야 한다. 오로지 팀에 속한 선수들만을 위한, 그들이 승리하기 위해 만들어진 점수판이다.

이런 종류의 점수판이 어떤 효과가 있는지 이해하려면, 공원에서 십대 한 무리가 농구하는 모습을 보고 있다고 상상해보라. 그들과 떨어진 탓에 말소리는 들리지 않지만 그들을 볼 수는 있다.

그렇다면 그들을 멀리서 보기만 해도, 그들이 점수를 기록하며 경기를 하고 있는지 구별할 수 있을까? 물론이다. 그것을 알 수 있는 신호가 명백하기 때문이다.

첫째, 경기에서 어느 정도 긴장감을 볼 수 있을 것이다. 점수를 기록하지 않는다면 볼 수 없는 긴장감이다. 그리고 더 나은 슛을 고른다거나, 공격적인 방어를 한다거나, 득점을 올릴 때마다 서로 축하하는 등의 협동도 보게 될 것이다. 적극적으로 참여하는 팀의 행동이며, 경기가 중요할 때, 다시 말해 점수를 기록할 정도로 경기가 중요할 때만 그런 수준의 경기를 펼친다.

점수판에 리더만 이해할 수 있는 복잡한 수치가 들어가면, 그 점수판은 리더의 경기를 나타낸다. 그러나 참여와 성과를 극대화하려면, 선수

틀에 박힌 사고	4가지 원칙에 따른 사고
점수판은 리더를 위한 것이다. 그것은 코치 점수판이며, 수천 개의 숫자가 적힌 복잡한 스프레드시트로 되어 있다. 전체를 보여주는 큰 그림은 거기 어딘가에 있지만, 그것을 쉽게 알아볼 수 있는 사람은 거의 없다.	점수판은 전체 팀을 위한 것이다. 실행을 촉진하려면 간단한 그래프가 몇 개 있는 선수 점수판이 필요하다. 점수판은 우리가 어디에 있어야 하며, 지금 어디에 있는지 알려준다. 누구나 5초 안에 우리가 이기고 있는지 지고 있는지 알 수 있어야 한다.

의 점수판이어야 하고, 그런 점수판이라야 경기를 팀 전체의 경기로 만든다. (4가지 원칙을 처음 만든 사람 중 한 명인) 짐 스튜어트는 다음과 같은 말로 이 상황을 가장 잘 표현했다. "선수 점수판의 기본 목적은 선수에게 승리하도록 동기를 부여하는 것이다."

우리는 원칙 3을 아주 중요한 말로 시작했다. "사람들은 점수를 기록하면 행동이 달라진다." 우리는 이 문장을 좀 더 명확히 해 중요한 부분을 강조할 필요가 있다.

사람들은 '자기가 직접' 점수를 기록하면 행동이 달라진다. 다른 사람이 점수를 기록할 때와는 사뭇 다른 느낌이다. 팀원이 직접 점수를 기록하면, 자신의 성과와 목표 달성 사이의 연관관계를 확실히 이해할 뿐 아니라 경기 수준도 달라진다.

모든 팀원이 점수판을 볼 수 있으면 경기 수준이 올라가는데, 그 이유

총수익							매출 총이익							에비타(세전 이익)						
2/12	예산	변수	2/8	변수	2007	변수	2/12	예산	변수	2/8	변수	2007	변수	2/12	예산	변수	2/8	변수	2007	변수
0	0	0	0	0	0	0	0	0	0	143	(143)	0	0	0	0	0	143	(143)	0	0
(1)	53	(54)	182	(183)	1	(2)	(0)	35	(35)	0	(0)	1	(2)	(86)	(49)	(37)	(84)	(2)	(114)	28
0	0	0	0	0	0	0	0	0	0	0	0	0	0	(61)	(65)	4	(73)	12	(11)	(51)
1,008	1,080	(71)	1,150	(142)	1,146	(137)	699	754	(55)	812	(113)	892	(193)	384	384	1	439	(54)	530	(146)
		-6.6%		-12.3%		-12.0%	69.3%	69.9%	-7.3%	70.6%	-13.9%	77.9%	-21.6%	38.1%	35.5%	0.2%	38.1%	-12.4%	46.3%	-27.5%
699	843	(144)	700	(1)	963	(264)	486	594	(108)	498	(12)	730	(245)	242	297	(56)	218	24	392	(151)
		-17.1%		-0.2%		-27.4%	69.5%	70.4%	-18.2%	71.1%	-2.4%	75.8%	-33.5%	34.6%	35.3%	-18.8%	31.1%	10.8%	40.7%	-38.5%
592	682	(90)	524	68	613	(21)	422	483	(60)	361	62	459	(36)	260	276	(16)	187	73	270	(10)
		-13.1%		-13.0%		-3.4%	71.3%	70.8%	-12.5%	68.9%	17.1%	74.8%	-7.9%	43.9%	40.5%	-5.7%	35.8%	38.9%	44.0%	-3.5%
879	937	(58)	840	39	828	51	607	695	(88)	582	25	539	68	354	370	(16)	292	62	235	119

성과를 내고 싶으면 실행하라

는 진행 상황이 어떻고 무엇을 고쳐야 하는지 알 수 있기 때문이기도 하지만, 이제 '승리'하고 싶은 마음이 생겼기 때문이기도 하다.

왼쪽 표와 아래의 그래프에서 코치의 점수판과 선수의 점수판이 어떻게 다른지 확인해보라.

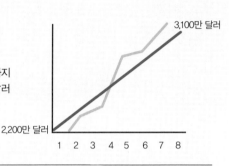

가중목

기업 행사 수익을 12월 31일까지 2,200만 달러에서 3,100만 달러로 끌어올린다.

3,100만 달러

2,200만 달러

1 2 3 4 5 6 7 8

선행지표

직원당 양질의 현장 방문을 한 주에 2건 완수한다.

직원	1	2	3	4	5	6	7	평균
킴	1	1	2	2	4	x	x	2
밥	2	2	3	2	x	x	3	2,4
캐런	1	3	2	x	x	2	2	2
제프	0	0	x	x	1	1	1	0,6
에밀리	3	x	x	4	3	2	4	2,8
리처드	x	x	2	2	2	4	4	2,8
베스	x	1	2	5	2	4	x	2,8
계	7	7	11	15	12	13	14	2,3

선행지표

모든 행사의 90%에서 더 비싼 상품인 최고급 바 패키지를 판매한다.

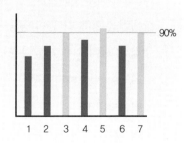

90%

1 2 3 4 5 6 7

코치 점수판은 복잡하고 숫자가 많지만, 팀이 이기고 있는지 확인하려면 주의 깊게 들여다봐야 한다.

선수 점수판에서 목표(파랑색 선)는 수익을 높이는 것이다. 회색 선은 실제 성과다. 팀원들은 언제든지 자신이 경기에서 이기고 있는지 확인할 수 있다.

선수 점수판은 선수들에게 승리하도록 동기를 부여하는 데 필수다.

훌륭한 점수판의 특징

점수판이 선수들에게 효과가 있는지 판단할 때 우리가 항상 묻는 4가지 질문이 있다.

1. 단순한가? 점수판은 단순해야 한다. 미식축구 점수판을 생각해보라. 그곳에 나오는 숫자는 대개 득점, 시간, 쿼터 수, 공격 기회(다운)와 거리, 타임아웃, 이 6가지가 전부이다. 이때 사이드라인에 있는 코치는 숫자를 몇 가지나 추적하고 있을지 생각해보라. 선수당 야드 수, 패스 성공률, 세 번째 컨버전 공격 기회, 패스 분배, 심지어 상대편을 향해 찬 공이 공중에 떠 있는 시간과 날아간 거리까지도 추적한다. 이 외에도 많다. 코치가 경기를 제대로 풀어가려면 이런 수치들이 필요하지만, 필드의 점수판에는 경기 진행에 필요한 숫자만 등장한다.
2. 눈에 잘 띄는가? 점수판은 팀원이 쉽게 볼 수 있어야 한다. 미식축

구에서는 점수판도 거대하고 그곳에 나타난 숫자도 무척 커서, 누구든지 얼핏 보기만 해도 현재 어느 팀이 이기고 있는지 금방 알 수 있다. 점수판이 컴퓨터에 저장되어 있거나 사무실 문 뒤에 걸려 있어서 쉽게 눈에 띄지 않는다면 팀원의 마음에서도 사라지기 마련이다. 우리는 항상 회오리바람과 겨루어야 한다. 이 적수는 만만치 않다는 점을 명심하라. 점수판이 쉽게 눈에 띄지 않으면, 가중목과 선행지표는 날마다 해치워야 하는 다급한 일들에 가려져 몇 주 또는 며칠 안으로 잊히기 쉽다.

점수판이 잘 보이면 책임감도 더 생긴다. 점수판이 누구나 볼 수 있는 곳에 있으면 성과도 팀원 개개인에게 더 중요해진다. 우리는 이 사실을 여러 차례 확인했다. 미시간에 있는 큰 주스 공장에서 어느 근무조가 점수판의 배달 숫자를 움직이기 위해 점심시간까지 건너뛰면서 트럭 가득 주스를 싣고 배달하는 모습을 보았다. 왜 그랬을까? 그래야 점수판에 나오는 다른 근무조를 앞설 수 있기 때문이다. 또 한 번은 한밤중까지 일하는 야간 근무조를 관찰했는데, 그들이 주간 근무조와 자기 팀을 비교할 때 가장 먼저 보는 것이 점수판이었다. 팀원이 서로 흩어져 있다면, 점수판을 컴퓨터나 휴대전화에서 설치해 서로 볼 수 있게 해야 한다.(전자 점수판은 〈4가지 원칙 자동화하기〉에서 자세히 다룰 예정이다.)

3. 선행지표와 후행지표를 '모두' 보여주는가? 점수판은 두 지표를 모두 보여주어야 한다. 그래야 점수판에 생기가 돈다. 선행지표는 팀이 영향을 미칠 수 있는 지표다. 반면에 후행지표는 팀이 원하는 결과다. 팀은 2가지를 모두 볼 수 있어야 한다. 그렇지 않으

면 금방 흥미를 잃을 것이다. 둘 다 볼 수 있어야 자신의 내기가 어떻게 진행되는지 지켜볼 수 있다. 이들은 자신이 하는 것(선행지표)과 자신이 얻는 것(후행지표)을 볼 수 있다. 일단 선행지표에 따라 노력한 결과로 후행지표가 움직이는 것을 목격한다면, 자신이 결과에 직접 영향을 미친다는 것을 알게 되어 더 적극적으로 참여한다.

4. 얼핏 봐도 지금 승리하고 있는지 알 수 있는가? 점수판은 현재의 승패 상황을 즉시 확인할 수 있어야 한다. 점수판을 보고 지금 이기고 있는지 지고 있는지 재빨리 판단할 수 없다면, 그건 경기 상황이 아니라 그저 숫자일 뿐이다. 뻔한 말이라고 무시하기 전에 다음에 쓸 보고서나 도표, 득점표, 점수판을 점검해보라. 주간 재정 상태를 보여주는 스프레드시트를 한 번 흘끗 보라. 지금 내가 이기고 있는지 지고 있는지 '곧바로' 알 수 있는가? 다른 사람도 금방 알아채는가? 우리는 그것을 '5초 법칙'이라 부른다. 5초 안에 현재의 승패

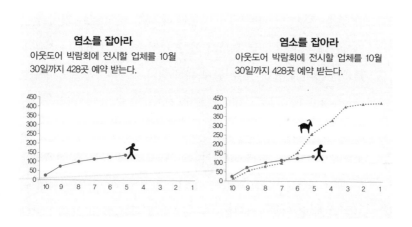

상황을 판단할 수 있어야 한다는 법칙이다.

우리 고객 중에 이 단순한 원칙을 잘 지킨 사례가 있다. 아웃도어 박람회 예약을 맡아 관리해주는 회사다. 이들의 가중목은 특정 일까지 특정 수의 업체에게서 전시 예약을 받는 것이다.

아래에서 왼쪽 점수판은 지금까지 이 팀의 상황을 보여주지만, 팀의 승패 여부는 알 길이 없다. 승패를 알려면 2가지를 알아야 한다. 지금 내가 있는 곳 그리고 지금 내가 '있어야 하는' 곳이다.

오른쪽 점수판은 왼쪽 점수판에다 팀이 도달해야 할 곳을 추가해 염소로 표시했다는 점이 다르다. 고객 다수가 등산객이어서, 주간 목표 달성을 산에 사는 염소로 표시했다. 이렇게 표시하니, 지금 경기에서 지고 있다는 걸 한눈에 알 수 있을 뿐 아니라 팀의 업무 수행에서 몇 가지 중요한 부분도 금방 명확해진다. 즉, 경기에서 지기 시작한 지 꽤 되었다는 점이다.(2주) 목표 달성은 점점 쉬워지는 게 아니라 점점 어려워진다. 팀의 성과가 높아지지 않고 제자리걸음을 지속한다는 것도 알 수 있다. 그리고 경기는 시작이 아니라 마무리 단계에 가까워지고 있다.

워낙 기초적인 자료 같아서, 우리가 프로그램을 진행하면서 리더들에게 이런 자료를 그 자리에서 요구하면 그들은 보통 이렇게 대답한다. "자료는 거의 다 있을 텐데, 다 정리하려면 몇 분은 걸릴 거예요." 이런 대답을 하는 사람도 능력 있는 리더라는 걸 명심하라. 이들의 문제는 자료가 없는 게 아니다. 문제는 자료가 너무 많아서 어떤 게 가장 중요한지 잘 모른다는 것이다.

리더뿐 아니라 모든 팀원이 팀의 성과를 명확히 이해한다고 생각해보

자. 그렇다면 그들이 경기에 참여하는 방식이 바뀔까? 수천 개 팀에 4가지 원칙을 실행한 결과, 우리는 그렇다고 확신할 수 있다.

원칙 3도 원칙 1, 원칙 2와 마찬가지로 대부분의 리더에게 직관적이지 않다. 리더는 선수의 점수판을 만든다는 것에 익숙지 않다. 언뜻 생각하기에 코치의 점수판을 만들어야 할 것만 같다. 수치, 분석, 추정 등이 잔뜩 들어간, 선수가 아닌 코치를 위한 복잡한 점수판이다. 그렇게 생각하는 사람이 한둘이 아니다. 우리가 여러 조직을 다녀봤지만 앞서 나열한 4가지 조건을 모두 충족하는 점수판은 거의 보지 못했다.

결국 사람들을 흥분시키는 것은 점수판이 아니다. 팀이 자기들만의 점수판을 즐겁게 만들지라도 궁극적으로 팀원의 참여를 이끌어내는 것은 점수판이 나타내는 경기이다. "지난밤 경기 봤어? 점수판 정말 끝내주던걸!"이라고 말하는 스포츠 팬은 없다. 점수판은 꼭 필요하지만, 사람들이 흥미를 느끼는 것은 경기이다.

회오리바람이 몰아치는 삶에서 가장 힘 빠지는 일은 도저히 감당할 수 없을 것 같다는 느낌이다. 오로지 회오리바람에 파묻혀 일하는 팀은 그날그날 해야 하는 일과 살아남기 위한 일에만 온 힘을 다 쏟는다. 이들이 경기에서 뛰는 목적은 '승리'가 아니라 '패배하지 않기'다. 결국 성과에도 큰 차이가 난다.

하지만 4가지 원칙을 적용한다면 팀을 위한 경기, 나아가 '승산 있는' 경기를 짤 수 있다. 그리고 승산 있는 게임의 비결은 날마다 점수판에 나타나는 선행지표와 후행지표의 관계이다.

본질적으로 리더와 팀은 선행지표를 움직일 수 있고 그 선행지표가 후행지표를 움직일 것이라고 내기를 건다. 그리고 경기가 시작되면, 애초에 관심이 없던 사람도 전체 팀이 승리하는 모습을 대개는 처음으로 목격하면서 적극 참여하게 마련이다. 참여하는 이유는 '조직'이 승리하고 있어서도 아니고, 심지어 '리더'가 승리하고 있어서도 아니다. 바로 '팀'이 승리하고 있기 때문이다.

몇 년 전에 세계적인 제조업체가 운영하는 성과가 낮은 공장을 찾아간 적이 있다. 회사의 품질 기준을 따라가기 위한 방법을 찾기 위해서였다. 캐나다 외딴 곳에 있는 이 낡은 공장은 시대에 뒤떨어진 기술로 버티고 있었다. 우리는 공장으로 가기 위해 하루 종일 비행기를 탔고, 다시 숲길 끝까지 오랫동안 차를 몰았다.

이 공장은 25년 동안 목표 생산량을 채운 적이 한 번도 없었다. 게다가 품질 문제도 심각했는데, 경험 없는 노동자들로 채워진 야간 근무조는 특히 더했다. 이 회사의 다른 부분에서는 품질 점수가 80점을 훌쩍 넘은 반면, 이 공장은 70점을 겨우 넘었다.

그러다가 점수판을 세우면서 상황이 급변했다. 그동안은 어둠 속에서 경기를 치렀다면 이제는 새로운 점수판이 경기장에 불을 밝혔다. 점수판의 수치는 불빛이었고 이제까지 알려진 최고의 성장 촉진제였다. 승자들은 자신이 지고 있다는 점수를 받으면 이길 방법을 찾았다. 불이 켜지면 이들은 상황 개선을 위해 무엇을 해야 하는지 알아챈다.

한밤중에 오는 근무조는 낮에 온종일 근무한 조의 점수판을 자기들의 점수판과 비교한 뒤 그들보다 높은 점수를 내려고 힘을 내곤 했다. 이곳 사람들은 하키를 즐겼다. 이 외딴 지역에 놀 수 있는 곳이라고는 하키장 두 곳이 전부였다. 이들은 주말에 다른 근무조 사람들과 하키를 즐기고 술을 마시는데, 이때 자기 근무조가 높은 점수를 받았다고 자랑하고 싶어 했다.

4가지 원칙이 자연스러운 경쟁 심리를 부추기자 품질 점수가 74에서 94로 껑충 뛰어올랐다. 회사 기준을 훌쩍 넘어, 전체 꼴찌에서 1등으로 뛰어오른 것이다. 그리고 한 번도 생산 목표를 달성하지 못했던 이 공장은 1년 안에 목표를 4,000메트릭톤 초과 달성해, 500만 달러 이상의 초과 이익을 올렸다.

선수 점수판은 어디서든, 심지어는 깊은 숲 속에서조차도, 인간의 행동을 바꾸는 강력한 도구이다.

점수판의 강점을 활용하는 방법은 2부에서 더 자세히 소개하겠다.

4가지 원칙과 팀 참여

우리는 4가지 원칙 실행과 팀 참여의 연관관계를 처음부터 줄곧 알고 있었다고 말할 수 있으면 좋겠지만, 사실은 그렇지 않다. 우리는 그것을 경험으로 터득했다. 전 세계 팀들과 4가지 원칙을 실행하면서, 그들의 가중목이 사기 진작이나 참여와 관련이 없을 때도 팀의 사기와 참여가 크게 높아지는 것을 목격했다. 이제까지 줄곧 4가지 원칙을 설명했으니 독자들은 그 사실이 놀랍지 않겠지만, 당시 우리에게는 놀라운 일이었다.

프랭클린코비는 개인과 팀에서 개인별 효과를 높이고, 그 과정에서 사기와 참여를 높이는 일에서 세계적인 명성을 쌓아왔다. 4가지 원칙은 프랭클린코비가 제공하는 연속적 시스템에서 개인별 효과와는 별개로

성과를 내고 싶으면 실행하라

오직 사업 성과에만 집중할 목적으로 개발되었다. 그런데 프로그램 실행 초기에, 우리는 팀이 승리를 느끼기 시작하면서 참여도가 높아지는 걸 목격했는데 그게 예사롭지 않았다. 그것은 분명히 감지되었다. 솔직히 말해, 장님이 아닌 다음에야 모를 수가 없었다.

이 프로그램을 실행할 때면 으레 리더 그리고 팀과 함께 여러 날 강도 높은 작업을 하는데, 팀에는 프로그램에 회의적인 사람, 프로그램을 거부하는 사람이 있게 마련이다. 그런데 두 달 뒤에 그곳에 다시 가보면 놀랍게도, 처음에 반대했던 사람들이 다른 팀원들과 함께 무척 상기된 채 자신의 성과를 우리에게 보여준다.

사람들은 높은 참여가 그런 결과를 낳는다고 생각하고, 우리 역시 그렇게 생각한다. 그런데 여러 해 동안 꾸준히 관찰해보니, 결과 또한 참여를 유도한다는 걸 알게 되었다. 특히 팀이 결과에 직접 영향을 미치는 것을 스스로 확인했을 때 더욱 그러하다. 우리 경험으로 볼 때, 자신이 승리하고 있다고 느끼는 것만큼 사기와 참여에 막강한 영향을 미치는 것도 없다. 임금이나 복리후생, 근무 환경, 또는 직장에 가장 친한 친구가 있는지, 심지어 상사가 마음에 드는지, 이런 요소들이 전형적으로 참여도에 영향을 미치는데, 승리는 이런 요소들보다 참여를 이끌어내는 힘이 더욱 강하다. 사람들은 돈 때문에 일하고 돈 때문에 일을 그만두기도 하지만, 돈은 많이 받으면서 성과는 지지부진한 사람들로 가득한 팀도 많다.

1968년, 프레더릭 헤르츠베르크Frederick Herzberg는 〈하버드 비즈니스 리뷰Harvard Business Review〉에 "한 번 더: 직원에게 어떻게 동기를 부여하는가?One More Time: How Do You Motivate Employees?"라는 적절한 제목의 글을 실

었다. 이 글에서 그는 결과와 참여의 밀접한 연관관계를 강조했다. "사람들이 일에 가장 만족할 때는 (그리고 그 결과 동기부여가 가장 잘 되는 때는) 일에서 성취감을 느낄 때다."

43년이 지난 2011년 〈하버드 비즈니스 리뷰〉에는 테레사 아마빌레Teresa Amabile와 스티븐 크레이머Steven Kramer가 쓴 "작은 승리의 힘The Power of Small Wins"이 실려, 팀원들에게 미치는 성취의 중요성을 다시 한 번 강조했다. "발전의 힘은 인간 본성의 기본이다. 그런데도 그 사실을 이해하거나 발전을 동기부여의 원동력으로 사용할 줄 아는 관리자는 거의 없다."[15]

우리는 점수판이 직원의 참여를 유도하는 강력한 수단이 될 수 있다는 걸 깨달았다. 동기를 유발하는 점수판은 결과를 촉진할 뿐 아니라 발전의 가시적 힘을 이용해 '승리'하고자 하는 마음가짐을 심어준다.

승리가 팀의 참여에 영향을 미치는지 아직 확신이 서지 않는다면, 이제까지 살면서 자신이 하는 일에 가장 흥분되고 가장 적극적으로 참여했던 순간, 다음 날 아침이 기다려졌던 순간, 자신의 일에 몰두했던 순간을 기억해보라. 그리고 이렇게 자문해보라. "그때 내가 승리하고 있다고 느꼈던가?" 유별난 사람이 아니라면, "그렇다"고 대답할 것이다.

4가지 원칙은 승산 있는 경기를 준비하게 한다. 원칙 1은 가장 중요한 목표에 집중하고 명확한 결승선을 설정하게 해준다. 원칙 2는 팀이 목표 달성에 지렛대로 사용할 선행지표를 만들게 한다. 이로써 목표 달성은 경기가 된다. 팀은 선행지표에 내기를 건다.

그러나 원칙 3이 없다면, 선수들의 점수판이 없다면, 회오리바람에 밀려 경기가 흐지부지될 뿐 아니라 누구도 거기에 신경 쓰지 않는다.

승리하는 팀에게는 인위적인 사기 진작이 필요 없다. 회사가 사기를 높이기 위해 아무리 직원을 독려하고 자극해도, 정말 중요한 목표를 훌륭히 실행하는 데서 오는 만족만큼 직원의 참여도를 높이지 못한다.

원칙 1, 원칙 2, 원칙 3은 실행을 추진하는 막강한 요소가 분명하지만, 이는 단지 시작에 불과하다. 이제 곧 알겠지만, 3가지 원칙에 따라 경기를 준비했어도 팀이 경기에 '참여했다'고 말하기에는 이르다.

책무를 서로 공유하라

네 번째 원칙은 자주 그리고 정기적으로 지난 성과를 설명하고 점수를 움직일 앞으로의 계획을 세우기 위해 책무를 서로 공유하는 것이다.

원칙 4는 실제로 실행이 일어나는 지점이다. 앞서 말했듯이 원칙 1, 원칙 2, 원칙 3은 경기를 준비하는 데 필요하다. 그러나 원칙 4를 적용하기 전까지는 팀이 경기에 '참여한다'고 말할 수 없다.

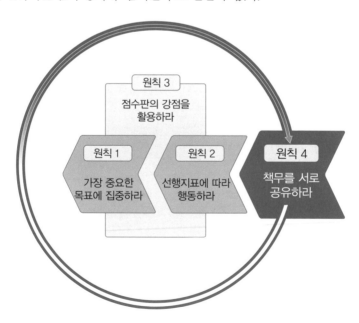

원칙 4는 팀원을 한데 묶는 원칙이며, 따라서 다른 원칙을 한데 아우른다.

리더 중에는 '실행'을 단순히 목표를 세우고 달성하는 능력으로 정의하는 경우가 많다. 여러 해 동안 이 원칙들을 가르친 경험을 바탕으로 말하자면, 그 정의는 불충분하다. 그러나 앞에서 이야기했듯이, 문제는 '휘몰아치는 회오리바람의 한가운데' 살면서 중요한 목표를 달성하기란 어렵고도 대단히 드문 일이라는 것이다. 목표 달성에 많은 사람의 행동 변화가 필요한 경우, 그 어려움은 더 커진다.

훌륭한 팀은 책임감이 높다. 책임감이 없으면 팀원은 각자 자기가 가장 중요하다고 생각하는 일을 하면서 제각각 흩어지게 마련이다. 그런 식이라면 곧 회오리바람이 모든 것을 삼켜버린다.

원칙 1, 원칙 2, 원칙 3은 집중, 명료함, 참여를 강조하는데, 모두 성공에 이르는 막강하고 필수적인 요소이다. 그러나 원칙 4가 있어야 주변에서 어떤 일이 일어나든 목표를 달성할 수 있다.

대부분의 조직에서 책무는 연간 업무 평가를 뜻하는데, 평가를 하는 사람이든 받는 사람이든 그 순간이 썩 즐겁지 않다. 성과를 내지 못했을

틀에 박힌 사고	4가지 원칙에 따른 사고
팀에서 책무는 항상 위에서 아래로 내려온다. 우리는 상사를 주기적으로 만나고, 상사는 우리에게 다음에는 어떻게 행동하고 무엇에 집중해야 하는지 알려준다.	팀은 책무를 공유한다. 우리는 공약을 정한 다음, 상사에게, 그리고 더 중요하게는 서로에게 그 공약을 끝까지 책임진다.

때는 불려가 질책을 받아야 한다는 뜻이기도 하다.

반면에 4가지 원칙을 실행하는 조직에서 '책무'란 팀 전체를 위해 개인별 공약을 정해 점수를 끌어올리고 그 행동을 끝까지 밀고가는 것을 뜻한다.

가중목 회의

원칙 4에 따르면 팀은 적어도 일주일에 한 번 다 같이 모여 가중목 회의를 해야 한다. 보통 20~30분을 넘기지 않는 이 회의에서 팀은 가중목 달성을 위한 주간 책무를 정하는데, 안건이 정해진 회의라 빠르게 끝난다.

이 원칙은 그야말로 실행의 성패를 좌우한다.

1996년 5월, 유명한 작가 존 크라카우어 Jon Krakauer 는 유료 등반객들과 함께 에베레스트를 올라갔다. 중간에 눈보라와 시속 100킬로미터의 강풍 그리고 고산병 같은 장애가 발생해 사람들이 무리에서 떨어져나가기 시작했다. 일부 무모한 등반객은 혼자 정상까지 가겠다며 꿋꿋이 나아갔다. 팀 원칙은 무시되었다. 같은 목표로 출발했지만, 극한 환경에서 원칙이 무너지고 서로에 대한 책임감이 사라지자 상황은 치명적으로 변했다. 그 결과 여덟 명이 죽었다.[16]

5년 뒤, 또 다른 무리가 에베레스트 등정에 올랐다. 이들의 목표는 시각 장애인 에릭 웨이헨메이어 Erik Weihenmayer 를 도와 정상에 오르는 것이었다. 이 팀은 크라카우어 무리처럼 등반 경로를 세심하게 계획했다. 그러나 웨이헨메이어 무리의 큰 차이점은 하루가 끝날 때 '텐트 모임'을 열고 옹기종기 모여 그날의 성취와 배운 것들을 다 함께 이야기하고, 그것이 다음 날 일정을 짜고 수정하는 데 도움이 되었다는 점이다. 팀에서 등반 속도가 빠른 사람들이 '길을 닦고' 밧줄을 고정한 뒤 다시 돌아가 뒤따라오는 에릭을 맞았다. 에릭은 "우리 팀은 한데 뭉쳐 서로를 돌봤는데, 그 덕에 나는 등반을 끝낼 용기를 갖게 되었다"고 했다.

아주 중요한 지점에서는 시각 장애인 리더가 무려 13시간이 걸려, 극도로 위험한 쿰부 빙하의 바닥이 보이지 않는 까마득한 낭떠러지 틈새를 알루미늄 사다리로 건너기도 했다. 팀은 정상에 오르면 2시간 안에 건너편으로 넘어가야 한다는 걸 알고 있었다. 이들은 매일 밤 텐트 회의(일종의 가중목 회의)에서 그날 배운 것을 함께 나누고 다음 날의 전략을 짰다. 날마다 산을 오르고, 밤이면 빠짐없이 텐트 회의를 했다.

결과는? 정상에 오른 날, 이들은 다른 팀들을 제치고, 팀 전체가 최단 시간에 빙하 반대편에 도착하는 기록을 세웠다.

이들에게 책무 공유는 목표를 성공적으로 달성하는 핵심이었다. 2001년 5월 25일, 에릭 웨이헨메이어는 에베레스트 정상에 오른 최초의 시각 장애인이 되었다. 그의 팀은 다른 부문에서도 놀라운 최초 기록을 세웠다. 하루 동안 가장 많은 팀원인 총 18명이 에베레스트 정상에 오른 기록이다. 결국 에릭과 거의 모든 팀원이 지구상에서 가장 높은 곳에 오른 뒤 무사히 돌아왔다.[17]

가중목 회의의 요점은 간단하다. 각자 선행지표를 움직일 행동의 책임을 분명히 하여 회오리바람의 와중에도 가중목을 달성할 것. 말은 쉬워도 실천은 어렵다. 이 목표를 매주 달성하기 위해서는 가중목 회의에 반드시 지켜야 할 규칙이 2가지 있다.

첫째, 가중목 회의는 매주 같은 날, 같은 시각에 할 것.(가중목 회의를 좀 더 자주, 이를테면 매일 할 수도 있다. 그러나 '최소' 일주일에 한 번은 반드시 해야 한다.) 무엇보다도 꾸준히 하는 것이 중요하다. 그렇지 않으면 절대 일정한 주기로 꾸준히 성과를 낼 수 없다. 회의를 한 번만 빠뜨려도 귀중한 추진력을 잃을 수 있다. 가중목 회의가 그만큼 신성하다는 뜻이다. 리더가 참석할 수 없어 대리인을 보내더라도 가중목 회의는 반드시 매주 열어야 한다.

매주 만나 목표를 이야기하는 이 단순한 원칙을 장기간 지킬 때 얻는 성과는 그 무엇에 비길 수 없을 만큼 대단하다. 솔직히 말해, 우리는 사람들이 왜 이 원칙을 좀 더 자주 실천하지 않는지 어이가 없을 정도이다. 우리는 전 세계 다양한 업계를 돌며 수많은 직원에게, "나는 적어도 한 달에 한 번은 관리자를 만나 내가 목표를 제대로 성취하고 있는지 토론한다"고 얘기할 수 있는지 물었다. 놀랍게도 34퍼센트만이 긍정적으로 답했을 뿐이다. 높은 성과를 내는 팀이라면 매주 만나야 하지만, 매주는 커녕 한 달에 한 번이라고 물었는데도 답은 고작 그 수준이다. 수많은 조직에 책무 공유가 결여된 게 분명하다.

매주 가중목 회의를 하는 게 뭐가 그리 대단하냐고 물을 수도 있겠다. 우리는 대부분의 조직 단위에서 일주일이 '삶'의 완벽한 한 조각을 구현하는 가장 적절한 시간임을 알게 되었다. 어느 하나에 일관되게 높은 집중력을 유지할 수 있는 짧은 시간이자, 회의 중에 약속한 공약을 실제로 실천할 정도의 긴 시간이다. 많은 작업장에서 일주일은 조직의 삶에서 자연스러운 주기다. 우리는 주 단위로 생각하고, 주 단위로 말한다. 주는

성과를 내고 싶으면 실행하라

시작이자 끝이다. 그것은 인간 조건의 기본이고, 완벽히 책무를 공유할 토대가 된다.

둘째, 회오리바람은 절대 가중목 회의를 허용하지 않는다. 아무리 다급해 보이는 문제가 있어도, 가중목 회의에서는 오로지 점수판을 변화시킬 행동과 결과만을 토론해야 한다. 토론해야 할 다른 문제가 있다면, 가중목 회의가 '끝나고' 별도의 회의에서 다룬다. 이렇게 고도로 집중하면 가중목 회의가 빠르게 끝날 뿐 아니라 원하는 결과를 이끌어내는 효과도 탁월하다. 그리고 모든 팀원에게 가중목의 중요성을 각인시키는 효과도 있다. 팀원들은 회오리바람을 아무리 잘 넘겼어도 그 때문에 지난주 가중목 회의 때의 공약을 지키지 못했다면 소용없다는 분명한 메시지를 받는다. 우리 고객의 다수도 그렇게 실천 중이다. 이들은 가중목 회의를 20~30분 정도 한 뒤에 곧바로 직원회의를 하면서 회오리바람 문제들을 이야기한다.

20~30분이라는 시간 제한도 지켜야 할 기준이다. 가중목 회의를 처음 할 때는 시간이 더 걸리는 게 보통이다. 하지만 시간을 지키려고 노력하고 오직 점수판을 변화시키는 것에만 집중하다 보면 나중에는 가중목 회의의 효과와 효율이 동시에 높아질 것이다. 우리가 관찰한 바로는 팀 고유의 역할이나 성격에 따라 시간이 조금 더 걸릴 수도 있다. 하지만 역할에 상관없이 어떤 팀이나 하늘 아래 모든 문제를 다 다루는 회의가 아니라 가장 중요한 목표에만 집중하는 빠르고 효율적인 회의를 진행하는 법을 익힐 수 있다. 가중목 회의를 빠르게 집중적으로 진행하다 보면, 거기서 파생한 문제들을 해결하기 위한 회의를 따로 잡아야 할 때도 종종 있다. 예를 들어, 이런 식이다. "빌이 제기한 문제는 이번 주 안으로 해결

해야 할 중요한 문제군요. 이번 목요일에 따로 회의를 하면서 그 문제를 해결할 방법을 더 깊이 고민해보면 어떨까요?" 그런 다음 가중목 회의를 계속 이어간다.

가중목 회의는 내용에 따라 다양하겠지만, 의제는 항상 같다. 가중목 회의에서 다루는 3가지 의제와 이때 오가는 말투는 다음과 같다.

1. 설명: 공약 보고하기

- "저는 우리에게 낮은 점수를 준 고객 세 명에게 개인적으로 전화를 걸기로 했습니다. 공약대로 전화를 걸었고, 그 결과를 말씀드리면……."
- "저는 현장을 방문할 가능성이 높은 곳 중 적어도 세 곳에서 예약을 따내기로 공약했는데, 모두 네 곳에서 예약을 받았습니다!"
- "저는 부사장님을 만났는데, 우리가 원했던 승인을 받지 못했습니다. 그 이유를 말씀드리면……."

2. 점수판 점검: 성공과 실패에서 배우기

- "후행지표는 녹색불인데, 선행지표 하나가 방금 노란불로 떨어졌습니다. 자세한 상황을 말씀드리면……."
- "우리는 선행지표대로 올라가고 있지만, 아직 후행지표가 움직이지 않습니다. 우리 팀은 이번 주에 두 배로 노력해 후행지표 점수를 움직이기로 했습니다."
- "가중목 달성을 향해 가고 있는데, 이번 주에 어느 고객에게 나온 훌륭한 제안을 실행한 덕에 선행지표 점수가 더 올라갔습니다."

3. 계획: 길 닦고 새로 공약 정하기

- "그 문제라면 제가 당신의 길을 닦아줄 수 있습니다. 제가 아는 사람이 있는데……."
- "우리 선행지표에 영향을 미치는 재고 문제는 무슨 일이 있어도 다음 주까지 반드시 해결하겠습니다."
- "밥을 만나 우리 점수에 관해 이야기할 예정입니다. 다음 주에 목표 달성에 도움이 될 아이디어를 적어도 세 개는 가지고 돌아오겠습니다."

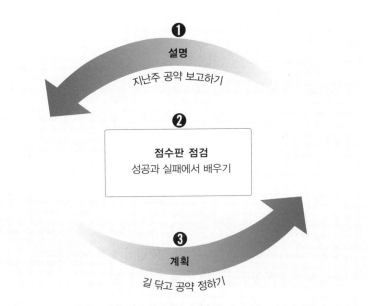

가중목 회의는 오직 이 3가지 활동만 다루는 짧고 강도 높은 팀 회의이다. 가중목 회의의 목적은 앞선 공약을 설명하고, 가중목 점수판을 움직일 공약을 새로 정하는 것이다.

회오리바람 속에서 계속 집중하기

가중목 회의에서 리더와 팀원은 점수판에 나타난 수치를 움직일 책무를 맡아야 한다. 그 방법은 매주 (가중목 회의에서) 선행지표에 직접 영향을 미칠 한두 개의 특정한 활동을 하겠다고 공약한 다음, 다음 주 가중목 회의 때 그 결과를 발표하는 것이다.

이 회의를 준비하면서 모든 팀원은 똑같은 질문을 던진다. "이번 주 선행지표에 영향을 미칠 가장 중요한 행동 한두 개는 무엇일까?"

여기서 아주 조심할 게 있다. 이때 이렇게 물어서는 안 된다. "이번 주에 내가 할 수 있는 가장 중요한 일이 무엇인가?" 이 질문은 워낙 광범위해서 항상 과거로 돌아가 회오리바람에 초점을 맞추게 마련이다. 그래서 좀 더 구체적으로 물어야 한다. "이번 주에 선행지표에 영향을 미치려면 내가 무엇을 할 수 있을까?"

앞서 이야기했듯이, 이처럼 매주 선행지표 변화에 집중하는 것이 핵심이다. 선행지표는 가중목 달성을 위한 팀의 지렛대이기 때문이다. 팀원의 공약은 일상 업무 외에 선행지표를 움직이기 위해 반드시 해야 하는 일이다. 원칙 2에서 선행지표는 팀원에게 영향을 받는 것이어야 한다는 사실을 그토록 강조하는 이유도 이 때문이다. 그래야 팀이 매주 업무 성취로 선행지표를 움직일 수 있다. 간단히 말해, 주간 공약 이행은 선행지표에 박차를 가하고, 선행지표는 가중목 달성에 박차를 가한다.

간호사 관리자인 수전의 사례를 보자. 수전의 선행지표는 환자에게 진통제를 투여하는 시간을 줄이는 것이다. 수전은 점수판에서, 7층 주간 근무조 팀과 8층 집중 치료실이 다른 팀보다 뒤처진다는 사실을 확

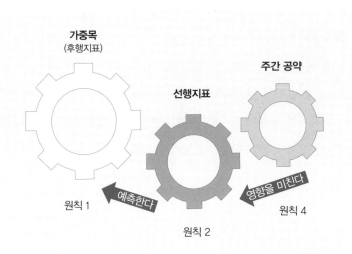

인한다. 7층 팀 책임자는 새로 온 사람인데, 아직 통증 관리 절차를 익히는 중이었다. 8층 팀은 직원이 부족했다. 따라서 이번 주 선행지표를 움직이기 위한 수전의 공약은 7층 팀과 함께 통증 관리 절차를 점검하고, 8층 팀의 공석을 메우는 게 될 것이다.

이제 영업팀 소속인 톰의 사례를 보자. 그의 선행지표는 매주 신규 신청을 2건 따내는 것이다. 톰은 가능성 있는 고객 목록이 거의 바닥난 상태라 이번 주 그의 공약은 가능성 있는 고객의 명단과 연락처를 10개 추가로 확보해 그들 중 두 명에게서 신청을 따내는 것이 될 수 있다.

두 사례에서, 리더와 팀원은 매주 공약을 정한다.(이에 대해서는 〈원칙 4 정착시키기: 책무를 서로 공유하라〉에서 자세히 다룰 예정이다.) 팀의 성과에 따라 일은 늘 바뀌기 때문에, 공약의 성격도 매주 바뀔 수 있다. 다만 그

절차는 일정하다.

주간 공약은 다급하지 않을 때도 많고, 심지어 새롭지 않을 수도 있다는 사실을 명심하라. 팀이 당연히 해야 하는 공약이지만, 현실적으로는 회오리바람에 가장 먼저 집어삼켜질 수 있다. 일정한 주기로 책임을 진다는 원칙 4를 지키지 않으면, 팀원들은 반드시 해야 하는 일을 알고는 있지만 꾸준히 실천하지 않는 상황이 벌어질 것이다.

서로 책무를 공유하기

발전소의 연료가 되는 석탄을 생산하는 업체인 미카레MICARE는 멕시코에서 손꼽히는 대규모 민간 기업이다. 4가지 원칙은 이곳에도 곳곳에 스며 있다.

월요일 아침마다 이 거대한 회사의 모든 부서에서 가중목 회의가 열린다. 이 회의는 영상통화로 먼 지역까지 연결되어 모두가 동시에 생각을 공유한다. 관리자들의 성과는 모두가 볼 수 있도록 화면에 나타난다.

그룹별(생산, 운송, 인사, 재정, 운영 등) 점수판이 회사 곳곳에 나붙고, 점수는 수시로 새로 집계된다. 기술자, 광부, 심지어 유지 보수 인부들까지 회사 사람이면 누구나 자기 팀의 가중목을 그 자리에서 외울 수 있다. 우리는 미카레를 돌아보던 중에, 제너럴일렉트릭GE의 전설적인 리더 잭 웰치Jack Welch의 이야기가 생각났다.

"목표가 고상하게 들릴 뿐 모호하면 안 된다. 표적이 흐릿해서 맞힐 수 없으면 안 된다. 지시는 명확해서, 한밤중에 아무 직원이나 깨워 '우리는 지금 어디로 가고 있는가?'라고 묻는다면 잠이 덜 깬 상태로도 대답할 수 있어야 한다."[18]

미카레 곳곳에 나타나는 전략적 명료함과 몰입의 수준도 그러하다.

4가지 원칙 운영 체계는 미카레의 가중목 달성에 어떤 의미였을까? 지난 7년 동안 미카레의 성과는 다음과 같다.

- 작업 시간 손실을 유발한 사고가 연간 약 700건에서 60건 아래로 떨어졌다.
- 주된 환경 파괴 요소로 지목되는 석탄 처리 과정에서의 물 소비가 3분의 2 줄었다.
- 채굴로 파헤친 땅을 복구한 면적이 연간 6만 제곱미터에서 200만 제곱미터로 늘었다.
- 광산 주변 공기 중에 떠다니는 분진이 1세제곱미터당 346에서 84로 줄었다.
- 일인당 석탄 생산량이 6,000메트릭톤에서 1만 메트릭톤으로 늘었다.

미카레 최고경영자에 따르면, 한마디로 미카레는 4가지 원칙으로 성과를 극대화할 수 있었고 안전과 환경 문제에서도 큰 진전을 이루었다.

미카레는 성공의 주요 요인으로 책무 공유에 주의를 집중한 점을 꼽았다. 말처럼 쉽지는 않지만 가중목 회의를 정기적으로 꾸준히 실시한 덕에 조직 전체가 가장 중요한 문제에 다시 집중할 수 있었다.

가중목 회의는 빠른 속도로 진행해야 한다는 점을 명심하라. 각자가 앞에서 설명한 가중목 회의의 3가지 항목만 발표한다면 많은 말이 필요 없다. 우리의 어느 주요 고객은 이렇게 말하곤 한다. "말이 많을수록 행동은 줄어든다."

가중목 회의에서 팀은 어떤 행위가 목표 달성에 도움이 되고 어떤 행위가 그렇지 않은지 그동안 알게 된 사실을 이야기할 수도 있다. 선행지표가 후행지표를 움직이지 않는다면, 창조적인 생각을 주고받으며 시도할 만한 새 가설을 제안할 수도 있다. 공약을 실천하다가 장애물에 부딪힌 팀원이 있다면 서로 길을 닦아줄 수도 있다. 일선 직원에게는 어려운 일이 팀 리더에게는 단지 펜대 굴리기에 지나지 않을 수도 있다. 리더라면 팀원들에게 자주 이렇게 물어야 한다. "이번 주에 내가 어떤 식으로 여러분 길을 닦아줄까요?"

일선에서 일하는 사람이 아니라면 가중목 회의를 일주일에 두 번 할 수도 있다는 점을 기억하라. 한 번은 상사가 주도하는 회의이고, 한 번은 자신이 직접 주도하는 회의다.(이에 대해서는 2부 〈원칙 4 정착시키기: 책무를 서로 공유하라〉에서 자세히 다룰 예정이다.)

일단 여기서는 원칙 4를 앞에서 말한 영거 브라더스 컨스트럭션의 사례에 적용해보자. 영거 브라더스의 가중목은 안전사고를 12월 31일까지 57건에서 12건으로 줄이는 것이고, 선행지표는 사고의 상당수를 예방하리라 예상되는 안전 수칙 6가지 준수하기다.

여러 작업조를 책임진 영거 브라더스 프로젝트 관리자를 상상해보자. 그는 상사도 참여한 가중목 회의에서 아래의 3가지를 발표할 것이다.

1. **지난주 공약 보고하기:** "지난주에 비계에 사용할 새 받침대를 주문해

우리 인부들의 근무 여건을 규범(6가지 안전 규정)에 맞춰놓겠다고 공약했고, 그 공약을 완수했습니다."

2. **점수판 점검하기:** "안전사고 후행지표는 현재 한 달 평균 5건인데, 이번 분기에 달성해야 할 수치보다 약간 많은 편입니다. 안전 수칙 준수 선행지표는 현재 91퍼센트로 녹색불인데, 9조, 11조, 13조가 보호 안경을 꾸준히 착용하지 않아 이 점수를 떨어뜨리고 있습니다."

3. **다음 주 공약 정하기:** "이번 주에 9조, 11조, 13조 책임자를 만나, 안전 점수를 점검하고, 모두 보호 안경을 확실히 착용하기로 다짐 받을 예정입니다."

이때의 공약은 2가지 기준에 맞아야 한다. 첫째, 실행 가능한 구체적인 것이라야 한다. 예를 들어 9조, 11조, 13조에 '집중하겠다'거나 '특별히 신경 쓰겠다'는 공약은 너무 모호하다. 이런 식의 공약은 책임져야 할 특정한 결과를 포함하지 않기 때문에 회오리바람에 묻혀버리기 쉽다. 둘째, 선행지표에 영향을 미쳐야 한다. 선행지표를 직접 겨냥하지 않는 공약은 가중목을 달성하도록 팀을 독려하지 못한다.

가중목 회의를 이해하기 시작하면 원칙 2에서 이야기한 선행지표의 2가지 특성도 더 명확히 이해하게 된다. 즉, 선행지표가 팀의 영향을 받는다면, 그것은 주간 공약에 따라 움직일 것이다. 그리고 선행지표가 예측력이 있다면, 선행지표 달성이 가중목 달성으로 이어질 것이다.

가중목 회의는 과학 실험과 비슷하다. 팀원들은 점수판에 영향을 미칠 방법을 두고 나름대로 최상의 생각을 내놓는다. 그리고 그 생각을 시험하고, 가설을 검증하고, 결과를 내놓는다.

한 예로, 미네소타대학 의료원 페어뷰Fairview에 있는 미네소타 낭포성 섬유증 연구소 소속 의사들은 주로 취약한 영유아 환자들의 폐 기능 점검을 위해 매주 회의를 연다. 낭포성 섬유증은 호흡 능력을 서서히 감퇴시키는데, 세계적 수준의 이 병원은 모든 환자의 폐 기능을 100퍼센트 회복시키는 것을 가장 중요한 목표로 삼았다. 이들은 정상 수준의 80퍼센트, 심지어 90퍼센트라는 후행지표에도 만족하지 않는다.

의사들은 주간 회의에서 그 주에 폐 기능이 향상된 사례를 점검하고, 이후 공약을 정한다. 이를테면 몸무게가 폐 건강에 선행지표가 될 수 있어서, 몸무게를 주의 깊게 살피며 영유아에게 젖이나 기타 먹을 것을 더 주기도 한다. 가습용 천막이나 마사지 조끼를 이용해 폐를 청소하는 실험도 한다. 그런 다음 결과를 팀에 보고한다.

의사들은 매주 새로운 사실을 배우고 그것을 공유한다.

이곳 페어뷰 팀처럼 가중목을 정해 엄격하게 책무를 맡는 곳은 흔치 않다. 그 결과 이곳에서 낭포성 섬유증으로 목숨을 잃은 환자는 여러 해 동안 단 한 명도 없었다. 책무 공유의 가치를 보여주는 결과다.[19]

가중목 회의에서 리더는 공약의 질을 판단해줄 책임이 있지만, 공약은 반드시 참가자가 직접 정해야 한다. 아주 중요한 부분이다. 리더가 팀원에게 무엇을 하라고 지시한다면, 팀원은 새로운 것을 배울 수 없다. 하지만 팀원이 리더에게 가중목 달성에 필요한 일들을 꾸준히 제시할 수 있다면, 그들도, 리더도, 실행에 관해 많은 것을 배울 것이다.

팀원 스스로 자기가 지킬 공약을 정한다는 것이 언뜻 이상하게 들릴 수도 있다. 특히 리더 눈에 해야 할 일이 명백히 보일 때 그리고 팀원이 자신이 할 일을 리더가 말해주리라고 예상하거나 말해주기를 바랄 때는 더욱 그렇다.

하지만 리더가 궁극적으로 원하는 것은 팀원 개개인이 자신이 내건 공약에 주인 의식을 느끼는 것이다. 리더는 효과가 큰 공약을 정하려고 애쓰는 팀원에게 코치를 해줄 수는 있을 것이다. 그러나 리더가 원하는 것은, 결국 공약을 정하는 사람은 리더가 아닌, 팀원 자신이라는 사실을 분명히 하는 것이다.

공약과 회오리바람

마지막으로 가중목 회의는 가장 중요한 목표가 회오리바람에 먹히는 것을 막아준다. 오른쪽 그림은 전형적인 주간 일정표다. 파랑색 부분은 가중목 회의에서 한 공약이고 회색 부분은 회오리바람이다. 단순하지만 실행에 투자하는 시간과 힘의 균형을 보여주는 이상적인 일정표다.

우리가 원칙 4를 소개하면 어떤 리더는 파랑색이 대부분인 일정표를 상상한다. 한 주 동안 주로 공약에 집중해야 한다고 오해한 결과다. 이는 현실과 거리가 멀다. 우리는 힘의 대부분을 그날그날 당장 해야 하는 일을 관리하는 데 쓸 것이고, 마땅히 그래야 한다. 하지만 원칙 4의 중요한 가치는 파랑색 부분, 즉 그날그날의 업무 외에 시간과 힘을 꾸준히 투자해야 할 곳은 바로 가중목이라는 점이다.

주간 일정에서 파랑색 부분 하나를 빼면 어떤 일이 일어날까? 그 자리는 비어 있을까?

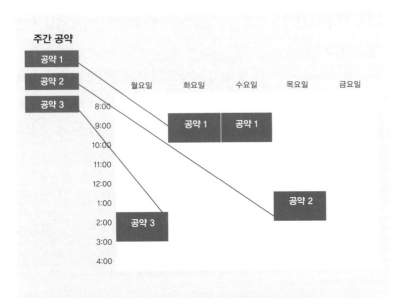

주간 공약

공약 1
공약 2
공약 3

	월요일	화요일	수요일	목요일	금요일

8:00
9:00
10:00
11:00
12:00
1:00
2:00
3:00
4:00

공약 1 | 공약 1
공약 2
공약 3

회색 부분은 그날그날 해야 하는 회오리바람, 파랑색 부분은 가중목 점수판을 움직일 주간 공약이다. 이 공약을 주간 일정에 분명히 정해두면, 회오리바람에 휩쓸려 가중목을 소홀히 할 가능성이 줄어든다.

최근에 회의가 취소되는 바람에 안도하고 일정표에서 돌연 한 시간의 여유가 생겼던 때를 기억해보라. 세 차례의 회의와 다섯 건의 다급한 요청이 앞다투어 그 빈 시간에 끼어들기까지 시간이 얼마나 걸렸는가? 일정표로 이야기하자면, 회오리바람이 그 빈 시간을 삼켜 회색으로 바꿔놓기까지 시간이 얼마나 걸리겠는가?

우리가 회의 중에 이 질문을 던지면, 리더들은 답을 다 알고 있다. "눈 깜짝할 사이죠!" 회색은 일정표에 파랑색이 들어오는 것을 원치 않는다. 다시 말해, 회오리바람은 1분 1초까지도, 바닥에 남은 힘까지도 모두 빨아들일 것이다. 파킨슨 법칙대로라면 "일은 계속 팽창해 사용 가능한 시간을 모조리 채워야 완성된다." 이 팽창 원리와 시간, 힘 소모 원리가 회오리바람만큼 잘 맞는 곳도 없다. 가중목 실행은 무슨 일이 있어도 파랑색을 회색이 있는 자리로 밀어 넣는 것이다.

이제 이 일정표를 리더뿐 아니라 팀 전체의 한 주간의 힘을 모은 것이라고 생각해보자. 이때 파랑색은 팀원이 매주 공약을 지키려고 노력하는 상황에서 모든 팀원의 힘을 의미한다. 성과를 내는 것은 바로 이런 집중된 힘이다. 매주 책임 공유를 지킨다면, 팀은 가중목에 직접 영향을 미치는 선행지표를 추진할 집중된 힘을 발산한다.

이 주간 원칙은 사기 진작에도 직접 영향을 미친다. 한 주가 온통 회색으로 뒤덮여, 끊임없이 휘몰아치는 회오리바람에 한 주의 긴 시간을 소비했던 최근의 경험을 생각해보라. 일주일 내내 죽어라 일했는데 이렇다 할 성과가 없을 때 명치에서 느껴지는 고통은 최악이다.

한 주가 온통 회색인 생활이 계속 반복되면 리더로서 삶이 다 소진되는 느낌이다. 설상가상으로 팀원의 참여와 성과에서도 똑같은 느낌을 발견할 것이다.

가중목 회의는 회색으로 뒤덮인 삶에 해독제가 되어준다. 가중목 회의를 마련한다는 원칙이 계속 유지되면, 그러니까 리더와 그의 팀이 매주 회색 부분에 파랑색을 애써 밀어 넣는다면, 목표를 향해 꾸준히 나아갈 뿐 아니라 목표는 회오리바람이 아니라 리더인 내 손에 달렸다고 느끼기 시작할 것이다.

가중목 회의와 참여

우리 저자 중 한 사람의 형인 마크 맥체스니는 자라면서 희망사항이 딱 하나 있었는데, 바로 자동차 디자인이었다. 마크는 꿈을 이루려고 무척 열심히 일했고, 마침내 미국 3대 자동차 제조업체 한 곳에 디자이너로 취직했다. 마크 팀 디자이너들은 대부분 과거에 같은 꿈을 품었고, 세상에서 가장 하고 싶었던 단 한 가지 일인 자동차 디자인을 날마다 하면서 살아간다.

그렇다면 이들의 참여도는 놀랍겠거니 생각하기 쉽다. 그런데 이 사례에서 가장 흥미로운 부분은 디자인 부서가 이 거대한 조직에 있는 다른 어떤 팀보다 참여율이 낮다는 점이다. 그렇다, 자신이 늘 하고 싶었던 한 가지를 하고 사는 사람들이 참여 점수가 가장 낮다. 그토록 바라던 일을 하는 사람들이 어떻게 참여도가 낮을 수 있을까?

패트릭 렌시오니Patrick Lencioni 는 《참담한 성과가 나올 3가지 징후The Three Signs of a Miserable Job》라는 책에서, 사람들이 일에 적극 참여하지 않는 3가지 이유를 다음과 같이 꼽았다.

1. **무명성**: 자신이 하는 일을 리더가 모르거나 신경 쓰지 않는다고 느낀다.
2. **무관함**: 자기가 하는 일이 어떤 변화를 가져오는지 이해하지 못한다.
3. **측정 불능**: 자신의 기여도를 스스로 측정하거나 평가하지 못한다.[20]

자동차 디자인 부서에는 렌시오니가 꼽은 3가지 징후가 모두 드러난다. 첫째, 디자이너가 내놓은 원래 디자인이 시간이 흐르면서 워낙 많이 바뀌어 최종 제품이 나왔을 때는 원래 디자이너가 쉽게 잊힌다.(무명성) 둘째, 디자이너가 작업을 하고 여러 해가 지나 제품이 나오다 보니, 최종 제품에서 자신이 기여한 부분을 알아보지 못할 수 있다.(무관함) 셋째, 성과 평가가 극히 주관적이다.(측정 불능)

렌시오니의 3가지 징후는 디자인 부서뿐 아니라 수많은 다른 부서에서 일어나는 일을 보여주기도 하지만, 회오리바람에 갇힌 삶, 그러니까 우리가 '회색으로 뒤덮인 한 주'라 부르는 일상을 적나라하게 드러내기도 한다. 하지만 다행스럽게도 원칙 4를 제대로 적용하면 이 3가지를 모두 치료할 수 있다.

가중목 회의를 거르지 않는 팀이라면 개별 팀원은 무명성에 갇히지 않는다. 무명성은커녕 적어도 일주일에 한 번은 주목받을 기회가 있다. 이들은 무관함을 느끼지도 않는다. 자기가 한 공약이 선행지표를 움직여 가장 중요한 목표를 향해 나아가는 과정을 정확히 지켜볼 수 있기 때문이다. 그리고 측정 불능을 경험하는 일도 절대 없다. 명확하고 공개적인 점수판이 있어서, 매주 그들의 성과를 반영해 점수가 바뀌기 때문이다.

가중목 회의의 효과를 100퍼센트 곧바로 느낄 수는 없을 것이다. 팀이 효과적인 주기를 정해, 가중목에 꾸준히 집중하면서 회오리바람을 언급하지 않는 법을 터득하기까지는 보통 서너 주가 걸린다. 하지만 얼마 안 가 회의가 좀 더 생산적이 되는 것을 느끼게 되고, 몇 주가 더 지나면 중요한 변화가 일어나기 시작한다. 선행지표가 정말로 후행지표를 움직이기 시작하고, 팀은 자신이 '승리하고 있다'고 느끼기 시작하는 것이다.

종류가 다른 책무

가중목 회의 운영을 위해 만든 인터넷 프로그램 my4dx.com(〈4가지 원칙 자동화하기〉에서 자세히 설명)에는 전 세계에서 수많은 팀이 공약한 내용이 수백만 개 올라와 있다. 이 중에는 회오리바람의 와중에도 지켜진 공약이 75퍼센트가 넘는다. 가중목 회의가 실제로 팀원에게 책임감을 부여하고 일을 마무리하게 한다는 사실을 보여주는 자료이다.

여기서 '책무'는 가중목에서 나오는 특정한 종류의 책무로, 일반적 의미의 책임과는 조금 다르다.

흔히 '책무'라고 하면 강한 부정적 의미를 내포하는 때가 많다. 상사가 "한 시간 안으로 나한테 좀 오게. 책임 회의를 열어야겠어"라고 말한다면, 대개 안 좋은 일이 있다고 생각하게 마련이다.

하지만 가중목 회의에 나오는 책무는 사뭇 다르다. 조직적 책무가 아니라 '개인적' 책무이다. 팀원이 영향을 미칠 수 없는 광범위한 결과에 대한 책무가 아니라, 스스로 지킬 수 있는 범위 안에서 자신이 직접 정한 주간 공약이다. 그리고 한 사람씩 결과를 발표하는데, 발표 상대는 상사뿐 아니라 개별 팀원 전체이다. 가중목 회의 중에 궁극적으로 대답해야 하는 질문은 "우리가 하겠다고 '서로에게' 약속한 것을 지켰는가?"이다.

이 질문에 그렇다고 대답한다면, 동료가 공약을 꾸준히 완수하는 모습을 팀원이 확인한다면, 서로에 대한 존중심이 커진다. 그리고 함께 일하는 사람을 믿고 일을 완수할 수 있겠다고 생각한다. 이 경우, 성과는 극적으로 향상된다.

폴리머 폼 압출가공 업계의 대표적 기업인 노마코Nomaco의 사례를 보자. 간단히 설명하면, 컬러 폼으로 최첨단 절연체부터 수영장 놀이기구에 이르기까지 놀라운 것들을 만들어내는 회사이다.

노마코 제조 공장 세 곳 중 하나인 노스캐롤라이나의 타보로Tarboro는 잘나가는 공장이었다. 이 공장은 비용, 수익, 안전 등 모든 면에서 계획을 달성하고 있었지만 획기적인 성과가 없던 탓에 잘나가는 공장이라는 느낌을 받지 못했다.

공장의 조직 구조는 전통적이었고, 작업 환경은 개방적이고 친근했지만 작업 지휘나 모니터링, 의사 결정 그리고 더욱 중요하게는 공장의 전 직원이 맡은 일을 수행하고 있는지 확인하는 일까지 모든 일을 공장 관리자에게 의지했다.

4가지 원칙은 이들이 바라던 돌파구를 가져왔다. 4가지 원칙을 도입한 지 18개월 안에 타보로 공장이 달성한 성과는 다음과 같다.

- 생산라인에서 100만 달러 이상의 비용 절감.
- 그해 회계연도에 예산의 30퍼센트 이상 절감.
- 작업 시간 손실을 유발한 사고 없고, 기록할 만한 사고 딱 한 건 발생.
- 다음 회계연도 계획을 1/4분기에 달성함.

공장 관리자는 4가지 원칙을 이렇게 정의했다. "조직이 새로운 계획을 추진하기로 했을 때, 계획의 종류에 상관없이 성공을 보장하는 강력한 도구다. 식스시그마Six Sigma(통계를 사용해 품질 상태를 정량화하고, 문제점을 정확히 찾아내며, 불량률을 최소화하는 등의 품질 혁신을 꾀하는 관리 운용 도구—옮긴이) 전략을 수행하든, 린 제조방식lean manufacturing(생산에서 판매에 이르는 전 과정에서 낭비를 최대한 줄이고 전 직원이 품질 향상에 적극 참여해 혁신을 꾀하는 방식—옮긴이)을 사용하든, 팀 주도의 작업을 수행하든 (…) 4가지 원칙은 원하는 성과를 내게 해줄 것이다."

4가지 원칙을 받아들일 때의 핵심은 가중목 회의다.

타보로에서는 모든 팀이 매주 가중목 회의를 열었다. 그리고 전 직원이 어떻게 점수판의 점수를 움직이고 가중목을 달성하는지 보고했다. 이들은 매주 모여, 점수판을 녹색으로 유지할 새로운 아이디어를 내놓았다. 가중목 회의 덕분에 가장 중요한 목표에 집중할 수 있었고, 나아가 함께 고민하고, 함께 의사 결정에 참여하고, 서로 돕고, 승리를 자축할 수 있었다.

그 결과 타보로 공장은 결과에 대해 스스로 '그리고 서로에게' 책임을 지는, 직원 참여율이 높은 문화를 만들었다.

4가지 원칙 실행 당시 노마코 사장이었던 줄리안 영Julian Young은 가중목 회의의 영향을 이렇게 요약했다. "가중목 회의는 제조업 분야의 전통적인 구식 회의보다 훨씬 더 활기를 띤다. 모든 지점에서 생산성이 크게 향상되었고, 책임은 놀라울 정도로 단순화됐다."

우리는 여러 해 동안 타보로 공장에서와 같은 가중목 회의를 수천 건 목격했고, 그 결과 한 가지 사실이 분명해졌다. 거의 모든 개인의 경우,

가중목 회의 중에 나오는 동료에 대한 책무는 상사에 대한 책무보다 성과에 훨씬 더 막강한 동기를 부여한다. 결국 사람들은 상사를 실망시키지 않으려고 열심히 일하겠지만, 동료를 실망시키지 않기 위해서도 무슨 일이든 마다하지 않을 것이다.

그러나 이 수준에 이르려면 한 가지 더 이해할 게 있다. 우리는 앞에서, 원칙 1, 2, 3으로 경기를 준비하지만 원칙 4를 적용하기 전까지는 팀이 경기에 '참여'한 게 아니라고 말했다. 이제 이 말을 좀 더 명확히 해야겠다. 가중목 회의를 얼마나 중요하게 여기느냐는 팀의 결과와 직결된다. 지속성, 집중도 그리고 직접 공약을 정하고 이행하는 정도에 따라 가중목 회의는 팀의 마음속에 득실이 큰 경기가 될 수도 있고 적은 경기가 될 수도 있다.

이를 '시즌 전 경기' 대 '우승자 결정전'에 적용해보자. 시즌 전 경기에는 이기고 싶지만 우승자 결정전에서는 져서 집으로 가길 바란다고 해보자. 이때 선수들은 어느 경기에서 최상의 기량을 발휘하겠는가? 간단히 말해, 경기가 중요하지 않으면 신경 쓸 이유가 없지 않은가? 책무 공유가 팀원의 높은 참여도를 유발하는 이유도 이 때문이다.

혁신적인 문화 조성하기

가중목 회의의 엄격한 짜임새를 좋아하지 않는 사람도 있다. 사실, 제대로 짜인 가중목 회의는 대단히 창조적이다. 저명한 뇌과학자 에드워드 핼러웰Edward Hallowell이 발견한 바에 따르면, 짜임새와 창조성이 합쳐

져 참여를 유도한다. 핼러웰 박사는 동기부여가 가장 잘되는 상황은 "잘 조직되고 '더불어' 참신함과 자극으로 가득"할 때라고 했다.[21]

책무 공유는 팀에서 창조성을 이끌어낼 수 있다.

원칙과 실행의 문화에서 일하는 팀을 상상할 때, 사람들은 대개 그들이 창조적이고 혁신적일 것이라고는 생각하지 않는다. 그러나 우리는 4가지 원칙을 제대로 적용하는 팀에게서 이 모든 특징을 정기적으로 목격했다.

가중목 회의는 신선한 아이디어를 실험하도록 격려한다. 그리고 모든 사람을 문제 해결에 참여하게 하고 배운 것을 공유하게 한다. 가중목 회의는 선행지표를 움직일 방법을 두고 혁신적인 통찰력을 나누는 장이며, 많은 것이 여기서 좌우되기 때문에 모든 팀원이 최고의 아이디어를 내놓는다.

타운파크Towne Park가 좋은 사례다. 고급 호텔과 병원에 대리 주차 서비스를 제공하는 대형 업체인 타운파크는 항상 놀라운 성과를 올렸다. (타운파크의 큰 고객인) 게일로드 엔터테인먼트가 4가지 원칙이 나온 지 얼마 안 됐을 때 그것을 도입해 큰 효과를 보자 타운파크 리더들도 관심을 보였다.

타운파크는 이미 사업의 거의 모든 부문을 평가하고 있었다. 귀하와 귀하의 고객이 오셨을 때 저희 직원이 문을 열어주었습니까? 호텔에서 사용하는 인사말을 제대로 사용하였습니까? 귀하에게 생수 한 병을 제공해드렸습니까? 이곳 경영자들은 고객에게 중요하다고 생각하는 모든 사항을 평가하고 있었고, 그 결과를 언제든 말할 수 있었다.

그런데도 고객 만족 향상이라는 가장 중요한 목표에 4가지 원칙을 적용해, 고객 서비스를 더욱 개선하고자 했다. 이들은 원칙 2에 따라 선행지표를 개발하던 중에, 그동안 평가하지 않는 항목 하나가 고객 만족도를 높일 가장 강력한 지렛대일 수 있다는 사실을 깨달았다. 고객이 차를 돌려받기까지 시간이 얼마나 걸리는가, 하는 항목이었다.

결국 이들은 고객 만족도를 더 높일 가능성이 가장 크다고 예측되는 선행지표로 회수 시간 감소를 택했다. 그것이 사업에서 중요한 요소라는 걸 예전부터 알고 있었지만, 측정의 효과를 믿는 회사라도 측정할 자료를 얻기가 쉽지 않아 한 번도 측정한 적은 없었다. 회수 시간 수치를 수집하려면 고객이 차를 부른 시각과 대리 주차 요원이 차를 가져온 시각을 기록해야 했다. 그런 다음, 두 시각 사이의 시간, 즉 '회수 시간'을 모든 지역, 모든 팀에게서 꾸준히 확보해야 할 것이다.

차들이 정신없이 들어오고 나가는 회오리바람의 와중에 이 수치를 모으기가 얼마나 어려운지 쉽게 상상이 갈 것이다. 너무 어려워 일부 리더들은 불가능한 일이라고 주장했다. 하지만 최고의 고객 만족도를 가중목으로 정한 탓에, 그리고 회수 시간은 그 목표 달성 여부를 가장 확실히 예측하고 목표를 달성하려는 사람들에게 영향을 많이 받는 지표인 탓에 그 수치 수집에 몰입했다. 훌륭한 리더 팀이 다 그렇듯이, 이들도 그 시간을 측정하기로 결정하자 방법을 찾아냈다.

회수 시간에는 주차한 위치나 주차한 자동차까지의 거리 같은 외부 요인들이 영향을 미치기 때문에 처음에는 이들도 자신이 회수 시간에 영향을 미칠 수 있을까 의아해했다. 하지만 그런 걱정이 무색하게 회수 시간이 크게 줄었다.

어떻게? 팀은 그 이유가 자신들이 경기에 적극 참여했기 때문이라고 분석했다. 일단 점수판에 선행지표가 뜨자 대리 주차 요원들은 경기에 이길 새로운 방법을 찾기 시작했다. 한 예로, 주차를 맡기며 호텔에 들어가는 고객에게, 나중에 체크아웃을 하기 전에 미리 전화를 해주면 차를 대기해놓겠다고 안내했다. 미리 전화한 고객의 경우, 회수 시간은 제로가 될 터였다.

주차 요원들은 고객에게 체크아웃 예정 요일도 묻기 시작했다. 주말에는 차를 주차장 뒤편에 주차했다. 그리고 출발일이 가까워오면, 차를 앞쪽에 빼두어 회수 시간을 줄였다.

이 밖에도 여러 가지 혁신으로 회수 시간 선행지표를 줄였을 뿐 아니라 고객 만족이라는 후행지표까지 금세 끌어올렸다. 타운파크는 경기에서 계속 승리했지만, 팀이 경기에 참여하지 않았다면 이 새로운 아이디어는 실행은커녕 결코 수면 위로 떠오르지도 않았을 것이다.

그런데 플로리다 마이애미에 있는 타운파크 팀은 결코 넘을 수 없어 보이는 장벽에 부딪혔다. 1미터가 넘는 콘크리트 벽이 주차장 한가운데를 가로질러 서 있어서, 주차요원이 차를 회수할 때마다 그 둘레를 빙 돌아 나와야 했다.

몇 달 동안 그 벽 때문에 더 부지런히 차를 회수했는데, 마침내 가중목 회의에서 말 그대로 그 벽을 정면으로 돌파하기로 했다. 고객 관리 부팀장인 제임스 맥닐이 팀 앞에서 그 벽을 없애겠다고 공약했다. 그는 호텔 기술자에게 문의해 그 벽이 내력벽이 아니어서 허물어도 상관없다는 답을 얻은 뒤, 콘크리트 절단기를 빌리고, 작업을 도와줄 공사 감독도 몇 사람 구했다. 이들은 다음 토요일 아침 일찍 작업을 시작해 콘크리트 여러 톤을 허물고 치웠다. 그리고 그날 밤, 벽이 사라졌다.

리더라면 이 이야기에 매료되어야 한다. 만약 타운파크 경영자가 팀에게 콘크리트 벽을 없애라는 등 일상적 업무 외의 것을 명령했다면 팀은 어떤 반응을 보였겠는가? 아무리 훌륭한 팀이라도 최소한 거부 반응을 보이거나 최악의 경우 폭동이 일어났을지도 모른다.

그러나 선행지표가 선수들이 지고 싶지 않은, 득실이 높은 경기였던 탓에 효과는 정반대였다. 벽 제거가 그들 생각이 아니었다면, 경기에서 이기고 싶은 욕구가 그다지 강하지 않았다면, 그들은 그 일에 꾸준히 매달리지 않았을 것이다. 아닌 게 아니라 필요는 성공의 어머니였다. 그들이 회수 시간을 득실이 높은 경기로 만들자 창조와 발명이 뒤따랐다.

여기서 중요한 점은 지휘하고 통제하는 방식으로는, 그러니까 리더의 권위에만 의존해서는 이 정도의 참여를 이끌어낼 수 없다는 사실이다. 권위만으로는 팀에서 기껏해야 순응을 이끌어낼 뿐이다.

반면에 4가지 원칙은 권위로 결과를 이끌어내기보다 각 팀원이 의미를 느끼고 싶고, 중요한 일을 하고 싶고, 궁극적으로는 승리하고 싶은 욕구에서 결과를 이끌어낸다.

그런 식으로 참여해야 진짜 몰입하게 되고, 타운파크는 그런 몰입 덕에 벽을 허물 수 있었다. 특별한 성과를 내는 것도 바로 그런 종류의 몰입이다.

2부에서는 책무 공유를 통해 그런 몰입을 이끌어내는 방법을 정확히 안내할 예정이다.

4가지 원칙의 힘

이제까지 4가지 실행 원칙의 각 항목을 자세히 살폈다. 독자들도 조직의 문화와 사업성과를 바꿔놓는 4가지 원칙의 힘을 느꼈으면 좋겠다. 우리가 리더에게 4가지 원칙을 소개할 때면 많은 리더가 그런 것을 이미 실시하고 있다고 생각한다. 목표, 측정, 점수판, 회의 등은 어쨌거나 친숙한 주제니까. 하지만 일단 4가지 원칙을 실행하면, 그런 리더들이 자기 팀에서 인식의 틀이 극적으로 바뀌었다고, 그리고 대개는 처음으로 그런 변화가 왔다고 이야기한다.

4가지 원칙을 흔한 연간 계획과 비교해보면, 이 인식의 틀이 목표를 바라보는 전형적인 사고방식과 어떻게 다른지 알 수 있다.

연간 목표를 결정하는 과정은 대개 여러 목표에서 나온 중요한 수치에 초점을 맞춰 그해의 종합계획을 세우는 것에서 시작한다. 그런 다음 각 목표는 여러 개의 프로젝트와 중대한 단계, 과제, 소과제 등 여러 달에 걸쳐 달성할 일들로 쪼개진다. 계획은 깊이 들어갈수록 더 복잡해진다.

이렇게 점점 복잡해지는데도 리더들은 우리가 "계획은 높게"라고 부르는 증상을 보인다. 이런 부푼 희망을 품은 채 이들은 "정말 잘될 거야!"라고 말한다.

마지막으로 색색의 파워포인트 자료와 영사기를 준비해 정식 프레젠테이션을 그럴듯하게 선보인다. 여기까지 어디서 많이 듣던 이야기인가? 그렇다면 프레젠테이션 뒤에 남은 일은 딱 하나이다. 사업 여건이 바뀌면서 계획은 서서히 모호해지고, 누구도 책임지지 않은 채 계획이 사업에서 점점 멀어져가는 것을 마냥 지켜보는 일이다.

이제 이와 반대로 영거 브라더스와 그들의 가중목인 사고 줄이기 사례로 돌아가보자. 연간 계획이 아무리 구체적이고 아무리 전략적으로 뛰어나도 그런 계획으로는 리더가 32번째 주에 9조, 11조, 13조 인부들의 보호 안경 착용에 집중해야 한다는 사실을 예상할 수 없었을 것이다. 다시 말해, 그런 계획에는 그 주에 성과를 최대한 끌어올리는 데 필요한 정보가 없었을 것이다. 그런 정보란 있을 수 없다.

그러나 원칙 4를 지키는 팀은 선행지표에 맞춰 주간 계획을 세우는데, 본질적으로 연초는커녕 월초에도 생각할 수 없었던 공약을 기반으로 한 시의적절한 계획이다.

선행지표 달성에 매주 꾸준히 힘을 쏟으면 딱 그 상황에 맞는 책임감이 생기고, 팀은 매주 목표에 직접적으로 연관된다.

영거 브라더스가 안전 수칙 준수라는 선행지표 없이 가중목을 달성하려 했다면, 매주 공약은 정할 수 있을지언정 목표 수치를 구체적으로 정하지는 못했을 것이다. 개별 팀원이 막연히 이번 주에 사고를 줄이겠다고 공약하는 것을 상상해보라. 그런 식의 공약은 팀이 감당하기에는 너무 광범위해서 마치 바닷물을 통째로 끓이려는 것이나 다를 바 없다.

게다가 리더의 관점으로 문제를 본다면 상황은 더 나쁘다. 리더가 좌절감에 빠져 이렇게 말한다고 생각해보자. "이 바닥에서 수년간 일한 다 큰 어른들 아닌가. 그런 사람들이 자기 안전도 책임지지 못하면, 내가 뭘 어쩌란 말인가?"

목표 달성 계획이 아무리 전략적이라도 달성이 불가능해 보여 사람들이 포기하기 시작하면 남은 일은 하나뿐이다. 회오리바람으로 돌아가기.

회오리바람은 어쨌거나 익숙한 일이라 사람들은 회오리바람을 처리할 때 안도감을 느낀다. 상황이 이렇게 되면, 팀은 이제 승리를 위해서가 아니라 지지 않으려고 경기를 뛰게 되는데, 그 차이는 엄청나다. 4가지 원칙은 간단히 말해, 승리할 경기를 짜는 것이다.

4가지 원칙을 컴퓨터 운영 체계로 생각하라. 운영 체계가 막강해야 컴퓨터에 어떤 프로그램을 설치해도 잘 돌아간다. 운영 체계가 후지면 아무리 훌륭한 프로그램이라도 꾸준히 제대로 실행되기 어렵다.

마찬가지로 목표를 달성할 운영 체계가 없다면 아무리 훌륭한 전략이라도 꾸준히 제대로 실행되지 않는다. 어쩌다 목표를 달성하더라도 매해 꾸준히 달성하거나 초과 달성은 어렵다. 4가지 원칙은 팀이나 조직에서 어떤 목표를 정착시키든 그 목표를 정확히 그리고 꾸준히 달성하게 하고, 앞으로 더 큰 성공을 거둘 기반을 마련해준다.

4가지 원칙이 큰 힘을 발휘하는 주요 이유는 그것이 시간을 초월한 원칙을 바탕으로 하기 때문이다. 4가지 원칙은 사실상 모든 환경, 모든 조직에서 효과를 발휘한다는 사실이 증명되었다. 4가지 원칙은 우리가 발명한 원칙이 아니다. 우리는 단지 그것을 발굴해 체계화했을 뿐이다. 그전부터 사람들은 이 원칙을 이용해 인간의 행동을 효율적으로 바꿔 목표를 달성했다.

1961년, 뉴욕 퀸스에 사는 진 니데치Jean Nidetch 는 다이어트를 하던 중 인내심의 한계를 느끼고 있었다. 거동이 불편할 정도로 과체중이었던 그녀는 꾸준히 다이어트를 하기가 어려웠다. 목표를 세워도 번번이 실패했다. 그래서 뉴욕 시 보건부가 권장하는 다이어트에 도전하기로 마음먹으면서 새로운 방식을 사용해 보기로 했다. 힘들게 체중 감량을 하고 있는 친구 몇 명을 매주 초대해, 서로 상황을 점검하는 방식이었다. 이들은 매주 약 0.5~1킬로그램 정도로 소량의 합리적인 체중 감량 목표를 세웠다. 그리고 섭취하는 열량을 꼼꼼히 살피고, 운동량도 측정했다.

2년 동안 노력한 결과, 이들은 한 사람도 빠짐없이 체중 감량 목표를 달성했다.

진 니데치의 체중 감량 모임은 인원이 꾸준히 늘었고, 1963년에는 웨이트 와처스Weight Watchers 라는 조직을 설립할 정도였다. 웨이트 와처스는 이때부터 국제적인 모임으로 성장해, 다이어트 음료, 설탕 대체재 생산 시설과 서적 출간 체제를 갖추었다. 진 니데치는 "작은 사적 모임이 기업이 되었다"고 했다.

이 기업은 그동안 타의 추종을 불허할 정도로 수많은 사람의 건강한 체중 유지에 앞장섰다.

웨이트 와처스의 성공 비결은 4가지 원칙이 강조하는 바로 그 원칙이다.

- 원칙 1: 명확한 후행지표에 초점 맞추기. 특정한 시간 안에 특정한 양의 체중을 감량한다. '특정 일까지 X에서 Y로.'
- 원칙 2: 참가자가 움직일 수 있는 강력한 지렛대인, 열량 섭취량과 운동으로 인한 열량 소비량이라는 선행지표에 따라 행동하기. 이 선행지표는 쉽게 점검할 수 있도록 점수로 표시한다.
- 원칙 3: 선행지표와 후행지표를 정기적으로 기록하고 살필 것. 점수판의 강점을 활용해야 사람들이 참여하고 목표 달성을 위해 꾸준히 노력한다.

• 원칙 4: 책무 공유. 같은 목표를 가진 사람들과 주별 모임 열기. 이들은 이야기를 공유하고, 점수판(체중)을 점검하고, 성공을 축하하고, 실수를 털어놓으면서 고칠 방법을 의논한다. 많은 참가자가 이 프로그램에서 주간 체중 측정을 가장 강력한 동기유발 요인으로 꼽는다.[22]

4가지 원칙은 보편적이고 시간을 초월한다. 전 세계 최고의 기업들과 함께 일하면서 거듭 확인한 결론이다.

2부

팀에 4가지 원칙
정착시키기

1부에서 언급했듯, 4가지 원칙은 목표 달성을 위한 운영 체계다.

2부에서는 팀에 4가지 원칙을 적용했을 때의 예상 효과, 그리고 구체적인 적용 단계를 소개하겠다. 독자들은 이 흥미진진한 도전에 몰입했던 수천 개 팀의 경험에서 많은 것을 배울 수 있을 것이다.

4가지 원칙은 단순한 원칙이 아니라 훈련이 필요한 원칙이라는 점을 명심하라. 4가지 원칙을 적용하려면 리더의 부단한 노력이 필요하지만, 노력한 만큼 꾸준히 그리고 훌륭히 원칙을 수행하는 팀이 될 것이다.

2부는 4가지 원칙을 적용하는 길잡이가 되어줄 것이다. 성공을 보장하는 온갖 정보를 담은 현장 안내라고 생각하라. 4가지 원칙을 실행하려는 사람들을 이끌 고위 간부에게는 2부가 그 여정을 개괄하는 소중한 기회가 될 것이다. 그리고 팀에 4가지 원칙을 실행할 리더에게는 그 여정에 필요한 상세한 도로 지도가 될 것이다. 일단 시작해보면 그 가치를 알 수 있다.

어떤 경우든 4가지 원칙을 실행하는 중에, 그리고 4가지 원칙이 점점 자리를 잡는 여러 해 동안, 여러 차례 2부를 참조하게 될 것이다.

The *4* DISCIPLINES of EXECUTION

예상 효과

---→

그리스 신화에 나오는 유명한 시시포스는 신에게서 산꼭대기로 끊임없이 바위를 밀어 올리라는 벌을 받은 인간이다. 바위가 산꼭대기에 다다르면 여지없이 아래로 다시 굴러떨어지는 바람에 바위를 다시 산꼭대기로 밀어 올리는 일을 영원히 반복해야 한다.

단 한 가지도 의미 있는 성과를 거두지 못한 채 바쁜 하루를 마감하고 일터를 떠나 퇴근하면서, 내일도 다시 바위를 밀어 올려야 한다고 생각할 때가 바로 이런 기분 아닐까.

대형 식료품점 체인인 스토어 334의 총관리인인 짐 딕슨은 날마다 시시포스가 된 기분이었다. 스토어 334는 같은 지역 250개 점포 중에 재정 상태가 최악이었다. 그곳에서 물건을 사고 싶어 하는 사람도, 일을 하고 싶어 하는 사람도 없었다.

짐은 출근할 때마다 늘 똑같은 문제로 머리를 감싸 쥐곤 했다. 주차장 곳곳에 널린 쇼핑 손수레와 쓰레기, 통로에 널린 깨진 병, 물건이 빈 진열대. 상점은 날마다 그 모양이었고, 짐은 매번 누군가에게 그 일을 시키거나 아니면 직접 해야 했다.

팀에 4가지 원칙 정착시키기

한밤중에 진열대에 물건을 채우거나 엎질러진 우유를 걸레로 닦는 일도 흔했다. 그는 그런 일을 할 사람만 고용한 게 아니라 그런 일을 할 사람을 '고용하는 사람'도 고용했었다.

짐은 시시포스처럼 똑같은 바위를 날마다 언덕으로 밀어 올렸고, 바위는 다시 아래로 굴렀다. 그는 가게를 획기적으로 변화시킬 시간도, 힘도 전혀 없었다.

짐은 스토어 334의 책임자로 투입될 때만 해도 대단히 능력 있는 리더로 여겨졌다. 그런데 지금은 능력 없는 잔소리꾼 관리자로 보였다. 우리가 그를 만났을 때, 그는 16일째 쉬지 않고 일했고, 1년 동안 휴가 한 번 못 간 상태였다. 판매는 급감했고, 직원 이직률은 높았다. 인사부 부사장은 우리에게 "짐이 그만두지 않으면 우리가 그를 잘라야 할 판"이라고 털어놓았다.

짐이 해야 하는 그 많은 일들을 생각하면, 짐이 얼마나 기쁜 마음으로 만사를 제치고 4가지 원칙 연수회에 참석했을지 상상이 간다. 그것도 식료품 판매업계에서는 연중 가장 바쁜 12월에.

짐에게나 그의 부서 책임자에게나 가장 중요한 목표는 분명했다. 그들은 연간 목표 수익을 달성하지 못한다면 상점을 닫아야 할 판이었다. 그보다 더 절실한 문제는 없었다. 하지만 문제는 선행지표를 결정하는 것이었다. 이전에 하지 않은 새로운 방법이 뭐가 있을까? 수익을 올리는 데 가장 효과적인 방법은 무엇일까?

짐과 그의 팀은 상점 분위기가 개선되면 수익도 개선되리라고 확신했다. 상점이 깔끔하고, 멋지고, 물건이 가득 들어차면 손님도 더 올 것이다. 각 부서는 부서에서 할 수 있는 측정 가능한 가장 중요한 일 두세 가

158

성과를 내고 싶으면 실행하라

지를 생각해냈고, 그것을 1점에서 10점까지 날마다 직접 점수를 매기기로 했다.

- 육류 부서는 신선한 고기를 투명하게 포장해 전시한다.
- 제품 부서는 오전 5시까지 진열대를 가득 채운다.
- 제빵 부서는 갓 구운 신선한 빵을 2시간마다 진열한다.

이 과정이 끝나자 짐과 그의 팀에게도 드디어 계획이 생겼다! 이들은 즉시 실행에 들어갔고, 부팀장과 각 부서 책임자들은 점수판을 날마다 갱신하기로 했다. 이들의 전략적 내기는 상점 분위기가 개선되면 연간 수익도 개선되리라는 것이었다. 그리고 정말 그렇게 될 것 같았다.

그날 아침, 이들은 점수판을 내걸었고, 그날 밤, 직원들은 점수판을 내렸다. 다음 날 그들은 다시 점수판을 내걸었지만, 부서 책임자들은 그날그날의 회오리바람에 휩쓸려 예전 위치로 돌아갔다. 두 주가 지나자 다섯 부서는 자신들이 직접 정한 평가 기준에서 50점 만점에 고작 평균 13점을 받았다. 짐은 절망에 빠졌고, 가장 중요한 목표는 난관에 부딪혔다.

그 이유와 이 사연의 뒷이야기는 2부 뒷부분에서 다시 언급할 예정이다.

변화의 단계

이처럼 인간의 행동 변화가 워낙 어렵다 보니, 리더들은 4가지 원칙을 정착시키다가 앞서와 같은 도전에 직면하는 때가 많다. 우리 경험에 따르면, 대부분의 팀은 행동 변화의 다섯 단계를 거친다. 여기서는 독자들이 이 단계를 이해하고 자기만의 방식으로 그 단계를 무사히 통과하도록 도와주고자 한다.

1단계: 분명히 하기

도심 대형 병원에서 외과 간호 팀을 이끌며, 팀에 4가지 원칙을 정착시키는 메릴린을 따라가보자. 그녀와 그녀의 팀이 마주하는 회오리바람은 다른 사람들과 달라서, 날마다 수십 건의 수술을 얼마나 잘 해내느냐에 사람 목숨이 왔다 갔다 했다.

메릴린 팀에서는 수술 도중 문제가 발생하는 수술 사고가 최근 급증했었다. 수술실에 회오리바람이 거세지만, 환자를 위험에 빠뜨리는 이런 사고를 줄여야 한다는 생각을 모두가 공유했다.

이들은 4가지 원칙 작업 회의 중에 그 생각을 가장 중요한 목표로 정했다. 사고 없는 수술을 12월 31일까지 89퍼센트에서 98퍼센트로 끌어올리기.

> **1단계: 분명히 하기**
>
> 리더와 팀은 새로운 수준의 성과를 공약한다. 4가지 원칙을 숙지하고, 분명한 가중목, 후행지표, 선행지표를 정한 다음, 점수판을 만든다. 그리고 가중목 회의를 정기적으로 연다. 팀원마다 공약 수준은 다양하겠지만, 4가지 원칙 작업 회의에 적극 참여하면 동기부여 효과가 더 커질 것이다.

그리고 수술 사고의 주요 원인과 더불어 환자를 큰 위험에 빠뜨릴 수 있는 요인을 세심히 살핀 다음, 가장 강력한 지렛대로 사용할 2가지 선행지표를 찾아냈다. 하나는 적어도 수술 30분 전까지 수술 전 점검을 100퍼센트 준수하는 것이고, 하나는 모든 수술에서 수술 도구를 두 번 점검하는 것이다.

가장 중요한 목표를 정하고(원칙 1), 선행지표 2개를 정한(원칙 2) 메릴린과 그녀의 팀은 이제 성과를 추적하는 단순한 점수판을 만들고(원칙 3), 계획을 지속적으로 실천할 책임을 직접 정하는 가중목 회의 주간 일정을 잡았다.

팀 회의가 끝나자 메릴린은 실행에 돌입하는 다음 주가 기다려졌다. 목표와 계획을 이렇게 선명하게 느끼기는 처음이었다. 이제 남은 일은 쉬울 거라 생각했다.

물론 메릴린은 이 일을 과소평가하고 있었다. 실행이 실패하는 이유는 회오리바람이 몰아치는 와중에 인간의 행동이 바뀌기란 원래 매우 어렵기 때문이다. 성공은 가중목과 4가지 원칙 체계를 분명히 하는 것에서 시작한다. 그리고 4가지 원칙 실행에서 리더가 해야 하는 아주 중요한 일은 다음과 같다.

- 가장 중요한 목표에 집중하는 본보기 되기.
- 강력한 지렛대로서의 선행지표 찾기.
- 선수 점수판 만들기.
- 적어도 일주일에 한 번 가중목 회의 일정을 잡고 반드시 지키기.

2단계: 시작

메릴린은 그 주 첫 번째 수술이 있는 월요일 오전 7시부터 4가지 원칙을 실천하기 시작했다. 정오가 되자 팀은 벌써 애를 먹기 시작했다. 선행지표를 따르려면 간호사들은 평소보다 20분 일찍 도구를 점검해야 했지만, 일정 변화와 새로운 점검항목 때문에 모두가 우왕좌왕했다.

수술 일정이 빡빡하고 간호사 한 명이 병가를 내는 바람에 메릴린은 두 손도 모자랄 지경이었고 팀도 정신없이 움직였다. 이렇게 첫 아침을 보낸 뒤 메릴린은 회오리바람의 와중에 목표를 실행하기가 얼마나 어려운지 실감했다.

하지만 팀원 중에 다른 사람보다 더 적극적으로 변하는 사람도 있었다. 최고 성과를 내는 그들은 성공하고 있었고, 비록 쉬운 일은 아니지만 그 도전을 즐겼다. 그런데 최고참 간호사 둘은 일상적으로 하던 점검을 왜 새삼스레 바꿔야 하는지 여전히 이해할 수 없으며 스트레스만 심해졌다고 불평했다. 게다가 맡은 일에 아직 자신이 없는 신참 간호사들이 점검을 지연시키고 있었다.

그 주에 메릴린은 계획은 단순해도 실제로 시작하기는 결코 만만치 않다는 걸 깨달았다. 회오리바람뿐 아니라 팀원 사이에 동기부여 정도가 제각각인 것도 문제였다.

4가지 원칙 시작 단계는 결코 순탄치 않다. 팀원 중에는 본보기가 되는 사람(4가지 원칙에 탑승한 사람)도

2단계: 시작

이제 팀이 출발선에 섰다. 정식 출발 모임을 열든, 잠깐 한자리에 모이든, 리더는 팀을 가중목달성을 위한 행동에 돌입하게 한다. 하지만 로켓이 지구 중력을 벗어나려면 한순간 거대한 에너지가 필요하듯, 팀도 출발선에서는 리더의 강도 높은 개입이 필요하다.

있고, 가능성 있는 사람(처음에는 애를 먹는 사람)도 있으며, 저항하는 사람(4가지 원칙에 탑승하려 하지 않는 사람)도 있다. 4가지 원칙을 성공적으로 시작하는 핵심은 다음과 같다.

- 시작 단계에서는 (특히 리더의) 집중과 힘이 필요하다는 사실을 인식하라.
- 꾸준히 집중하고 4가지 원칙을 부지런히 실행하라. 4가지 원칙을 신뢰해도 좋다.
- 본보기가 되는 사람, 가능성 있는 사람, 저항하는 사람을 찾아내라.(이들에 대해서는 곧이어 좀 더 설명할 예정이다.)

3단계: 적용

메릴린은 가중목에 꾸준히 집중하려고 열심히 노력했다. 그녀의 팀은 일정을 조정하고 점수를 기록하는 방법을 다듬었다. 메릴린은 가능성이 있는 사람을 훈련하고 지도했다. 저항하는 사람들에게는 변화의 필요성을 조언했다.

이들은 매주 선행지표를 달성하려고 노력했고, 천천히 개선되었다. 주간 가중목 회의에 모였을 때는 먼저 점수판을 점검하고, 그다음에 각자 점수를 움직이기 위한 공약을 발표했다.

오래지 않아 메릴린은 팀이 리듬

> **3단계: 적용**
>
> 팀원은 4가지 원칙을 적용하고, 새로운 행동은 가중목 달성을 촉진한다. 4가지 원칙이 효과를 내기 시작하면 팀에서 저항은 사그라지고 열의는 높아질 것이다. 이들은 회오리바람의 와중에도 성과를 높일 책무를 서로 느낀다.

을 찾기 시작했다는 걸 감지했고, 사고율도 떨어졌다. 팀은 선행지표가 효과를 발휘하는 것을 목격하면서 점점 흥분했다. 이들은 여러 달 만에 처음으로 자신이 승리하고 있다고 느끼기 시작했다.

4가지 원칙을 적용하기까지는 시간이 필요하다는 점을 기억하라. 4가지 원칙 고수는 가중목 달성에 필수다. 따라서 원칙을 존중하고 열심히 실천하라. 그렇지 않으면 순식간에 회오리바람에 휩쓸려버린다. 4가지 원칙을 성공적으로 적용하기 위해서는 다음을 명심해야 한다.

- 우선 4가지 원칙에 집중하라. 결과는 그다음이다.
- 주간 가중목 회의에서 공약을 정하고 서로가 책임을 분명히 하라.
- 한 주의 결과를 한눈에 보이는 점수판에 매주 기록하라.
- 필요한 부분은 수정하라.
- 가능성 있는 사람들에게는 훈련과 멘토링을 추가로 투입하라.
- 저항하는 사람들에게는 어떤 문제든 솔직하고 명료하게 대답하고, 필요하면 그들을 위해 길을 닦아주어라.

4단계: 효율 극대화

메릴린은 8주 동안 팀의 발전과 미미하지만 꾸준한 수술 사고 감소가 뿌듯했다. 하지만 연말까지 가중목에 도달하려면 속도를 높여야 하는데, 팀이 무엇을 더 할 수 있을지 확신이 서지 않았다.

그날 늦게 가중목 회의에서 간호사들은 선행지표를 새롭게 제안해 메릴린을 놀라게 했다. 이들이 제안한 내용은 이랬다. 첫째, 수술실에서 수술 도구를 올려놓는 쟁반의 위치를 바꾸면 점검을 더 빨리, 더 정확하게 실시할 수 있다. 둘째, 근무조가 바뀔 때 첫 번째 수술실과 두 번째 수술실을 동시에 점검하면, 그날 나머지 일정을 예정보다 빨리 끝낼 수 있다. 셋째, 환자 이송 팀이 환자를 수술실로 옮길 때 간호사에게 바로 알려주면 수술실을 마지막으로 다시 한 번 점검할 시간을 확보할 수 있다.

메릴린은 팀이 업무 효율을 극대화할 방법을 스스로 발견했다는 사

> **4단계: 효율 극대화**
>
> 이 단계에서 팀은 4가지 원칙을 바라보는 마음가짐을 바꾼다. 이들은 자신이 성과를 내고 그 성과가 변화를 가져오기 시작하면서, 이런저런 제안을 하고 자기 일에 더 열심히 참여한다. 이들은 업무 효율을 극대화할 방법을 찾기 시작할 것이다. 이때 '경기에서 승리하는 기분'을 이해하기 시작한다.

실이 기쁘고 놀라웠다. 만약 그 제안이 메릴린에게서 나왔다면 팀은 그 추가적인 일에 저항했을 게 틀림없다는 생각이 들었다. 하지만 그 아이디어는 팀에서 나왔고, 그들은 그것을 기꺼이, 아니, 신이 나서 실천했다.

중요한 경기를 처음 시작한 사람은 메릴린이지만, 지금 그 경기에서 승리하고 있는 사람은 그녀의 팀이었다.

간호사들이 이 과정을 직접 주도했다. 그들은 선행지표를 움직일 새로운 방법을 꾸준히 제안했고, 후행지표도 계속 올라갔다. 주간 공약은 구체적이었고, 그들은 공약을 훌륭히 완수했다. 가중목 회의에서는 결과에만 집중했다. 그런데 메릴린을 정말로 흥분시킨 것은 전에 없던 새로운 수준의 참여도와 열정이었다.

4가지 원칙을 일관되게 실행하는 팀은 원칙을 자기에게 맞게 최적화하기 시작한다. 이 단계를 가장 잘 활용하는 방법은 다음과 같다.

- 선행지표를 움직일 창조적 아이디어는 우열을 가리기보다 전반적으로 격려하고 인정하라.
- 훌륭한 마무리를 인정하고 성공을 축하하라.
- 다른 팀원을 위해 길을 닦아준 팀원을 격려하고 그때마다 축하하라.
- 가능성 있는 사람이 본보기가 되는 사람들 수준으로 성과를 내기 시작하면 그 사실을 인정하라.

5단계: 습관

병원 연차 총회에서 메릴린은 뜨거운 박수를 받으며 당당하게 연단으로 걸어왔다. 11개월 전만 해도 수술 사고율 증가로 메릴린의 자리가 위험하고, 더 중요하게는 환자의 목숨이 위태로워지는 위기에 직면했다고는 상상하기 힘들었다. 이제 메릴린과 그녀의 팀은 목표를 초과 달성하고, 병원 역사상 가장 낮은 사고율을 기록한 공로를 인정받았다.

메릴린은 팀의 변화가 목표 달성을 한참 넘어섰다는 것을 알고 있었다.

> **5단계: 습관**
>
> 4가지 원칙이 습관이 되면 목표를 달성할 뿐 아니라 팀의 성과가 영구적으로 향상되는 효과도 기대할 수 있다. 4가지 원칙의 궁극적 목표는 성과를 내는 데서 끝나지 않고 훌륭한 실행 문화를 만드는 데 있다.

그들은 업무 방법을 근본적으로 바꾸었고, 그 과정에서 앞으로도 성공을 보장할 실행 습관을 갖게 되었다. 그토록 힘들다는 행동 변화는 이제 그녀의 팀에서 업무 표준으로 자리 잡았다. 수술 사고를 줄인 그들의 행동 방식은 이제 평범한 회오리바람의 한 요소가 되었지만, 그 덕에 회오리바람은 한결 관리가 쉬워졌다.

메릴린은 팀이 완전히 새로운 차원의 집중이나 몰입을 지속할 수 있다는 사실을 깨달았다. 그리고 팀은 새로운 가중목에 집중하면서 승승 장구했다.

4가지 원칙은 습관 만들기다. 일단 새로운 행동이 그날그날의 일상에 배어들면, 목표를 계속 새로 정해도 얼마든지 훌륭히 달성할 수 있다. 4가지 원칙이 팀의 습관이 되게 하려면 다음을 명심하라.

- 가중목 달성을 축하하라.
- 4가지 원칙을 운영 체계로 공식화하려면 새로운 가중목으로 즉시 옮겨가라.
- 새로운 운영 기준은 선행지표에 따른 우수한 성과로서 유지된다는 사실을 강조하라.
- 중간층을 추적하고 움직이는 방식으로 개별 팀원을 도와 그들의 성과를 높여라.

중간층 움직이기

앞에서 말했듯이, 변화에 반응하는 사람들의 방식은 흔히 다음 셋 중 하나다.

본보기가 되는 사람. 성과가 최고인 사람뿐 아니라 참여도가 가장 높은 사람이다. 이들은 4가지 원칙을 두 팔 벌려 환영할 뿐 아니라 그것을 이용해 성과를 최고 수준으로 끌어올린다. 리더라면 가장 모방하고 싶을 사람도 바로 이들이다.

저항하는 사람. 본보기와 정반대인 사람이다. 리더가 4가지 원칙을 도입할 때, 어떤 이는 그것이 왜 효과가 없을지, 회오리바람을 처리하는 와중에 그 원칙을 실행하기가 어떻게 불가능한지를 그 자리에서 이야기할 것이다. 또 어떤 이는 원칙 실천에 게으름을 피우면서 사람들 눈에 띄지 않기를 바라겠지만, 4가지 원칙은 이런 반발을 모든 사람이 한눈에 알아볼 수 있게 만든다. 우리 고객 한 사람은 이렇게 말한다. "4가지 원칙을 실행하면 숨을 곳이 없어요."

대부분의 사람들은 본보기와 저항하는 사람의 중간에 놓인다. 이들은 리더가 강력한 지렛대를 사용해 성과를 높여줄 수 있는 사람이다.

가능성이 있는 사람. 최고가 될 능력이 있지만 최고에 도달하지 않은 사람이다. 이 중에는 목표에, 또는 개선해야 하는 특정 지식에 대한 집중력이 부족한 사람도 있다. 그런가 하면 책임 부담을 더 압박해야 자극이 되

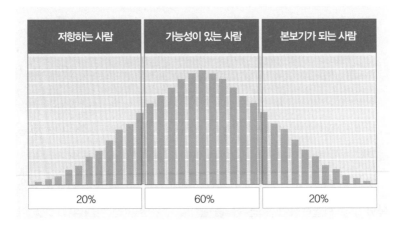

는 사람도 있다.

어떤 집단에서든 이 세 부류는 일반적으로 다음과 같이 분포한다.

중간이 불룩한 형태다.

어떤 시스템에서든 자연스러운 다양성이 존재한다면 이런 불룩한 형태가 나오는데, 이를 '정상 분포 곡선'이라 부른다. 언제나 상위(우수군) 20퍼센트, 하위(어디나 있는 성과가 낮은 사람들) 20퍼센트, 중간(동기부여로 개선될 다수) 60퍼센트이다.

중간층은 가능성이 있는 사람들로, 방법만 터득하면 팀에 더 크게 기여할 사람들이다. 물론 정확한 퍼센트는 경우에 따라 다르겠지만, 어쨌거나 중간 60퍼센트가 상위 20퍼센트 쪽에 더 가깝게 성과를 낸다면 어떻게 되겠는가? 그러니까 그래프가 아래처럼 생겼다면 팀의 성과는 어떨까?

성취도가 중간인 사람이 꾸준히 향상되어 상위 20퍼센트 안에 들어가면서 곡선은 성취도가 전반적으로 향상되는 쪽으로 이동한다. 다시

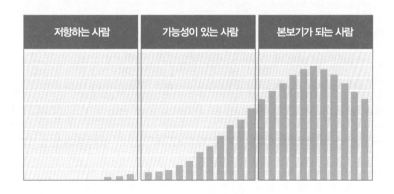

말해, 더 많은 사람이 더 높은 성과를 내기 때문에 곡선은 줄곧 오른쪽으로 쏠린 형태로 옮겨간다. 반면에 보통의 팀에서는 평범한 성과를 내는 사람들은 왼쪽으로 퍼진 형태를 유지한다.

- 고객 만족도 점수가 보통인 수준에 만족하는 호텔은 왼쪽으로 퍼진 형태를 이룬다. 여기서는 거의 모든 사람이 만족한다, 안 그런가?
- 졸업생 비율이 보통인 수준(즉, 낙제생 비율도 보통인 수준)에 만족하는 고등학교 교사들은 왼쪽으로 퍼진 형태를 이룬다.
- 병원감염을 허용 기준치를 넘지 않는 수준에 만족하는 병원은 왼쪽으로 퍼진 형태를 이룬다.(그리고 이 경우, 막을 수 있는 고통과 죽음을 이야기하는 마당에, 허용 기준치가 정말로 허용될 수 있느냐고 묻는 사람도 있을 것이다.)

'왼쪽으로 퍼진' 정상 분포 곡선에 만족하는 한 이 조직의 누구도 더 나은 성과를 내려고 노력하지 않을 것이다.

그러나 이런 조직에도 성과가 높은 집단이 있다. 꾸준히 오른쪽으로 쏠린 형태를 유지하는 팀이다.

네덜란드 로테르담 근처에 있는 에라스무스대학 의료원Erasmus Medical Center 이 아주 좋은 예다. 세계 다른 곳과 마찬가지로 유럽 병원들도 치명적인 병원감염이 점점 증가하는 심각한 문제에 직면했다. 유럽 대륙에서는 연간 병원 사망자 25,000명 가운데 3분의 2가 병원감염으로 사망한다고 추정된다.

에라스무스 의료원은 병원감염이 허용 기준치를 넘지는 않지만, 관리자들은 이를 아예 없애기로 결정했다. 이들은 이 가중목을 달성하기 위해 5년 안에 거의 모든 병원감염을 퇴치한다는 '수색과 퇴치'라는 일련의 선행지표를 도입했다. 그리고 이들 덕에 네덜란드 병원 전체가 그 뒤를 따랐다.[23]

당연한 얘기지만 병원은 아픈 사람들로 가득하다. 병원균도 득실거린다. 그리고 병원 대부분은 병원감염이 허용 기준치를 넘지 않으면 만족해한다. 그러나 에라스무스 의료원 관리자들처럼 업무 성취도가 높은 팀은 병원감염을 아예 없애려고 노력한다. 이는 중간층을 대대적으로 움직여야 한다는 뜻이다.

에라스무스 팀은 몇 달 안에, 왼쪽으로 퍼진 곡선에서 오른쪽으로 쏠린 곡선으로 옮겨갔다. 병원균에 취약한 환자들이 앓다가 죽는 일이 없어졌다. 다른 병원도 이런 성과를 낼 정도의 노하우는 얼마든지 가지고 있지만, 유명한 켄터키대학교 농구 코치 아돌프 러프의 말대로 "산꼭대기에 있는 사람을 볼 때마다 그가 떨어지지 않았다고 확신"하는 것으로 끝낸다.

중간층을 최고로 끌어올릴 수 있다면, 결과에 미치는 영향은 상당할 것이다. 그러려면 늘 새롭고 더 나은 행동을 유도해야 하고, 그것이 바로 4가지 원칙의 목표이다.

우리 경험으로 보건대, 병원이든, 식료품점 체인이든, 건설 회사든, 호텔이든, 소프트웨어 회사든, 발전소든, 정부 협력업체든, 복합 소매업이든, 그 결과는 어디서나 거의 항상 똑같다. 일관되게 높은 성과를 내는 새로운 문화가 형성된다는 것이다.

그렇게 되기까지는 쉽지 않다. 하룻밤에 될 수 있는 일이 아니다. 4가지 원칙을 실행하고 뿌리내리기까지는 '오랜 시간' 집중과 훈련이 필요하다. 그 과정은 대개 다음 그림처럼 전개된다.

처음에는 성과가 빠르게 좋아지지만, 팀이 이 새로운 사고방식을 적용하는 동안에는 그래프가 평평해진다. 그러다가 4가지 원칙에 익숙해지면서 진짜 성과가 나오기 시작한다.

이 책을 시작할 때, 리더가 가장 어려운 도전에 직면할 때는 인간 행동을 바꾸는 전략을 추진할 때라고 지적한 바 있다.

4가지 원칙은 그런 도전을 한 번도 아니고 거듭 마주해야 하는 체계다. 이제부터는 4가지 원칙을 팀에 어떻게 적용해야 하는지 하나하나 설명하겠다.

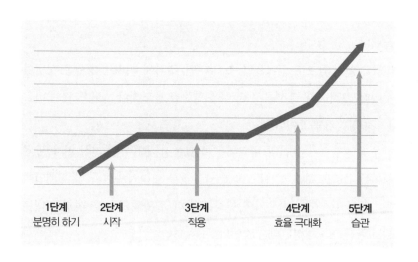

1단계
분명히 하기

2단계
시작

3단계
직용

4단계
효율 극대화

5단계
습관

가장 중요한 목표에 집중하라

→

　최상의 성과를 내는 팀은 가중목을 한두 개 정하는 것에서 시작한다. 가장 중요한 목표에 집중하는 것은 4가지 원칙의 기본이다. 그렇지 않으면 회오리바람에 휩쓸려 길을 잃고 만다.

　목표를 한꺼번에 여러 개 추구하는 팀도 많다. 더러는 10여 개를 추구하기도 하는데, 하나같이 우선순위 1위이다. 물론 그 말은 어느 것도 우선순위 1위가 아니라는 뜻이다.

　어느 고객이 이를 훌륭히 표현했다. "목표가 많으면, 사실 어느 것에도 진짜로 공을 들이지 않는다는 이야기다. 하나에 쏟을 수 있는 힘의 양이 워낙 적어 의미가 없기 때문이다."

　적절한 가중목 선정은 매우 중요하다. 리더들은 가중목을 잘못 선택하거나 달성하지 못했을 때의 결과가 두려워 가중목을 줄이지 않는 경우가 많다. 하지만 가중목을 정했다면 중요한 경기를 시작한 것이다. 득실이 높은 경기이며, 팀이 상황을 뒤바꿀 수도 있는 경기이다. 경기에서 이기려면 원칙 1이 필요하다.

1단계: 가능성을 고려하라

어떤 가중목이 가능할지 생각나는 대로 쏟아놓는 브레인스토밍으로 시작하라. 바람직한 가중목을 안다고 생각했어도 브레인스토밍이 끝날 때면 전혀 다른 가중목이 나오기도 한다. 우리 경험으로 보면, 그런 일은 흔하다.

브레인스토밍 주제나 방식은 조직의 종류에 따라, 그리고 조직에서 팀의 위치에 따라 다르다.

~라면	~하라
목표가 많은 조직에 속한 팀이라면	조직의 여러 목표 중에 어떤 목표가 상대적으로 더 중요한지 의견을 모아라.
조직에서 제일 중요하게 여기는 가중목이 이미 정해져 있다면	정해진 가중목에 어떻게 기여할지 의견을 모아라.
팀이 곧 조직이라면 (소규모 기업이거나 비영리단체라면)	회사를 키우거나 사명을 달성하는 데 가장 큰 영향을 미칠 것이 무엇인지 의견을 모아라.

아이디어 모으기

리더에게는 다음의 3가지 선택사항이 있다.

• 동료 리더들과 브레인스토밍을 하라. 다들 똑같은 조직의 가중목에

집중하고 있다면 더욱 그러하다. 다른 리더들이 내 팀의 운영 방식을 이해하지 못한다는 걱정이 들어도, 그들의 외부 시선은 여전히 소중하다. 내가 그들에게 의존하거나 그들이 내게 의존한다면 더욱 그러하다.

- 팀원이나 대표 집단과 브레인스토밍을 하라. 그들이 가중목 설정에 참여하면, 목표에 주인 의식이 생기는 건 당연하다.
- 혼자 브레인스토밍을 하라. 이후 선행지표를 개발하면서 팀과 함께 그 가중목의 유효성을 따져볼 수 있다.

위에서 아래로? 아래에서 위로?

가중목은 리더에게서 나와야 하는가, 팀에서 나와야 하는가?

4가지 실행 원칙에서, 가중목을 정할 때 리더는 위에서 아래로 전략적 방향을 제시하는 반면 팀원은 활발한 의견을 내놓으면서 가중목에 적극 참여하고 몰입한다.

위에서 아래로: 리더가 팀원의 의견을 수렴하지 않고 가중목을 일방적으로 정하면, 팀원의 주인 의식에 문제가 생긴다. 리더의 권위만으로 책임을 부여하다 보면, 팀원에게서 높은 성과를 끌어내기 어려울 뿐 아니라 지속성, 창조성, 혁신도 기대하기 어렵다.

아래에서 위로: 팀에게서만 나온 가중목은 조직 전체의 가중목과 연관성이 떨어질 수 있다. 강력한 방향 제시가 없다면, 팀은 매번 합의를 이끌어내느라 귀중한 시간과 힘을 낭비할 수 있다.

위에서 아래로 '그리고' 아래에서 위로: 이상적인 상황은 리더와 팀이 가중목을 함께 정하는 것이다. 리더만이 가장 중요한 문제를 명확하게 제시할 수 있다. 리더는 가중목에 궁극적으로 책임이 있지만, 권위만으로 팀원을 참여하게 해서는 안 된다. 목표를 달성하고 팀을 완전히 바꾸려면 가중목을 정할 때 팀원이 적극적으로 의견을 내야 한다. "참여하지 않으면 몰입하지 않는다."

가중목을 찾아내는 질문

다음 3가지 질문은 가중목을 찾는 데 유용하다.

- "조직 전체의 가중목을 달성하기 위해 우리 팀이 가장 개선하고 싶은 분야는 무엇인가?(다른 모든 분야는 그대로라고 가정한다.)"(이 질문은 "우리가 할 수 있는 가장 중요한 일은 무엇인가?"보다 더 유용하다.)
- "조직 전체의 가중목 달성에 지렛대가 될, 팀의 가장 강력한 힘은 무엇인가?"(팀은 이미 잘하고 있는 분야에서 이 물음의 답을 내놓겠지만, 그래도 그 분야에서 성과를 더 끌어올리는 효과를 낼 수 있다.)

- "조직 전체의 가중목 달성을 확실히 하기 위해 팀이 가장 먼저 개선해야 할, 성과가 낮은 분야는 무엇인가?"(개선되지 않으면 조직 전체의 가중목 달성에 실제로 위협이 되는 성과 격차를 둘러싼 의견을 이끌어내는 질문이다.)

가중목 후보를 고작 몇 개 내놓고 결정하지 마라. 이성적으로 내놓을 수 있는 아이디어는 가능한 많이 내놓아라. 우리 경험상, 가중목 후보 목록이 길고 창조적일수록 최후에 선택되는 가중목의 질이 높다.

'어떻게'가 아니라 '무엇'을 생각하라. 가중목 자체에서 가중목을 어떻게 달성할지로 초점을 옮겨가는 흔한 실수를 저질러서는 안 된다. '어떻게'는 가중목 달성으로 이어질 새롭고 더 나은 행동이다. 이는 원칙 2에서 다룰 내용이다.

어느 5성 호텔 체인의 조직 전체 가중목은 "총이윤을 12월 31일까지 5,400만 달러에서 6,200만 달러로 끌어올린다"였다. 다양한 부서가 브레인스토밍에서 자기 팀의 가중목으로 내놓은 의견은 다음과 같다.

객실 관리	고객이 과거의 청소는 청소도 아니라고 느낄 정도로 객실을 깨끗하게 청소한다. 이 분야에서는 우리가 이미 최고지만, 더 좋아지는 그날까지!
레스토랑	인근 지역의 스포츠, 문화 시설과 협력을 맺는다.
대리 주차	고객이 차를 기다리지 않게 한다.
리셉션	빠른 시스템으로 리셉션에서 고객 대기 시간을 줄인다. 리셉션 데스크 앞에서 더 이상 줄을 서는 일이 없게 한다.

팀에 4가지 원칙 정착시키기

행사 관리 팀

수입 늘리기
- 기업 행사와 연례 회의를 늘린다.
- 행사마다 음식과 음료의 평균 판매량을 늘린다.
- 최고급 바를 선택하는 행사 비율을 늘린다.
- 호텔 결혼식을 늘린다.
- '모두 포함' 옵션을 선택하는 행사 비율을 늘린다.

비용 줄이기
- 행사당 시간 초과로 인한 비용을 줄인다.
- 식탁보, 냅킨 등의 비용과 편의시설 비용을 줄인다.
- 전반적인 음식 비용을 줄인다.
- 일시적 서비스 보조와 외부 서비스 노동력 투입 비용을 줄인다.(또는 없앤다.)

행사 관리 부서에서 나온 실제 아이디어 목록을 보자. 이 부서는 수익을 늘려서도, 경비를 줄여서도, 이익에 영향을 줄 수 있기 때문에, 브레인스토밍에서 그 둘을 모두 포함하는 의견을 내놓았다.

2단계: 영향력의 순위를 매겨라

팀의 가중목 후보 목록이 만족스럽다면 '조직 전체의 가중목'에 가장 큰 영향을 미칠 아이디어를 찾아낼 준비를 마친 셈이다.

팀 가중목이 미칠 영향력 계산은 조직 전체 가중목의 성격에 좌우된다.

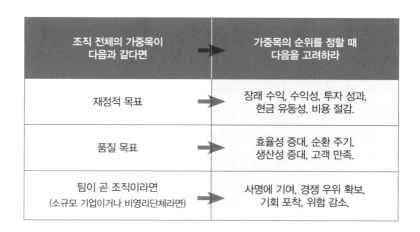

조직 전체의 가중목이 다음과 같다면	가중목의 순위를 정할 때 다음을 고려하라
재정적 목표	장래 수익, 수익성, 투자 성과, 현금 유동성, 비용 절감.
품질 목표	효율성 증대, 순환 주기, 생산성 증대, 고객 만족.
팀이 곧 조직이라면 (소규모 기업이거나 비영리단체라면)	사명에 기여, 경쟁 우위 확보, 기회 포착, 위험 감소.

행사 관리 팀을 운영하는 수전은 모임, 연회, 특별 행사를 맡고 있다. 이들은 1단계로, 전체 수익 가중목에 기여할 팀의 가중목을 찾아보았다.

그리고 그 목록에서 가중목을 추리기 위해 각 목표의 재정적 영향을 계산했다. 팀에 가장 큰 이익을 가져다줄 목표를 골라내기는 어렵지 않지만 그것은 올바른 선택 기준이 아니었다.

진짜 어려운 일은 '조직 전체의 가중목'에 미치는 영향력에 따라 여러 목표의 순위를 매기는 일이었다. 다시 말해, '호텔 전체'에 가장 큰 이익을 가져다줄 목표들을 추리는 일이다. 순위를 정해보니, 기업 행사와 결혼식이 최고 순위에 올랐다. 이때는 다른 지역에서 온 고객이 객실을 예약하고, 레스토랑에서 식사를 하고, 온천 서비스까지 이용하는 등 행사 외에도 수익이 생기기 때문이었다.

그리고 이때 팀의 성과를 개선하되 조직 전체의 가중목 달성과는 무관한 것을 가중목으로 선택하는 오류는 피해야 한다.

결국 수전 팀은 조직 전체의 가중목에 가장 큰 영향을 미칠 2가지 가

행사 관리 팀

수입 늘리기
- 기업 행사와 연례 회의를 늘린다.
- 행사마다 음식과 음료의 평균 판매량을 늘린다.
- 최고급 바를 선택하는 행사 비율을 늘린다.
- 호텔 결혼식을 늘린다.
- '모두 포함' 옵션을 선택하는 행사 비율을 늘린다.

비용 줄이기
- 행사당 시간 초과로 인한 비용을 줄인다.
- 식탁보, 냅킨 등의 비용과 편의시설 비용을 줄인다.
- 전반적인 음식 비용을 줄인다.
- 일시적 서비스 보조와 외부 서비스 노동력 투입 비용을 줄인다.(또는 없앤다.)

중목 후보를 선택했다.

주요 제약회사 한 곳도 이와 똑같은 후보 줄이기 과정으로 가중목을 찾아냈다. "신상품 출시 시간을 약 7년 반에서 5년으로 줄인다." 이 회사 인기 상품의 연간 매출액은 평균 10억 달러가 넘어, "시간은 돈이다"라는 옛말이 이들에게는 결코 괜한 말이 아니다.

의약품 인허가 부서를 책임진 클라이브는 여러 나라의 관련 당국에서 의약품을 승인 받는 과정을 감독한다. 신약을 만들면 매번 나라마다 다른 복잡한 신청 절차를 거쳐야 한다.

1단계에서, 이 팀은 가중목 후보를 다음과 같이 내놓았다.

1. 나라별로 신청 서류를 따로 작성하지 말고, 각국 기준을 모두 충족하는 서류를 작성한다.
2. 전직 인허가 담당자를 컨설턴트로 고용한다.
3. 신청 서류에서 실수를 없앤다.
4. 정부를 상대로 로비를 벌여, 검사를 빨리 끝내도록 검사 기준을 완화해 하루빨리 신약을 시장에 내놓을 수 있게 한다.

어떤 팀원은 가중목 2번 후보를 강력하게 지지했다. 부서에 전문성이 부족하다고 느꼈기 때문이다. 또 어떤 팀원은 정부 기관에 문제가 있다고 생각해, 가중목 4번 후보에 힘을 쏟았으면 했다. 1번 후보도 중요했다. 서로 다른 기준을 너무 많이 마주치다 보면 부아가 치밀기 때문이다.

그런데 "신상품 출시 시간을 줄인다"라는 조직 전체의 가중목에 비쳐 생각해보니, 전에는 눈치채지 못했던 사실을 발견했다.

관련 당국은 인허가 신청서의 실수를 고치고 불분명한 부분을 설명하라며 신청서를 계속 되돌려 보냈다. 여기서 승인 시간이 두 배는 길어지고 있었다.

그렇다면 팀이 집중해야 할 가중목은 3번 후보라는 사실이 자명해졌다.

비슷한 사례로, 스칸디나비아의 어느 대규모 해운회사는 품질 개선, 생산성 향상, 비용 절감을 그해의 3가지 목표로 발표했다.

스테인은 이 회사의 노르웨이 지점에서 컨테이너를 싣고 내리는 일을 맡은 사람이다. 그는 회사 목표가 모호하다는 걸 알았지만, 그래도 자신의 팀이 그 3가지 목표에 크게 기여하고 싶었다.

4가지 원칙 작업 회의에서 그럴듯한 가중목 후보가 쏟아져 나왔는데, 다음은 그중 일부이다.

- 육상 크레인 정비 점검을 늘려 작동 중지 시간을 줄인다.
- 전 직원이 식스시그마 자격증을 획득해 선적 공정을 개선한다.
- 철도 종착점에 창고를 다시 세워, 컨테이너를 선박까지 원활하게 이동한다.

가중목의 각 후보는 회사의 3가지 목표에 한꺼번에 영향을 주지 못하고 셋 중 하나에만 영향을 미쳤다.

스테인은 최근에 인터넷에서 말레이시아 항구에 관한 기사를 읽은 적이 있었다. 한 시간에 옮긴 컨테이너 개수에서 세계 신기록을 세웠다는 기사였다. 그들은 거대한 선박의 하차 작업을 7시간에 끝냈다. 평균의 절반 수준이다.

그는 팀에 이 이야기를 꺼냈다. 팀은 경쟁심에 불타올랐고, 결국 최종 가중목을 이렇게 정했다. "시간당 컨테이너 이동 수를 두 배로 끌어올린다." 생산성과 품질을 극대화해야 하는 작업이었지만, 시간 절감은 자동적으로 비용 절감으로 이어질 것이다.

3단계: 최고의 아이디어를 시험하라

영향력이 큰 가중목 후보를 두어 개 정했다면, 가장 중요한 목표 4가

성과를 내고 싶으면 실행하라

지 기준에 맞는지 시험해보라.

- 팀의 가중목이 조직 전체의 가중목과 어울리는가?
- 측정이 가능한가?
- 결과의 주인은 누구인가? 우리 팀인가, 다른 팀인가?
- 경기의 주인은 누구인가? 팀인가, 리더인가?

조직 전체의 가중목과 어울리는가? 가중목 후보와 조직 전체의 가중목이 매끄럽게 연결되는가? 의미 있는 팀 가중목을 설정하려면 (중심에 위치한) 팀과 조직 전체의 가중목(이 가중목을 알아낼 수 있다면) 사이의 연결고리가 명확해야 한다.

빤한 시험 같지만, 많은 팀이 이 시험에서, 조직 전체의 가중목 달성이 최우선이라는 사실을 잊고 있었다는 데 흥분한다. 팀 가중목 후보가 이 시험을 통과하지 못하면 후보 목록에서 제거하고 그다음으로 영향력이 큰 후보를 선택한다.

측정이 가능한가? 우리 고객의 말처럼 "점수를 기록하지 않으면, 그저 연습일 뿐이다." 점수를 명확히 측정할 수 없는 경기는 절대 중요한 경기가 될 수 없다.

가중목은 '실행 첫날부터' 신뢰할 만한 방법으로 측정해야 한다. 아직 완전히 개발되지 않은 시스템의 성능을 측정할 때처럼, 가중목을 측정하기 전에 상당한 노력이 필요하다면 지금 당장은 그 목표를 빼는 게 옳다. 시스템이 돌아가기 시작하면 그때 다시 생각하더라도 점수를 측정할 수 없는 경기에 시간을 투자하는 것은 낭비이다.

결과의 주인은 누구인가? 적어도 결과의 80퍼센트는 팀이 주인인가? 이 시험은 다른 팀에 크게 의존하는 목표를 제거하기 위한 것이다. 80퍼센트라는 개념적 수치는 팀이 가중목을 달성할 때 다른 팀에 얼마나 의존하게 될지를 판단하는 데 도움이 될 수 있다.

80퍼센트보다 적으면, 어느 팀도 책임지지 않을 것이며 책임 소재도 사라져버릴 것이다.

물론 가중목이 같은 두 팀이 있다면, 공동으로 주인 의식을 발휘해 큰 성과를 낼 수 있다. 단, 그러려면 두 팀이 성공과 실패를 함께한다는 사실을 팀원과 리더가 다 같이 인식해야만 한다.

경기의 주인은 누구인가? 팀인가, 리더인가? 리더의 경기인가, 팀의 경기인가? 이 마지막 시험은 다른 시험보다 애매하지만 중요하기는 마찬가지다. 이 질문은 결과가 리더의 활약에서 나오느냐, 팀의 활약에서 나오느냐를 묻는다.

가중목이 리더의 활약에 지나치게 의존한다면 팀은 금방 경기에 흥미를 잃을 것이다. 팀의 가중목은 리더의 활약에도 의존하지만 주로 팀의 활약에 의존해야 한다.

가중목 후보가 이 3가지 시험 중 어느 하나라도 통과하지 못한다면 그 후보는 다시 생각해야 한다. 팀에게 결함이 있는 경기에서 뛰라고 요구해서는 안 된다. 책임 압박을 받는 상황에서 그런 결함은 금방 두드러질 것이다.

4단계: 가중목을 정의하라

팀의 영향력이 큰 가중목 후보를 선택하고 시험했다면, 그 가중목을 가능한 명확하고 측정 가능하게 정하라. 가중목을 정할 때는 다음 규칙을 따른다.

- 동사로 끝내라.
- '특정 일까지 X에서 Y로'라는 형식으로 후행지표를 정하라.
- 단순하게 표현하라.
- '어떻게'가 아니라 '무엇'에 집중하라.

동사로 끝내라

단순한 동사는 곧바로 행위에 집중하게 한다. 복잡한 동사는 대부분 틀림없이 단순한 동사로 대체할 수 있다.

길고 요란한 도입부 역시 불필요하다. 곧바로 가중목으로 들어가라.

좋은 예	나쁜 예
~비용을 줄인다. ~수익을 올린다. ~고객 만족 점수를 올린다. ~공장 하나를 추가한다. ~제품을 출시한다.	주주의 이익을 높이고, 직원의 경력을 향상시키며, 우리의 핵심 가치에 충실하기 위해, 올해 실행할 가장 중요한 목표는~

후행지표를 정하라

후행지표는 목표 달성을 확인하는 지표다. 팀에게는 정확한 결승선인 셈이다. 아래 예처럼 '특정 일까지 X에서 Y로'라는 형식으로 후행지표를 써보라.

마감 (특정 일까지)	현재 결과 (X에서)	바라는 결과 (Y로)
7월 31일	오류율 11%	오류율 4%
회계연도 말	연간 재고 회전율 8	연간 재고 회전율 10
3년 안	연간 투자수익률 12%	연간 투자수익률 30%

이렇게 나온 가중목은 다음과 같다.

• 발송 오류율을 7월 31일까지 11퍼센트에서 4퍼센트로 줄인다.
• 연간 재고 회전율을 회계연도 말까지 8에서 10으로 올린다.

• 평균 투자수익률을 3년 안에 12퍼센트에서 30퍼센트로 높인다.

단순하게 표현하라

앞에서 직장인의 85퍼센트가 자기 조직의 가장 중요한 목표를 말하지 못한다는 놀라운 사실을 이야기했다. 그 이유는 많겠지만, 조직의 목표가 대부분 모호하고 복잡하고 겉보기만 그럴듯한 것도 한 가지 이유다.

좋은 예	나쁜 예
고객 충성도 점수를 12월 31일까지 40점에서 70점으로 끌어올린다.	"고객과의 관계를 강화하고 질을 높이는 데 전념한다."
고객의 우리 투자 상담 서비스 이용을 이번 회계연도에 25퍼센트 높인다.	"다음 회계연도의 주요 목표는 효과적인 조율로 투자, 기반시설, 접근성 강화를 용이하게 한다."
5년 안에 1천만 달러의 바이오 제품 3가지를 출시한다.	"생명공학을 이용해 바이오 자원에 대한 수요를 해결하는 방식으로 산업 혁신을 꾀하기를 희망한다."

'어떻게'가 아니라 '무엇'에 집중하라

목표는 명확하게 정해놓고, 목표를 어떻게 달성할지에 대한 장황한 설명을 추가해 목표를 복잡하게 만드는 팀이 많다.

목표를 '어떻게' 달성할지는 원칙 2단계에서 선행지표를 만들 때 정한다. 가중목을 정할 때는 오로지 팀이 '무엇'을 달성할지에만 초점을 맞취야 한다.

좋은 예	나쁜 예
고객 유지율을 다음 2년 동안 63%에서 75%로 끌어올린다.	고객에게 특별한 체험을 제공해, 고객 유지율을 다음 2년 동안 63%에서 75%로 끌어올린다.

달성 가능한 가중목인지 반드시 확인하라

리더 중에 팀의 능력을 훨씬 벗어난 목표를 정해놓고, 혼자서 속으로 목표의 75퍼센트만 달성해도 만족이라고 생각하는 사람을 자주 본다. 이런 식의 경기 운영 술수는 참여와 결과를 이끌어내는 리더 자신의 능력을 크게 떨어뜨릴 수 있다.

하지만 오해는 말라. 달성하기 쉬운 목표가 좋다는 뜻은 아니다. 목표를 정할 때는 팀의 성과를 최대한 끌어올릴 수준이어야지, 그 능력을 훨씬 넘어서면 안 된다는 뜻이다. 다시 말해, '가치 있고' '달성 가능한' 가중목을 세워야 한다.

결과물

원칙 1의 결과물은 팀의 가중목과 후행지표다.

호텔에 근무하는 수전이 이끄는 팀은 궁극적으로 '기업 행사를 늘린다'를 가중목으로 선택했다. 그 목표가 더 많은 수익을 내고, 결과적으로 호텔에 더 큰 이익이 되리라고 믿었기 때문이다.

그다음 수전은 후행지표를 고민했다. X와 Y의 간극을 정하는 게 핵심이다. 이 간극은 도전적이어야 하지만 또 현실적이어야 한다. 수전이 준비해야 하는 경기는 중요하면서도 '승리할 수 있어야' 했다.

수전의 팀이 정한 최종 가중목은 의미 있고, 명확하고, 도전적이었다. "기업 행사 수익을 12월 31일까지 2,200만 달러에서 3,100만 달러로 끌어올린다."

원칙 1을 경험한 리더는 이제 이 가중목이 워낙 단순해 가중목 같아 보이지 않는다는 것을 잘 안다. 그러나 팀은 이제 가장 중요한 일에 집중하게 되었고, 그날그날 반드시 해야 하는 업무를 처리하는 와중에도 계속 그 목표에 집중할 것이다. 가중목은 나침반처럼 '가장 중요한' 결과를 향해 분명하고 일관된 방향을 제시한다.

가중목이 프로젝트라면?

가장 중요한 목표가 주요 프로젝트를 성공적으로 완수하는 것일 때도 있다. 이 경우에도 원칙 1은 여전히 유효하지만 결승선인 후행지표를 정할 때는 특히 주의해야 한다.

이제까지 살펴본 후행지표들은 이익, 고객 만족도, 사고 횟수 등 수치에 기초한 지표였다. 그러나 프로젝트가 가중목일 때는 후행지표를 프로젝트 100퍼센트 완수로 정하고 싶게 마련이다. 언뜻 당연해 보일 수 있지만 이는 수치에 기초한 후행지표보다 훨씬 모호하다. 그리고 프로젝트 범위 확장 같은 다른 요소 탓에 100퍼센트 완수는 실제로 측정이 불가능하기 쉽다.

프로젝트의 경우, 해당 프로젝트가 충족해야 하는 '사업 성과'와 관련한 후행지표를 설정하는 게 좋다. 하버드의 전설적인 마케팅 교수 시어도어 레빗Theodore Levitt 의 말처럼 "사람들이 사려는 것은 0.25인치 '드릴'이 아니다. 그들이 원하는 것은 0.25인치 '구멍'이다."[24]

따라서 "새로운 고객관계관리 시스템을 12월 31일까지 완성하고 실행한다"처럼 딱 하나의 후행지표를 정하기보다 다음과 같은 지표를 추가해 후행지표를 좀 더 정확히 하는 게 좋다.

- 명시된 마케팅 기능을 100퍼센트 충족한다.
- 마이크로소프트 아웃룩과의 완벽한 통합을 제공한다.
- 스마트폰과 태블릿 PC에서 완벽하게 작동되게 한다.

이런 형태의 지표는 단순히 프로젝트 완수보다 좀 더 구체적으로 정의된 목표에 초점을 맞추기 때문에 분명한 결승선과 성공의 정확한 지표를 제공한다.(프로젝트 선행지표에 대한 설명은 194~215쪽 참조.)

성과를 내고 싶으면 실행하라

연습

가중목 설정 도구를 이용해 팀의 가장 중요한 목표를 정해보자.

가중목 설정 도구

1. 브레인스토밍으로 가중목 후보를 열거한다.
2. 브레인스토밍으로 각 후보에 맞는 후행지표(특정 일까지 X에서 Y로)를 정한다.
3. 조직에 대한 기여도 또는 조직 전체의 가중목에 대한 기여도에 따라 각 후보의 순위를 정한다.
4. 다음 쪽의 점검 목록을 이용해 각 후보를 점검한다.
5. 최종 가중목을 기록한다.

가중목 후보	마감 (특정 일까지)	현재 결과 (X에서)	바라는 결과 (Y까지)	순위

팀에 4가지 원칙 정착시키기

최종 가중목

성과를 내고 싶으면 실행하라

가중목이 적절한지 점검하기

팀의 가중목과 후행지표가 다음 기준을 충족하는지 체크해보라.

☐ 위에서 아래로, 아래에서 위로, 쌍방향으로 소통하며 아이디어를 모았는가?

☐ 팀의 가중목이 단지 팀의 성과만이 아니라 조직 전체의 가중목 또는 전략에도 명확하고 예상 가능한 영향을 미치겠는가?

☐ 팀의 가중목은 팀이 조직 전체의 가중목 달성에 가장 큰 힘을 발휘할 목표인가?

☐ 팀은 다른 팀에 크게 의존하지 않고도 가중목을 달성할 힘이 있는 게 분명한가?

☐ 팀의 가중목은 리더나 하위 그룹뿐 아니라 팀 전체의 집중을 필요로 하는가?

☐ 후행지표는 '특정 일까지 X에서 Y로'라는 형식으로 쓰였는가?

☐ 가중목은 더 단순하게 표현할 수는 없는가? 명확한 후행지표를 제시하면서 단순한 동사로 끝을 맺는가?

선행지표에 따라 행동하라

→

뛰어난 팀은 가중목에 가장 큰 영향을 미칠 몇 가지 행동, 즉 선행지표에 최선을 다한다. 매우 중요하고 매우 특별한 사실인데도 이를 이해하는 사람이 워낙 적어 우리는 이 점을 훌륭한 실행의 비결로 꼽는다. 후행지표는 목표를 '달성했다'고 알려주는 반면, 선행지표는 목표를 '달성할 것 같다'고 알려준다. 선행지표를 이용해, 가중목 달성에 가장 강력한 지렛대가 될 활동을 추적할 수 있다.

다음 표에서 보듯이 선행지표는 반드시 가중목 달성을 '예측할 수 있어야' 하고, 팀에 '영향을 받아야' 한다.

예에 나온 선행지표는 모두 예측력이 있고 팀의 영향을 받는다. 팀은 선행지표에 따라 행동할 수 있고, 그러면 결국 후행지표를 움직일 것이다.

선행지표에 따라 행동하는 것은 최상의 성과를 내는 데 필수지만, 팀에 4가지 원칙을 정착시킬 때 가장 힘든 과정이기도 하다.

그 이유는 3가지 정도로 요약할 수 있다.

팀	후행지표	선행지표
병원 품질 향상 팀	병원 사망률을 올해 4%에서 2%로 낮춘다.	감염 위험이 높은 환자는 하루에 두 번, 폐렴 방지 협약에 따라 검사한다.
해운회사 운송 팀	트럭 운반 비용을 이번 분기에 12% 줄인다.	트럭 운반의 90%는 트럭을 가득 채운다.
레스토랑	평균 식사 금액을 연말까지 10% 늘린다.	테이블의 90퍼센트에 오늘의 특별 칵테일을 추천한다.

- **선행지표는 반직관적일 수 있다.** 대부분의 리더는 궁극적으로 중요한 최종 결과인 후행지표에 집중한다. 지극히 자연스러운 현상이다. 그러나 후행지표는 '실천' 기준이 될 수 없다. 나중에 일어나는 결과이기 때문이다.
- **선행지표는 추적하기가 어렵다.** 선행지표는 기존과 다른 새로운 행동지표이며, 행동을 추적하기는 결과를 추적하기보다 훨씬 어렵다. 선행지표를 추적하는 체계가 전혀 마련되지 않은 경우도 많은데, 그때는 그런 체계를 새로 만들어야 한다.
- **선행지표는 지나치게 단순해 보일 때가 많다.** 선행지표는 (실제로는 중요한 행동인데도) 특히 팀에 속하지 않은 사람이 보기에는 중요하지 않은 듯한 특정 행동에 집중하게 한다.

예를 들어, 어떤 상점은 판매를 높이기 위해, 잘 나가는 제품이 품절되는 횟수를 매주 20건 이하로 제한한다는 선행지표를 정했다. 이런 아주 흔한 지표가 중요한 변화를 이끌어낼 수 있을까? 이런 일은 진작 실천해야 하지 않나? 하지만 이런 단순한 지렛대도 일관되게 적용하지 않으면, 원하는 제품을 찾지 못한 손님이 발길을 끊을 것이다.

선행지표는 해야 한다고 알고 있는 것과 실제로 하고 있는 것의 간극을 줄이는 것일 때가 많다. 단순한 지렛대가 거대한 바위를 움직이듯 좋은 선행지표는 강력한 지렛대 효과를 발휘한다.

선행지표의 2가지 유형

강력한 실행 추진력인 선행지표를 정하기 전에 그 유형과 특성을 좀 더 이해하는 게 좋겠다. 우선 선행지표에는 '성과 중심'과 '행동 중심'의 2가지 유형이 있다.

'성과 중심'은 주간 성과 달성에 집중하되, 그 달성 방법을 팀원 스스로 선택하도록 각 팀원에게 재량권을 주는 선행지표다. "매주 품절 횟수를 20회 이하로 제한한다"는 다양한 행위를 적용할 수 있는 성과 중심 선행지표다. 이 선행지표를 채택한 팀은 어떤 행위를 선택하든 결과를 내놓을 궁극적 책임이 있다.

'행동 중심'은 리더가 한 주 동안 팀에게 바라는 특정 행동을 추적하는 선행지표이다. 팀 전체가 꾸준히 일관된 질을 유지하며 그 새로운 행동을 실천하게 하는 지표로, 행동의 실천 정도를 명확히 측정한다. 행동 중심 선행지표를 정했다면 팀은 결과를 내기보다 그 행위를 실천하는 책임을 진다.

원칙 2에서 2가지 선행지표는 '똑같이 유효'하며, 결과를 이끌어내는 강력한 추진력이다.

가장 중요한 목표

> 월 평균 사고 건수를
> 2011년 12월 31일까지
> 12건에서 7건으로 줄인다.

성과 중심	행동 중심
선행지표 전 규정을 매주 평균 97퍼센트 준수한다.	**선행지표** 전 직원의 95퍼센트가 날마다 보호 장화를 착용한다.

이 사례는 사고 줄이기가 가장 중요한 목표였던 영거 브라더스 컨스트럭션에서 우리가 실행했던 선행지표다. 이들은 새로운 여러 행동을 동시에 실천해야 하는 "안전 규정 준수"라는 성과 중심 선행지표를 선택했다.

만약에 팀이 이렇게 많은 행동에 한꺼번에 집중하지 못할 것이라고 생각했다면, 가령 (6가지 안전 규정 중 하나인) 보호 장화 착용 같은 행동 중심 선행지표 하나로 시작해 차츰 여러 행동을 통합하면서 그것을 팀의 새로운 습관으로 정착시키는 방법을 택했을 것이다.

가장 중요한 목표

> 주 평균 판매량을 2011년
> 12월 31일까지 100만 달러에서
> 150만 달러로 늘린다.

성과 중심	행동 중심
선행지표 잘 나가는 제품이 품절되는 횟수를 매주 20건 이하로 제한한다.	**선행지표** 날마다 진열대 2곳을 추가로 점검해, 잘 나가는 제품이 품절되지 않게 한다.

이 사례는 우리가 함께 작업한 대규모 식료품점 체인에서 실행했던 선행지표로, 이곳에서 판매 증가를 이끌어낸 가장 강력한 요인 하나는 가장 잘 나가는 제품을 고객이 언제든지 살 수 있게 한 것이다. 이들은 행동 중심에 초점을 맞추기로 하고, 모든 팀원이 참여할 수 있는 "진열대 2곳 추가 점검하기"를 선행지표로 정했다.

2가지 사례에서 강조하고 싶은 것은 선행지표의 2가지 유형 모두 팀이 목표 달성을 하는 데 확실한 지렛대가 되어준다는 점이다. 문제는 어느 선행지표가 더 좋은가가 아니라, 어느 선행지표가 '우리 팀'에 더 좋은가이다.

그렇다면 강력한 지렛대로서의 선행지표를 찾아내는 단계를 알아보자.

성과를 내고 싶으면 실행하라

1단계: 가능성을 고려하라

가능한 선행지표를 모두 쏟아놓는 브레인스토밍으로 시작하라. 빨리 찾아내려는 유혹을 뿌리쳐라. 우리 경험으로 보건대, 선행지표 후보가 많이 나올수록 질이 높아진다.

아래는 선행지표를 찾아낼 때 도움이 되는 질문이다.

- "우리가 할 수 있는 일 가운데 전에 한 번도 해본 적 없지만 가중목에 큰 영향을 미칠 행동은 무엇일까?"
- "가중목을 움직일 지렛대가 될 수 있는 우리 팀의 저력은 무엇일까? 우리만의 '우수 분야'는 무엇일까? 최고의 성과를 내는 우리 팀원들이 행동을 바꿔볼 수 있는 부분은 무엇일까?"
- "가중목 달성을 어렵게 하는 우리 팀의 약점은 무엇일까? 우리가 좀 더 지속적으로 할 수 있는 일은 무엇일까?"

한 예로, 어느 식료품점은 이런 가중목을 내걸었다. "해마다 판매량을 5퍼센트씩 늘인다." 이에 따른 선행지표 후보는 다음 표와 같다(200쪽).

선행지표를 정할 때는 오직 가중목 달성에 도움이 될 아이디어에 집중하라. 가중목에 영향을 미치지 않는 단순히 좋은 행동을 두고 일반론적인 토론을 벌이지 않도록 하라. 그렇지 않으면, 가중목과 관련 없는 긴 목록만 남게 될 것이다.

생산적인 선행지표를 보여주는 유명한 사례는 3M3M Company 의 15퍼센트 규칙이다. 이 뛰어난 기업은 수십 년간 우수한 신제품을 쉬지 않고 내놓는다는 전략적 가중목을 추진해왔다. 이들은 이 목표 달성을 위해,

새롭고 더 나은 행위 찾아내기
• 사람이 가장 많이 몰리는 오후 5~7시에 고객을 도와 물건을 찾아준다. • 문자와 이메일로 주문을 받아 고객이 오면 바로 찾아가도록 준비해놓는다.
우수 분야 활용하기
• 매월 모든 부서가 신제품을 독창적으로 새롭게 진열한다. • 제빵 부서에서 사용하는 고객 서비스 점검 목록을 모든 부서에 적용한다.
일관성 유지하기
• 품절된 물건이 없는지 2시간마다 진열대를 점검한다. • 줄을 서는 고객이 항상 2명을 넘지 않게 한다.

연구팀이 근무 시간의 15퍼센트를 자신이 선택한 프로젝트에 투자한다는 선행지표를 채택했다. 짐 콜린스Jim Collins는 이렇게 말한다.

"어느 누구도 어떤 제품을 연구하라고 지시받지 않는다. 다만 일하는 시간을 지시받을 뿐이다. 이런 식의 느슨한 통제 덕에 그 유명한 포스트잇 메모지부터 반사 번호판, 그리고 수술 중에 인간의 심장 기능을 대신하는 기계 등 덜 알려진 제품에 이르기까지 수익성 높은 혁신적 제품을 끊임없이 내놓았다. 15퍼센트 규칙을 도입한 이후로 3M의 판매와 소득은 40배 이상 뛰었다."[25]

3M의 15퍼센트 규칙처럼 이상적인 선행지표는 가중목 달성에 대단히 큰 효과를 발휘하고, 선행지표의 통제권이 팀에게 달렸다.

2단계: 영향력의 순위를 매겨라

선행지표 후보 목록이 만족스러우면, 이제 그중에서 팀의 가중목에 가장 큰 영향을 줄 후보를 찾아내면 된다.

수익성을 높인다는 호텔 가중목에 기여하기 위해 행사 관리 팀은 가중목을 이렇게 정했다. "기업 행사 수익을 12월 31일까지 2,200만 달러에서 3,100만 달러로 끌어올린다."

수전은 팀과 4가지 원칙 작업 회의를 하며 브레인스토밍을 실시해 이 가중목을 달성하기 위한 선행지표를 이끌어냈다.

행사 관리 팀

가중목: 기업 행사 수익을 12월 31일까지 2,200만 달러에서 3,100만 달러로 끌어올린다.

선행지표 후보

- 현장 방문을 더 많이 유도한다.
- 지역에 있는 새로운 기업과 관계를 맺는다.
- 기존 고객과의 추가 행사 기회를 탐색한다.
- 기업 행사 무역박람회에 참석한다.
- 새로운 마케팅 프로그램을 개발하고 실행한다.
- 연회 음식 옵션을 개선한다.
- 더 비싼 상품인 최고급 바 패키지를 판매한다.
- 더 고가의 확장된 시청각 패키지를 권유한다.
- 제안의 질을 높인다.
- 회의 기획자 협회에 가입해 회의에 참가한다.
- 다른 호텔에 빼앗긴 예전 고객에게 연락해 솔깃한 제안으로 그들을 다시 끌어온다.

이제 수전 팀은 팀의 가중목 달성에 가장 큰 영향을 미칠 3가지 아이디어에 집중했다.

1. **현장 방문 횟수를 늘린다.** 수전 팀의 경험상, 고객을 호텔로 찾아오게 하면 행사 계약을 따낼 확률이 급격히 높아졌다.
2. **더 비싼 상품인 최고급 바 패키지를 판매한다.** 최고급 바 패키지로 등급을 올려 팔면 이윤이 가장 높기 때문에, 이 패키지로 업그레이드하는 행사를 할 때마다 수입뿐 아니라 이익도 함께 올라갔다.
3. **제안의 질을 높인다.** 상품 제안은 판매 과정에서 최종 단계이다 보니, 이 단계까지 진척되었다면 구매로 이어질 확률도 높다. 이때 핵심은 상품을 제안할 때 고품격 제안 기준 항목을 준수하는 것이다.

주의사항

선행지표 후보 목록을 작성하고는 "이걸 다 해야 합니다"라고 말하는 팀을 자주 본다. 목록에 있는 것들은 하나같이 실천하면 좋은 것이 분명하지만, 많은 것을 하려 들수록 한 가지에 쏟을 힘은 줄어든다.

그리고 몇 가지 선행지표에 집중할수록 지렛대 힘도 더 강해진다. 우리가 흔히 하는 말처럼 "바위를 조금 움직이려 해도 지렛대는 많이 움직여야 한다." 다시 말해, 후행지표를 움직이려면 선행지표를 강하게 밀어붙여야 한다. 이때 선행지표가 너무 많으면 그 힘이 분산되게 마련이다.

3단계: 최고의 아이디어를 시험하라

강력한 지렛대로서의 선행지표를 두어 개 찾아냈다면, 다음의 6가지 기준에 맞는지 시험해보라.

- 예측력이 있는가?
- 팀의 영향을 받는가?
- 계속 진행하는 과정인가, '한 번에 끝내기'인가?
- 리더의 경기인가, 팀의 경기인가?
- 측정이 가능한가?
- 측정할 가치가 있는가?

가중목 달성을 예측하는 지표인가?

선행지표 후보를 두고 가장 먼저 시험해야 하는 가장 중요한 항목이다. 이 시험을 통과하지 못한 후보는 아무리 좋은 아이디어라도 목록에서 제거한 뒤, 브레인스토밍 목록에서 그다음으로 영향력이 높은 항목을 택하라.

팀이 지표에 영향을 미칠 수 있는가?

영향을 미친다는 것은 팀이 그 지표의 최소 80퍼센트를 통제할 수 있다는 뜻이다. 이 시험으로 원칙 1에서처럼 다른 팀에 크게 의존하는 후보를 제거할 수 있다.

다음 표는 수전의 행사 관리 팀이 통제할 수 없는 후행지표의 대안으로 제안했을 법한 선행지표 후보다.

이상적인 선행지표는 후행지표를 움직이는 행위이며, '다른 팀에 크게 의존하지 않고' 쉽게 채택할 수 있는 행위여야 한다는 점을 명심하라.

영향을 미칠 수 없는 후행지표	영향을 미칠 수 있는 선행지표
식음료 수익성을 20퍼센트 높인다.	더 비싼 상품인 최고급 바 패키지를 판매하고 연회 옵션을 개선한다.
예전 고객을 다시 끌어온다.	다른 호텔에 빼앗긴 예전 고객에게 연락해 솔깃한 제안으로 그들을 다시 끌어온다.
회의 예약을 늘린다.	협회의 월간 모임을 기획하는 회의에 적극 참여한다.

계속 진행하는 과정인가, '한 번에 끝내기'인가?

이상적인 선행지표는 후행지표를 꾸준히 개선할 몸에 밴 행동 변화이다. 어떤 행위가 채택되어 후행지표를 일시적으로 개선한다 해도 그 행위는 행동 변화도 아니고 팀의 문화에 영향을 미치지 못하는 수도 있다.

다음 표는 수전의 팀에서 사용했을 법한, 그리고 이 시험에서 나타나는 중요한 차이를 잘 보여주는 예다.

계속 진행하는 과정 (좋은 예)	한 번에 끝내기 (나쁜 예)
모든 고객에게 우리의 시청각 설비를 알리고 고객별 맞춤 장비를 제공한다. 연회 테이블 차림 점검 목록을 100퍼센트 준수한다.	시청각 설비 수준을 전반적으로 높인다. 연회 테이블 차림 기준을 준수하도록 훈련한다.
상업회의소 회의에 모두 참석하고, 우리 도시에 새 지점을 연 회사는 빠짐없이 접촉한다.	상업회의소에 가입한다.

성과를 내고 싶으면 실행하라

한 번에 끝내는 선행지표는 일시적 변화(어쩌면 큰 변화)를 일으킬 수 있지만, 팀에 습관으로 굳어진 행동 변화만이 영구적인 개선을 이끌어 낼 수 있다.

리더의 경기인가, 팀의 경기인가?

팀의 행동이 선행지표를 움직여야 한다. 리더만(또는 어느 한 개인만) 선행지표를 움직일 수 있다면, 팀은 금세 경기에 흥미를 잃을 것이다.

예를 들어, 품질을 높인다는 계획을 세웠다면 리더가 그 과정을 자주 점검해야 하고, 그러다보면 점검 결과는 꾸준히 개선된다.

이때 잦은 점검을 선행지표로 정한다면 리더만 점검할 수 있다는 점에서 이 시험을 통과하지 못한다. 하지만 모든 점검 결과에 적절한 방식으로 대응하는 것을 선행지표로 정한다면, 그 경기는 팀이 뛰는 경기가 된다. 점검 점수를 끌어올리는 행위에는 모든 팀원이 참여하기 때문이다.

반면에 공석을 메운다든가 초과근무 시간을 줄인다든가 일정을 개선한다든가 하는 선행지표는 대부분의 조직에서 리더가 뛰는 경기이다. 선행지표는 팀을 가중목에 연결하지만, 오직 팀이 뛰는 경기일 때라야 그렇다는 점을 명심하라.

측정이 가능한가?

앞에서도 말했듯이 선행지표 수치는 얻기 힘들고, 팀은 대개 선행지표를 추적하는 체계가 없다. 하지만 후행지표를 달성하려면 반드시 선행지표를 제대로 추적해야 한다.

팀의 가중목이 정말로 대단히 중요하다면, 새로운 행동을 측정할 방법을 찾아야만 한다.

측정할 가치가 있는가?

선행지표가 미치는 영향력의 가치보다 그것을 달성하는 데 드는 노력이 더 크다거나, 선행지표가 의도치 않은 심각한 결과를 초래한다면, 선행지표 시험에서 탈락이다.

예를 들어, 어느 대형 패스트푸드 업체가 사람들을 고용해 가맹점을 정기적으로 돌며 회사 기준을 준수하는지 조사하게 했다. 이들은 흔히 스파이로 간주되었다. 팀원들은 무시당하는 기분이었다. 회사 리더들은 이런 조사관을 대대적으로 고용하는 직접적 비용 외에도 불신이 고조되고 사기가 떨어지는 비용까지 감수해야 했다.

궁극적으로 수전의 행사 관리 팀이 개발한 선행지표는 이 모든 시험을 통과했다. 이 과정에서 이들은 고객을 현장에 찾아오게 하면 거의 매번 계약을 따낸다는 사실을 알게 됐다.

그래서 현장 방문을 더 많이 유도하고 방문한 고객에게 행사를 제안하는 데 집중하기로 했다.

4단계: 선행지표를 정하라

선행지표를 최종적으로 정할 때 다음 질문에 답해야 한다.

팀의 성과를 추적하는가, 개인의 성과를 추적하는가?

이 선택은 점수를 기록하고, 점수판을 설계하고, 궁극적으로는 팀이 어떤 식으로 책임 부담을 안을 것인가에 영향을 미친다.

개인의 성과를 추적한다면 책임 부담은 최고 수준에 이르겠지만 모든 팀원이 똑같이 성과를 내야 하기 때문에 경기를 승리로 이끌기 어렵다. 반면에 팀의 성과를 추적한다면 개인차를 인정하면서 팀 전체가 성과를 낼 수 있다.

선행지표를 매일 측정하는가, 매주 측정하는가?

참여도를 최대한 이끌어내려면 팀원이 선행지표 변화를 적어도 매주 볼 수 있어야 한다. 그렇지 않으면 금방 흥미를 잃고 만다. 선행지표를 날마다 추적한다면 책임 부담이 최고 수준에 이른다. 주 단위로 추적할 때는 한 주간의 성과만 달성한다면 그날그날의 성과는 달라도 상관없지만, 날마다 추적한다면 모든 직원이 매일 똑같은 성과를 내야 하기 때문이다.

다음은 '똑같은 선행지표'를 팀 단위와 개인 단위로 측정할 때, 매일 추적할 때와 매주 추적할 때를 비교한 예다.

개인 단위 측정	팀 단위 측정	
직원당 하루에 고객 20명에게 반갑게 인사하고 도움을 준다.	팀 전체가 하루에 고객 100명에게 반갑게 인사하고 도움을 준다.	매일 측정
직원당 한 주에 고객 100명에게 반갑게 인사하고 도움을 준다.	팀 전체가 한 주에 고객 700명에게 반갑게 인사하고 도움을 준다.	매주 측정

개인 단위 측정	팀 단위 측정	
• 모든 팀원이 선행지표를 달성해야 한다. • 성과를 개인별로 추적하면 개인의 책임 부담이 대단히 높다. • 점수는 매우 세밀하게 기록한다.	• 목표를 달성하지 못한 팀원이 있어도 팀은 경기에서 승리할 수 있다. • 성과가 높은 사람은 성과가 낮은 사람을 보완할 수 있다.	매일 측정
• 개인은 하루 목표량을 달성하지 못해도 주간 목표를 달성할 수 있다. • 모든 팀원이 목표를 달성해야 팀이 경기에서 승리한다. • 점수는 세밀하게 기록한다.	• 팀은 하루 목표량을 달성하지 못해도 주간 목표를 달성할 수 있다. • 성과가 높은 사람은 성과가 낮은 사람을 보완할 수 있다. • 팀은 이기면 다 함께 이기고 지면 다 함께 진다.	매주 측정

의사 결정 과정에서는 다음 사항을 고려해야 한다.

양적 기준은 무엇인가?

다른 말로 하면, "얼마나 많이, 얼마나 자주, 얼마나 꾸준히 해야 하는가?"

영거 브라더스의 선행지표는 6가지 안전 규정을 97퍼센트 준수하는 것이었다. 그들은 97퍼센트에 어떻게 도달했을까? 당신이라면 어떻게 도달하겠는가?

이는 가중목이 얼마나 다급하고 얼마나 중요한가에 달렸다. 바위를 조금이라도 움직이려면 지렛대를 많이 움직여야 한다는 사실을 기억하라. 안전 규정 준수가 67퍼센트에 그쳤다면, 97퍼센트로 끌어올릴 경우

바위를 많이 움직일 것이다. 게다가 목숨이나 신체 일부가 걸린 문제라면 바위는 좀 더 극적으로 움직여야만 한다. 팀이 도전할 숫자를 선택하되, 달성이 불가능한 숫자는 곤란하다.

한 예로, 네덜란드에서는 병원에 입원하는 환자는 빠짐없이 감염 방지 소독 과정을 거치는데, 병원감염 추방에 핵심이 되는 선행지표다. 모든 환자를 소독하려면 당연히 시간과 힘이 많이 소모된다. 병원감염에 대단히 관대하거나 그런 문제가 적은 나라라면 모든 환자가 아니라 일부 환자만 검사할 것이다. 이런 병원에서는 병원감염 제로가 가중목이 아니다.

때로는 시행착오를 거쳐 적절한 숫자를 발견하기도 한다. 건축 자재를 취급하는 우리 고객은 매주 세일 전에 단체 이메일을 두 차례 보냈지만 별다른 반응이 없었다. 그러다가 시험 삼아 단체 이메일을 세 차례 보내자 주문이 폭주했다. 단체 이메일을 두 번이 아닌 세 번 보내는 것에 어떤 마법이 숨어 있던 모양이다. 정말 모를 일이다.

팀이 이미 하고 있는 활동을 선행지표로 정하려면, 성과 수준이 지금보다 훨씬 높아져야 한다. 그렇지 않으면 정신 이상자에게서나 볼 법한 행동을 하게 될 것이다. "늘 하던 대로 행동해놓고 다른 결과 기대하기."

질적 기준은 무엇인가?

다른 말로 하면, "얼마나 잘해야 하는가?"

모든 선행지표가 이 질문에 답을 해야 하는 것은 아니다. 그러나 영향력이 큰 선행지표라면 대개 '얼마나 자주' 또는 '얼마나 많이'뿐만 아니라 '얼마나 잘'해야 하는가에 대한 기준도 세운다.

영거 브라더스에서는 6가지 안전 규정이 선행지표의 질적 구성 요소다. 린 제조방식 작업장에서 일하는 팀에게는 가치 흐름 지도value stream map(린 제조방식을 쓰는 곳에서, 제품이 생산되어 고객에게 도달하기까지의 전 과정을 아이콘과 간단한 설명을 넣어 알기 쉽게 표시한 것―옮긴이)에 충실한 것이 질적 요소일 수 있다.

동사로 끝나는가?

단순한 동사는 곧바로 행위에 집중하게 한다.

가장 중요한 목표	선행지표
새로운 수익을 분기 말까지 200만 달러 창출한다.	전화를 한 주에 500통 이상 한다.
낙찰 성공 확률을 이번 회계연도에 75퍼센트에서 85퍼센트로 끌어올린다.	모든 제안은 우리의 양질의 제안서 작성 기준을 98퍼센트 준수하도록 한다.
고객 충성도 점수를 2년 안에 40에서 70으로 개선한다.	서버 가용성을 매주 99퍼센트 달성한다.
올해 재고 회전율을 8에서 10으로 끌어올린다.	특별 제품을 제안할 때마다 이메일을 3번 보낸다.

단순한가?

선행지표는 가급적이면 단어를 적게 써서 표현하라. 이를테면 "가중목을 달성하고 고객의 기대를 넘어서기 위해 우리는……" 같은 도입부

를 넣지 말라. "우리는" '뒤'에 올 말이 선행지표이고, 그 부분만 이야기
하면 그만이다. 명확히 표현한 가중목에는 도입부에서 할 말이 거의 다
들어 있다.

과정 지향적 선행지표에 대하여

강력한 선행지표를 찾아내는 또 하나의 방법은 지금 하는 일을 일련
의 과정으로 보는 것이다. 가중목이 과정에서 나왔을 때는 더욱 그러하
다.(판매 과정에서 나온 매출액 가중목, 제조 과정에서 나온 품질 가중목, 프로
젝트 관리 과정에서 나온 프로젝트 완수 가중목 등)

다음 예는 11단계 기본 판매 과정이다.

일련의 과정은 항상 똑같은 문제를 던진다. 이 과정으로 결과를 얻을
수 있을까? 이 과정을 따라갈 수는 있을까? 이 과정이 과연 옳을까?

모든 과정에는 지렛대를 써야 할 지점, 즉 상황이 불안정해지는 중요한 단계가 있게 마련이다. 이 지점이 선행지표가 된다면 팀은 그곳에 응축된 힘을 쏟을 수 있다.

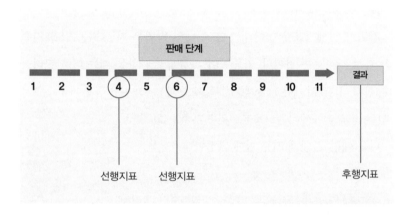

이 표를 보면, 팀은 욕구 분석(4단계)과 사업 설명(6단계)을 아주 잘 해내면 결과에 대단히 큰 영향을 미칠 것이라고 판단했다. 이곳에 내기를 건 셈이다.

팀은 이제 지렛대를 써야 할 지점을 선행지표로 정한다. 이들은 이렇게 물을 것이다. "욕구 분석을 잘했는지 어떻게 측정하는가?" "사업 설명을 잘했는지 어떻게 아는가?" 이런 종류의 선행지표는 전 과정을 동시에 개선하자고 제안하는 것보다 훨씬 더 효과적이다. 전 과정을 변화시키려면 리더는 힘을 분산하게 되고, 팀은 예전 습관을 결코 버리지 못한다.

4가지 원칙을 실행하는 리더는 전체 과정 중 가장 중요한 지점에 집중한 뒤, 두 번째로 중요한 지점으로 옮겨간다.

프로젝트에서 중요한 단계가 좋은 선행지표가 될 수 있는가?

가중목이 단일한 프로젝트라면, 그 프로젝트에서 중요한 단계도 효과적인 선행지표가 될 수 있다. 하지만 그전에 주의 깊게 살펴야 한다. 그 중요한 단계가 프로젝트의 성공을 '예측할 수 있고'(프로젝트 후행지표에 관한 설명은 189쪽 참조) 팀에 '영향을 받는다'면 선행지표가 될 확률이 높다. 이때 그 단계가 그것과 관련해 주간 공약을 정할 수 있을 정도로 '중요해야' 한다. 그렇지 않고 너무 소규모거나 하찮으면 주간 공약을 정하기 어렵다. 그 중요한 단계의 일을 완수하기까지 6주가 안 걸린다면 좋은 선행지표가 될 정도로 중요하지 않은 일이기 쉽다.

가중목이 여러 개의 프로젝트로 이루어졌다면, 모든 프로젝트를 성공적으로 수행하기 위해 적용하는 절차를 선행지표로 삼기 쉽다. 이를테면 프로젝트의 공식적 범위 설정, 필요한 기능 정의, 프로젝트 의견 교환, 시험 절차 등이다. 이때는 프로젝트의 여러 절차 중에 '예측력이 가장 높고' 팀의 '영향을 가장 많이 받는' 요소를 선택해야 한다.

결과물

원칙 2의 결과물은 가중목과 관련한 후행지표를 움직일 몇 가지 선행지표이다.

수전 팀의 최종 선행지표는 명확하고도 대단히 도전적이었다.

- 직원당 양질의 현장 방문을 한 주에 2건 완수한다.
- 모든 행사의 90퍼센트에서 더 비싼 상품인 최고급 바 패키지를 판매한다.

원칙 2는 수전에게 명확하고, 간결하고, 측정 가능한 전략을 세우게 해, 팀의 성과를 높이고 '더불어' 호텔 차원에서도 최고의 결과를 이끌어 낸다.

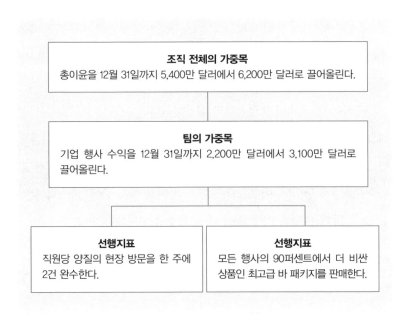

많은 팀이 원칙 2에 흥미를 느끼는데, 여기에는 그럴 만한 이유가 있다. 팀은 정해진 결승선이 있는 명확한 가중목뿐 아니라 가중목을 달성할 세심히 설계된 선행지표를 갖게 되기 때문이다. 많은 이들에게 이 선행지표는 이제까지 경험하지 못한 '실행 가능성'이 가장 높은 계획이다. 이들은 가중목을 실행할 만반의 준비를 갖추었다고 자부하면서 이제부터는 모든 일이 순조롭게 진행되리라고 생각한다.

하지만 그건 큰 오산이다.

이들은 이제 막 훌륭한 경기를 짜놓았지만, 원칙 3을 실행하지 않는다면 이 경기는 며칠 지나지 않아 회오리바람 속으로 사라질 것이다.

연습

선행지표 설정 도구를 이용해 가중목을 이행할 선행지표를 정해보자.

선행지표 설정 도구

1. 가장 중요한 목표와 후행지표를 맨 위에 적는다.
2. 브레인스토밍으로 선행지표 후보를 열거한다.
3. 브레인스토밍으로 각 선행지표 후보를 측정할 방법을 열거한다.
4. 가중목에 영향을 미치는 정도에 따라 각 후보의 순위를 정한다.
5. 다음 쪽의 점검 목록을 이용해 각 후보를 점검한다.
6. 최종 선행지표를 기록한다.

선행지표 후보	측정 방법	순위

최종 선행지표

_____

_____

_____

_____

성과를 내고 싶으면 실행하라

선행지표가 적절한지 점검하기

팀의 선행지표가 가중목의 후행지표를 움직일지 다음 항목을 체크해보라.

☐ 팀과 그 밖의 사람들에게서 선행지표에 관한 조언을 충분히 수집했는가?

☐ 선행지표가 예측력이 있는가? 다시 말해, 팀의 가중목 달성에 가장 크게 기여하는가?

☐ 선행지표가 팀의 영향을 받는가? 다시 말해, 팀은 선행지표를 움직일 힘이 있는가?

☐ 선행지표가 정말로 측정 가능한가? 실행 첫날부터, 선행지표에 따라 성과를 추적할 수 있는가?

☐ 선행지표가 추구할 가치가 있는가? 아니면 선행지표의 가치에 비해 선행지표 수치를 수집하는 비용이 더 크겠는가? 이 지표가 의도치 않은 결과를 낳겠는가?

☐ 각 선행지표는 단순한 동사로 끝나는가?

☐ 품질 측정을 비롯해 모든 측정은 수치화되는가?

팀에 4가지 원칙 정착시키기

점수판의 강점을 활용하라

원칙 3은 참여 원칙이다. 원칙 1과 원칙 2에서 명확하고 효과적인 경기를 준비했어도 팀이 마음으로 끌리지 않으면 경기에 최선을 다하지 않을 것이다. 흔히 경기에서 이기고 있는지 지고 있는지를 알 수 없을 때 이런 일이 일어난다.

팀의 마음을 끄는 가장 확실한 방법은 눈에 잘 띄는 커다란 점수판에 점수를 꾸준히 갱신해가며 참가자들에게 강한 인상을 심어주는 것이다. 점수판을 이토록 강조하는 이유가 무엇일까?

프랭클린코비에서 최근에 소매업체를 조사한 결과, 실적이 우수한 상위 업체의 73퍼센트가 다음 말에 동의했다. "우리의 성공 지표는 눈에 잘 띄고, 언제든지 볼 수 있으며, 계속 새로 집계된다." 실적이 낮은 하위 업체 중에는 33퍼센트만이 이 말에 동의했다. 상위 업체는 하위 업체보다 2배 이상 점수판을 확인하고 갱신하면서 경기에서 이기고 있는지 지고 있는지를 점검한다는 이야기다. 왜 그럴까?

다음 3가지 원칙을 상기해보자.

사람들은 '스스로' 점수를 기록할 때 경기에 임하는 자세가 달라진다.

점수를 기록하는 사람이 없다면, 사람들은 최선을 다하지 않는다. 인간은 원래 그렇다. 그런데 이 문장의 방점에 주목하라. 사람들은 '스스로' 점수를 기록할 때 경기에 임하는 자세가 달라진다. 리더가 팀의 점수를 기록하는 경기와 팀원이 서로 점수를 기록하는 경기는 사뭇 다르다. 팀원이 점수를 기록하면 결과에 책임의식을 느낀다. 그리고 그들의 경기가 된다.

코치 점수판은 선수 점수판이 아니다.

코치 점수판은 복잡하고 수치가 가득하다. 반면에 선수 점수판은 단순하다. 선수들이 현재 이기고 있는지 지고 있는지를 보여주는 몇 가지 수치가 전부이다. 2가지 점수판은 목적이 다르다. 리더는 선수를 지도할 수는 있지만, 선수가 참여하지 않는 한 리더가 선수의 점수판을 만들 수는 없다.

선수 점수판의 목적은 선수를 승리로 이끄는 것이다.

적극적인 행동을 이끌어내지 못하는 점수판은 선수들에게 주목받지 못한다. 모든 팀원이 점수판을 보면서, 매순간 또는 매일 또는 매주 점수가 바뀌는 것을 확인할 수 있어야 한다. 그리고 그때마다 의견을 주고받아야 한다. 점수판에서 마음이 떠나는 일이 일어나서는 절대 안 된다.

이번 장에서는 효과적인 점수판을 만드는 데 팀이 어떤 식으로 참여하는지 배울 것이다. 그리고 점수판 디자인에 따라 행동이 달라진다는

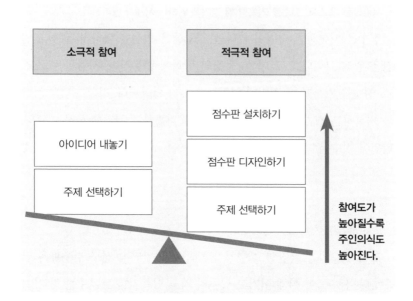

사실도 확인할 것이다.

이 그림에서 보듯, 팀에 좀 더 확실한 책임감을 부여해, 점수판 디자인에 적극 참여하게 할수록 주인의식은 더 높아진다.

1단계: 점수판 유형을 선택하라

추적하려는 지표를 분명하고 즉각적으로 보여주는 점수판 유형을 선택하라. 다음은 선택 가능한 몇 가지 유형이다.

추세선

이제까지 후행지표를 나타내는 가장 유용한 점수판으로 알려진 추세선은 '특정 일까지 X에서 Y로'를 한눈에 보여준다. 염소는 특정 시기까지 Y에 도달할 계획을 세웠다면 지금 있어야 할 지점을 가리킨다. 그러니까 지금 경기를 이기고 있다면 그곳에 있어야 한다.

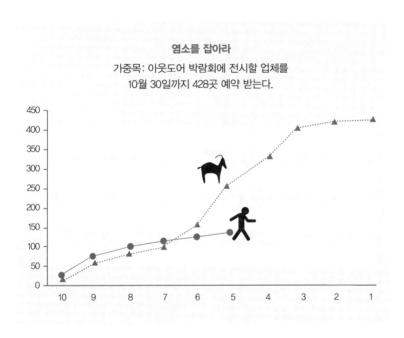

염소를 잡아라

가중목: 아웃도어 박람회에 전시할 업체를
10월 30일까지 428곳 예약 받는다.

속도계

자동차 속도계처럼 이 점수판도 해당 지표의 상태를 곧바로 보여준다. 시간을 재는 지표(1회 공정 소요 시간, 처리 속도, 제품이 시장에 나오기까지의 시간, 회수 시간 등)에 이상적이다. 이 외에 온도계, 압력계, 자, 저울 같은 일상적인 측정 도구를 이용할 수 있다.

딜러에게 판매 전화 2,000통 하기 – 6월

결과:
2,169통

목표:
2,000통

차이:
+169통

차이(%):
+8.45%

광고 우편물 12,000통 발송하기 – 7월

결과:
10,250통

목표:
12,000통

차이:
−1,750통

차이(%):
−17.0%

기술 무역박람회 10회 참여하기 – 4월, 5월, 6월

결과:
9회

목표:
10회

차이:
−1회

차이(%):
−10%

막대그래프

팀별 또는 팀 내 조별 성과 비교에 유용한 점수판이다.

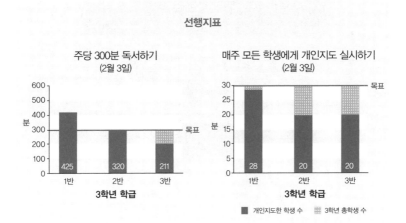

선행지표

주당 300분 독서하기
(2월 3일)

매주 모든 학생에게 개인지도 실시하기
(2월 3일)

안돈 도표

공정 진행 상황을 색깔로 표시한 도표로, 정상이면 초록(224쪽 도표에서 맨 위), 정상을 벗어날 위험이 있으면 노랑(중간), 정상을 벗어났으면 빨강(맨 아래)으로 구분한다. 선행지표 상황을 한눈에 나타내는 데 유용한 점수판이다.

맞춤형

점수판을 자기 팀만의 맞춤형으로 만든다면 의미는 더욱 커진다. 점수판에 팀 이름, 팀원 사진, 만화 등 팀을 나타내는 여러 요소를 넣을 수 있다. 맞춤형 점수판은 재미도 있지만, 점수판을 '자기 것'이라고 생각할수록 결과에 대한 책임감도 커진다는 점수판의 중요한 목적에도 기여한다. 이때 가중목 달성은 개인의 자부심이 걸린 문제가 된다.

우리는 대단히 진지한 사람들도 이 작업에 뛰어드는 것을 목격했다.

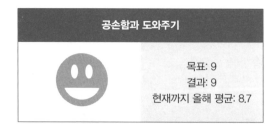

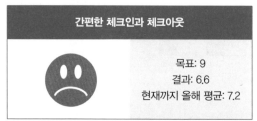

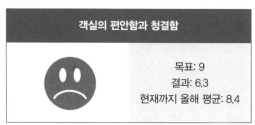

심장병동 간호사가 점수판에 수술 도구를 그려 넣거나, 엔지니어가 번쩍이는 불빛을, 오토바이를 타는 요리사가 가죽바지를 그려 넣는 경우다. 점수판이 특화될수록 참여도는 높아진다.

2단계: 점수판을 디자인하라

점수판의 유형을 정했다면, 아래 질문을 염두에 두고 점수판을 디자인해야 한다.

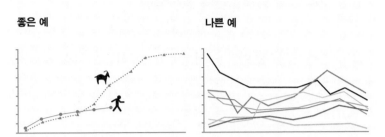

좋은 예   **나쁜 예**

왼쪽 점수판에서 팀원은 자신이 경기에서 이기고 있는지 곧바로 확인할 수 있다. 그러나 오른쪽
점수판은 해석해야 할 변수가 너무 많은 탓에 점수판을 주의 깊게 들여다봐야만 승리 여부를 확인
할 수 있다.

단순한가?

점수판에 변수를 너무 많이 넣거나 과거 동향, 연간 비교, 앞으로의 전망 같은 보조 자료를 지나치게 많이 추가해 점수판을 복잡하게 만들고 싶은 욕구를 자제해야 한다. 점수판을 사내 게시판처럼 사용해 보고할 내용이나 최근 상황 또는 기타 일반적인 정보를 올리는 바람에 팀이 중요한 결과에 집중하지 못하는 일이 생겨서는 안 된다. 회오리바람이 불어 닥치는 중에도 팀이 목표에 꾸준히 전념하려면 단순함이 핵심이다.

팀이 점수판을 쉽게 볼 수 있는가?

점수판은 팀이 자주 볼 수 있는 곳에 붙여라. 점수판이 잘 보일수록 경기에 대한 소속감이 커질 것이다. 팀에 더 큰 활력을 불어넣고 싶으면, '다른' 팀도 잘 보이는 곳에 점수판을 붙여라. 팀원이 여기저기 흩어져 있다면, 원격 조정으로 점수판을 볼 수 있어야 한다.(전자 점수판에 대해서는 〈4가지 원칙 자동화하기〉에서 자세히 다룰 예정이다.)

점수판에 선행지표와 후행지표가 모두 들어가는가?

실제 결과와 목표 결과를 모두 표시하라. 점수판은 "우리는 지금 어디에 있는가?"라는 질문뿐 아니라 "어디에 있어야 하는가?"라는 질문에도 대답해야 한다.

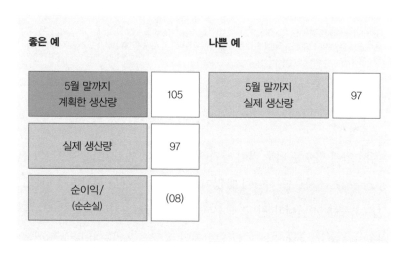

팀이 오직 월별 생산량만 볼 수 있다면, 자신이 경기에서 이기고 있는지 지고 있는지 알 수 없다. 따라서 계획한 생산량도 볼 수 있어야 한다. 여기에 약간의 셈을 더해, 실제 생산량이 목표량보다 많은지, 적은지도 (순이익 또는 순손실) 보여준다면 더 좋을 것이다.

가중목 후행지표와 선행지표를 모두 표시하라. 지표를 설명하는 최소한의 표시를 넣어라. 누구나 지표를 이해하려니 생각하면 곤란하다.(우리가 조사했던 팀원의 85퍼센트가 가장 중요한 목표도 말하지 못했던 사례를 기억하라.)

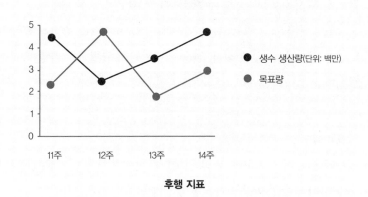

후행 지표

주	1조	2조	3조	4조	5조	6조	7조	8조	9조
11		✓							✓
12	✓	✓		✓	✓		✓	✓	✓
13	✓	✓	✓	✓		✓	✓	✓	✓
14	✓	✓		✓	✓	✓	✓	✓	✓

선행 지표

이 팀의 가중목은 매주 특정 양의 생수를 생산하는 것이고, 선행지표
는 물을 병에 담는 조가 엄격한 일정을 지킬 수 있도록 관리하는 것이었
다. 이들 조만 제대로 돌아간다면 목표를 달성할 수 있었기 때문이다.

이들은 관리 부실과 생산량 감소의 상관관계를 발견하면서, 선행지표
에 더욱 꾸준히 힘을 기울여 목표를 초과 달성했다.

얼핏 보기만 해도 경기에서 이기고 있는지 알 수 있는가?

점수판을 디자인할 때는 팀이 경기에서 이기고 있는지 지고 있는지 5초 안에 알아볼 수 있게 하라. 선수 점수판인지 판별하는 가장 확실한 방법이다.

3단계: 점수판을 설치하라

점수판은 팀이 설치하라. 팀의 참여도가 높을수록 좋다. 점수판을 직접 설치하면 주인의식이 더 강해질 것이다.

물론 팀의 규모와 성격에 따라 상황은 달라진다. 자유재량으로 사용할 시간이 거의 없는 팀이라면 점수판을 만들 때 리더의 역할이 좀 더 커야 한다.

하지만 대개는 자기만의 점수판을 만들 기회를 마련할 수 있고, 일부러 시간을 내어 점수판을 만드는 경우도 많다.

마지막으로 무엇으로 점수판을 만들든 크게 상관은 없다. 전광판이나 포스터, 화이트보드, 아니면 흔한 칠판을 써도 상관없다. 여기서 언급하는 디자인 기준만 충족하면 된다.

4단계: 점수판의 점수를 계속 갱신하라

점수판은 적어도 매주 점수를 새로 집계해 올리기 좋도록 디자인해야 한다. 점수판에 새 점수를 올리기 어려우면 회오리바람이 불 때 그 일을 미루고 싶은 유혹에 빠지고, 결국 가장 중요한 목표는 소음과 혼란의 와중에 사라져버릴 것이다.

성과를 내고 싶으면 실행하라

리더는 다음 사항을 분명히 해야 한다.

- 누가 점수판을 책임지는가.
- 언제 점수를 기록하는가.
- 얼마나 자주 새 점수로 바꾸는가.

사례

수전의 행사 관리팀이 점수판을 디자인하고 설치하는 과정을 따라가
보자.

이들은 원칙 1에 따라, 기업 행사 수익을 12월 31일까지 2,200만 달
러에서 3,100만 달러로 끌어올리는 것을 팀의 가중목으로 정했다. 그런
다음 원칙 2에 따라, 영향력이 큰 선행지표 두 개를 찾아냈다.

- 직원당 양질의 현장 방문을 한 주에 2건 완수한다.
- 모든 행사의 90%에서 더 비싼 상품인 최고급 바 패키지를 판매
  한다.

경기가 명확히 정해졌으니 이제 점수판을 세울 준비는 끝났다. 이들
은 우선 점수판에 가중목과 후행지표를 명확히 기록했다.

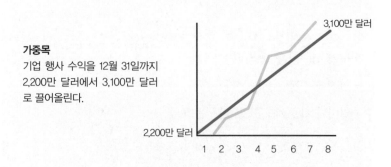

가중목

기업 행사 수익을 12월 31일까지
2,200만 달러에서 3,100만 달러
로 끌어올린다.

그다음에 선행지표 1번을 적고 개인의 성과를 추적할 자세한 표를 그
렸다.

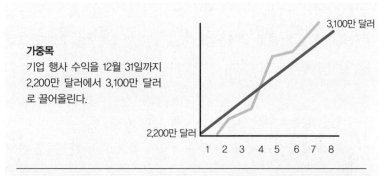

가중목

기업 행사 수익을 12월 31일까지
2,200만 달러에서 3,100만 달러
로 끌어올린다.

선행지표 1

직원당 양질의 현장 방문을
한 주에 2건 완수한다.

직원	1	2	3	4	5	6	7	평균
킴	1	1	2	2	4	x	x	2
밥	2	2	3	2	x	x	3	2,4
캐런	1	3	2	x	x	2	2	2
제프	0	0	x	x	1	1	1	0,6
에밀리	3	x	x	4	3	2	4	2,8
리처드	x	x	2	2	2	4	4	2,8
베스	x	1	2	5	2	4	x	2,8
계	7	7	11	15	12	13	14	2,3

성과를 내고 싶으면 실행하라

마지막으로 비싼 상품 판매를 추적하는 선행지표 2번과 막대그래프를 넣었다.

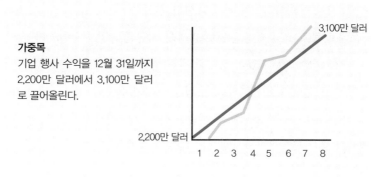

가중목

기업 행사 수익을 12월 31일까지 2,200만 달러에서 3,100만 달러로 끌어올린다.

3,100만 달러

2,200만 달러

1 2 3 4 5 6 7 8

선행지표 1

직원당 양질의 현장 방문을 한 주에 2건 완수한다.

직원	1	2	3	4	5	6	7	평균
킴	1	1	2	2	4	x	x	2
밥	2	2	3	2	x	x	3	2,4
캐런	1	3	2	x	x	2	2	2
제프	0	0	x	x	1	1	1	0,6
에밀리	3	x	x	4	3	2	4	2,8
리처드	x	x	2	2	2	4	4	2,8
베스	x	1	2	5	2	4	x	2,8
계	7	7	11	15	12	13	14	2,3

선행지표 2

모든 행사의 90%에서 더 비싼 상품인 최고급 바 패키지를 판매한다.

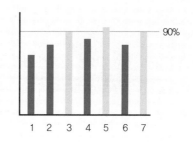

90%

1 2 3 4 5 6 7

팀에 4가지 원칙 정착시키기

가중목을 맨 위에 적고 2가지 선행지표를 표로 명확하게 표시한 수전의 점수판은 다음의 디자인 기준을 모두 충족한다.

단순하다. 자료가 필요 이상으로 많지 않다. 3가지 주요 요소가 전부이고, 각 요소는 명확하고 수치로 표시되었다.

눈에 잘 띈다. 크고 진한 글씨로 표시해, 시선을 금방 사로잡는다.

필요한 요소가 모두 들었다. 경기 전체를 한눈에 볼 수 있다. 팀의 가중목, 후행지표, 선행지표가 명확하다. 실제 결과와 목표의 대조도 분명하다. 이 점수판이 동기를 유발하는 이유는 목표선을 진하게 그려 넣어, 실제 결과를 주간 목표량과 비교해 확인하도록 했기 때문이다.

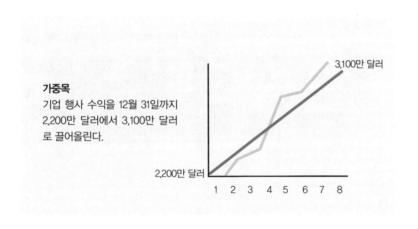

가중목
기업 행사 수익을 12월 31일까지 2,200만 달러에서 3,100만 달러로 끌어올린다.

3,100만 달러

2,200만 달러

1 2 3 4 5 6 7 8

이 경우, 후행지표는 조직의 가중목에 기초한, 누가 봐도 분명한 재정적 목표이다. 그러나 가중목이 이를테면 고객 만족 향상이나 품질 향상 같은 것이라면 진전 상황을 측정할 정해진 방법이 없을 수 있다. 그럴 때는 기대치와 그간의 팀 성과를 바탕으로 목표선을 주관적으로 그린다.

정식 예산이든, 주관적 기대치든, '목표선은 반드시 있어야 한다.' 목표선이 없으면 경기에서 이기고 있는지 지고 있는지 날마다 확인할 수 없다.

선행지표의 경우, 결승선은 대개 성과를 나타내는 하나의 기준으로 표시된다.(예를 들어 아래 왼쪽 그래프에서 90퍼센트를 표시한 직선) 이 기준은 한 번 달성하고 마는 게 아니라 꾸준히 지속되어야 한다. 어떤 때는 목표가 비스듬한 선으로 점점 높아지다가 어느 지점에서 수평선이 되어 일정하게 유지되기도 한다.(아래 오른쪽 그래프)

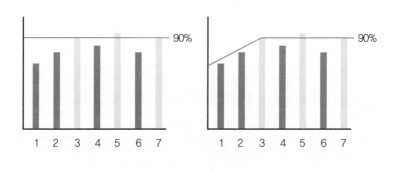

선행지표
모든 행사의 90%에서 더 비싼 상품인
최고급 바 패키지를 판매한다.

선행지표
모든 행사의 90%에서 더 비싼 상품인
최고급 바 패키지를 판매한다.

직원당 양질의 현장 방문을 한 주에 2건 완수한다는 선행지표 1번의 경우, 팀의 성과는 개별적으로 측정되어야 했다. 따라서 각 팀원은 점수판에 매주 자기 성과를 기록했다.

직원	1	2	3	4	5	6	7	평균
킴	1	1	2	2	4	x	x	2
밥	2	2	3	2	x	x	3	2,4
캐런	1	3	2	x	x	2	2	2
제프	0	0	x	x	1	1	1	0,6
에밀리	3	x	x	4	3	2	4	2,8
리처드	x	x	2	2	2	4	4	2,8
베스	x	1	2	5	2	4	x	2,8
계	7	7	11	15	12	13	14	2,3

① 각 직원은 자신의 업무 성과를 추적한다.
② 각 직원은 점수판에 새 점수를 기록한다.
③ 리더는 성과와 점수판을 대조 점검하고, 필요한 부분을 코치한다.

점수판의 신뢰도를 보장하기 위해 리더는 정기적으로 팀의 성과를 점검해 점수판에 기재되는 점수가 실제 성과와 일치한다는 사실을 확인해주어야 한다. 이 검사의 원칙은 신뢰이지 검증이 아니다.

경기에서 이기고 있는지 알 수 있다

그래프가 실제 결과와 목표를 모두 보여주기 때문에 팀원은 가중목뿐 아니라 각 선행지표에서 자신이 이기고 있는지 지고 있는지를 즉각 알 수 있다. 초록색과 빨간색을 사용하면 실적을 더 쉽게 알 수 있다.

선행지표 1번은 모든 팀원이 목표를 달성해야 팀이 승리한다는 점에 주목하라. 모든 팀원이 그 주에 모두 2건 이상 현장 방문을 완수했을 때 (오른쪽 도표에서 타원 안) 팀은 진정한 승리를 거둘 수 있다.

성과를 내고 싶으면 실행하라

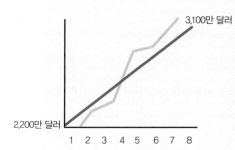

가중목

기업 행사 수익을 12월 31일까지 2,200만
달러에서 3,100만 달러로 끌어올린다.

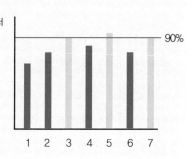

선행지표

모든 행사의 90%에서 더 비싼 상품인
최고급 바 패키지를 판매한다.

직원	1	2	3	4	5	6	7	평균
킴	1	1	2	2	4	x	x	2
밥	2	2	3	2	x	x	3	2,4
캐런	1	3	2	x	x	2	2	2
제프	0	0	x	x	1	1	1	0,6
에밀리	3	x	x	4	3	2	4	2,8
리처드	x	x	2	2	2	4	4	2,8
베스	x	1	2	5	2	4	x	2,8
계	7	7	11	15	12	13	14	2,3

결과물

원칙 3의 결과물은 팀을 꾸준히 참여하게 하는 점수판이다.

가중목과 여러 지표를 '개념상'으로만 이해하는 팀과 해당 수치를 실제로 아는 팀은 성취도에서 큰 차이를 보인다. 짐 스튜어트의 말마따나 "분명하고 가시적인 지표가 없으면, 똑같은 목표가 100명에게 100가지 의미로 해석될 것이다." 해당 수치를 한눈에 알아볼 수 있게 점수판에 기록하고 수치를 정기적으로 새로 집계하지 않으면, 가중목은 회오리바람에 묻혀 사라진다. 간단히 말해, 사람들이 점수를 모르면 참여도도 떨어지게 마련이다. 참여도를 이끌어내는 것은 승리감이며, 팀의 적극적 참여만큼 큰 성과를 내는 것도 없다. 점수판에 새로 집계한 점수를 적을 때마다 그 사실을 확인할 수 있다.

원칙 1, 원칙 2, 원칙 3을 실천하면서 명확하고 승리 가능한 팀 경기를 설계했지만, 경기는 아직 설계도에 머물러 있다. 원칙 4에 따라 모든 사람이 높은 성과를 '서로에게' 약속해야 비로소 경기가 시작된다.

연습

점수판 설정 도구를 이용해 가중목을 달성할 점수판을 설계해보자.

점수판 설정 도구

아래 견본을 이용해 팀의 점수판을 만들어보라. 그리고 다음 쪽의 점검 목록을 이용해 점수판을 점검해보라.

팀 가중목	후행지표
선행지표 1번	그래프
선행지표 2번	그래프

점수판이 적절한지 점검하기

팀의 점수판이 높은 성과를 이끌어낼지 다음 항목을 체크해보라.

☐ 점수판을 만드는 데 팀이 적극 참여했는가?

☐ 점수판은 팀의 가중목, 후행지표, 선행지표를 추적하는가?

☐ 가중목과 후행지표, 선행지표를 그래프를 이용해 충분히 설명하는가?

☐ 모든 그래프가 실제 결과(우리는 지금 어디에 있는가)와 목표(우리는 어디에 있어야 하는가)를 모두 나타내는가?

☐ 모든 지표를 얼핏 보기만 해도 우리가 이기고 있는지 지고 있는지 알 수 있는가?

☐ 점수판을 눈에 쉽게 띄는 곳에 설치해, 팀이 점수판을 쉽게 그리고 자주 볼 수 있게 했는가?

☐ 점수판에 새 점수를 기록하기가 쉬운가?

☐ 점수판이 팀별 맞춤형인가?(해당 팀을 나타내는 표현이 들어갔는가?)

책무를 서로 공유하라

→

원칙 4는 책무 공유 원칙이다. 명확하고 효과적인 경기를 고안했어도 꾸준히 책임지지 않으면 팀은 절대로 경기에 최선을 다하지 않을 것이다. 출발도 좋고 실천할 의지도 높지만, 오래 지나지 않아 회오리바람에 발목을 잡혀 다급한 일부터 처리하고 보자는 소모적 순환 고리에 갇히고 만다.

존 케이스John Case는 《아이엔시Inc》에서 이 점을 더없이 훌륭하게 설명했다.

관리자들은 화이트보드, 칠판, 코르크판을 세운다. 그리고 그곳에 천 개당 불량품 개수, 평균 대기 시간, 기타 수십 가지의 성과 지표를 쏟아낸다. 공장이나 창고 또는 사무실로 들어가려면 벽에 도표로 표시된 수치 한두 개를 반드시 보게 마련이다.

한동안은 도표에 표시된 수치가 올라간다. 사람들은 게시판에 주목하면서 자신의 성과가 얼마나 좋아졌는지 가늠한다.

그러다가 재미있는 일이 벌어진다. 점수판의 숫자를 아무도 새로

고치지 않은 채 일주일이 지나간다. 어쩌면 한 달이 지나갈 수도 있다. 마침내 누군가가 숫자가 그대로이고 성과도 향상되지 않았다는 것을 알아챈다. 그 뒤로 누구도 게시판의 숫자를 바꾸려 하지 않는다. 얼마 안 가 게시판은 무용지물이 된다. 그리고 마침내 게시판이 철거된다.

지나고 나서 생각해보니, 이런 결과는 어쩌면 당연하다. 측정하면 성과를 내게 마련이다. 하지만 잠깐뿐이다. 그리고 이런 의문이 든다. "저들은 왜 항상 우리를 측정할까?" "우리가 저 숫자를 달성한들 누가 신경이나 쓰겠는가?" "우리는 지금도 목표를 달성하고 있는 걸까?" 점수판은 "우리가 해야 하지만 하지 않고 있는 일"을 상기시켜주는 무서운 표시처럼 느껴질 수 있다.[26]

원칙 4는 팀원을 끊임없이 경기에 연관시킴으로써 이런 악순환의 고리를 끊는다. 더 중요하게는 팀원을 '개인적'으로 경기에 연관시킨다. 팀원은 자주 그리고 정기적으로 서로에게 책임을 지기 때문에 결과에 힘을 쏟고 경기에서 이기려고 노력한다.

리더에게 원칙 4를 알려주면 이들은 당연하게도 회의적인 반응을 보인다. "매주 '또' 회의를 하라고요?" "그렇게 짧은 회의로 정말 그렇게 많은 걸 해낼 수 있나요?"

그리고 고작 몇 주가 지나 이들은 우리의 가장 큰 고객이 그랬듯이 이렇게 말한다. "회의를 또 하나 추가하는 건 정말 아니라고 생각했어요. 그런데 지금은 그 회의만큼은 절대 취소하지 않아요. 우리가 하는 일 중에 가장 중요한 일이니까요."

성과를 내고 싶으면 실행하라

원칙 4에 따르면, 팀은 자주 그리고 정기적으로 가중목 회의를 열어, 선행지표를 달성하기 위한 '자기만의' 공약을 정해야 한다.

가중목 회의는 흔히 보는 짧은 회의와 언뜻 비슷해 보여서, 다른 회의와 차이를 못 느낄 수 있다. 하지만 팀이 최고의 성과를 올리려면, 책무 공유에 진정한 기술과 '엄격함'이 필요하다는 사실을 이제 곧 알게 될 것이다.

가중목 회의는 무엇인가?

가중목 회의는 기존의 그 어떤 회의와도 다르다.

가중목 회의의 목적은 딱 하나다. 날마다 불어오는 회오리바람의 와중에도 팀을 계속 가중목에 집중하게 하기. 이 회의는 적어도 일주일에 한 번 정기적으로 열려야 한다. 그리고 다음 그림(242쪽)처럼 정해진 의제가 있다.

1. 설명: 지난주 공약 보고하기

각 팀원은 선행지표를 움직이려고 지난주에 스스로 정한 공약을 보고한다.

2. 점수판 점검: 성공과 실패에서 배우기

팀은 팀원의 공약이 선행지표를 움직이고 있는지, 선행지표가 후행지표를 움직이고 있는지 평가한다. 그리고 거기서 무엇을 배웠으며, 무엇이 효과가 있고 무엇이 효과가 없는지, 그 상황에 어떻게 적응해야 하는지 토론한다.

3. 계획: 길 닦고 공약 새로 정하기

이 평가를 토대로 각 팀원은 성과 기대치에 맞춰 선행지표를 끌어올릴 다음 주 공약을 정한다.

팀원이 직접 공약을 정하고 공개적으로 서로가 공약을 확실히 책임지다 보니, 공약을 지키겠다는 의지를 가지고 일을 하게 된다. 결국 '개인적으로도 중요한' 공약이 된다.

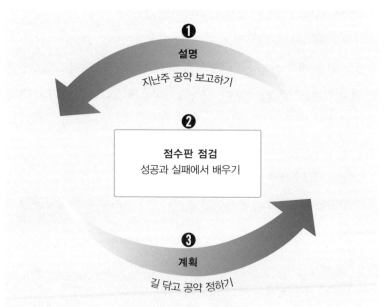

가중목 회의는 오직 이 3가지 활동만 다루는 짧고 강도 높은 팀 회의이다. 가중목 회의의 목적은 앞선 공약을 설명하고, 가중목 점수판을 움직일 공약을 새로 정하는 것이다.

책무 공유는 단순한 개념이지만 회오리바람의 와중에 책무에 집중하고 책무을 완수하려고 꾸준히 노력하게 하는 원동력이 된다.

가중목 회의는 왜 하는가?

- 이 회의는 다급한 일들이 회오리바람처럼 끊임없이 몰아치는 와중에도 팀을 가중목에 집중하게 한다.
- 이 회의에서 팀원들은 상대에게서 선행지표를 움직이는 방법을 배운다. 목표 달성에 성공한 사람이 있으면 그가 사용한 방법을 다른 팀원이 사용할 수도 있다. 반대로 어떤 행위가 효과가 없으면 팀이 그 사실을 일찌감치 발견할 수도 있다.
- 이 회의에서 팀원은 공약 달성에 필요한 도움을 받을 수 있다. 누군가가 장벽에 부딪히면 팀은 그를 위해 길을 닦아줄 방법을 찾아낸다.
- 이 회의에서 팀은 사업 여건 변화에 재빨리 대응할 수 있다. 회의는 연간 계획으로는 예견하지 못하는 어려움을 해결하는

가중목 소회의

도심 병원 응급실 팀처럼 따로 시간을 낼 수 없는 팀은 '가중목 소회의'라는 대안 모임을 마련해야 한다.

가중목 소회의는 일주일에 한 번 5분에서 7분 정도 진행하는데, 팀 전체가 점수판 주위에 둥글게 모여 아래의 3가지를 이야기한다.

1. **점수판 점검**: 결과에 대한 책임을 강화한다.
2. **지난주 팀 공약 보고**: 지난주 공약의 이행 여부를 보고한다.
3. **다음 주 공약 정하기**: 업무 성과를 끌어올릴 팀 공약을 딱 하나 정한다.

팀에 4가지 원칙 정착시키기

즉석 계획을 세우면서 끝난다.

- 이 회의는 진전을 축하하고, 팀의 에너지를 재충전하며, 모든 사람을 다시 참여시키는 기회가 된다.

우리는 성공한 비즈니스 리더 스티븐 쿠퍼Stephen Cooper에게서 교훈을 얻은 뒤로 가중목 회의를 깊이 생각하기 시작했다. 쿠퍼는 매월 100만 달러씩 적자를 내고 있던 실리콘밸리의 ETEC라는 작은 회사를 인수했다. 그리고 7년 안에 수익을 10배 올린다는 가중목을 세웠다. 그는 이 가중목을 달성하기 위해 각 팀에 몇 가지 측정 가능한 목표를 찾고 계획을 종이 한 장 분량으로 줄여보라고 했다.

이 연습으로 각 팀은 목표와 계획을 분명히 했지만, 쿠퍼의 궁극적 성공의 관건은 주간 점검이었다. 그는 이 점검을 해당 문제에 집중해 빠르게 끝내기 위해 3가지 규칙을 정했다. "상황 보고는 4분 안에 끝낸다. 각 목표마다 목표치, 현 상황, 쟁점, 권고가 있어야 한다. 마지막으로, 문제를 보고하는 것으로 끝내지 말고 해결 방법도 내놓도록 한다."

쿠퍼 팀의 리더 한 사람은 이 주간 회의에 대해 이렇게 말했다. "이 회의는 문제가 심각한 사태로 번지지 않게 해준다. (…) 사람들은 정신없이 문제를 다루기보다 시간을 갖고 편안하게 대처한다. 관리자는 불과 몇 분 안에 진척 상황을 도표로 제시해 점검하고, 문제를 드러내며, 해결 방법을 찾는다. 이 과정을 반복하다 보면 중요한 문제에 정신을 집중하게 된다. 사람들은 최소한의 지시만 전달 받은 채 목표를 향해 나아간다. 이 때의 지시는 단체 행군 명령 같은 역할을 한다."[27]

우리는 쿠퍼에 영감을 받아 여러 해 동안 가중목 회의를 여러 행태로

성과를 내고 싶으면 실행하라

실험했다. 그 결과 지금은 매끄럽게 잘 다듬어진 개념으로 자리 잡아, 수백 개의 조직에서 최우선 순위의 일을 진행할 때 사용된다.

가중목 회의에서 어떤 일이 일어나는가?

가중목 회의의 진행 방식을 알아보기 위해 수전의 행사 관리팀을 살펴보자.

이들은 "기업 행사 수익을 12월 31일까지 2,200만 달러에서 3,100만 달러로 끌어올린다"는 가중목과 영향력이 큰 선행지표 두 개를 정했다.

- 직원당 양질의 현장 방문을 한 주에 2건 완수한다.
- 모든 행사의 90%에서 더 비싼 상품인 최고급 바 패키지를 판매한다.

그런 다음 눈에 잘 띄는 점수판을 만들었다.

수전 팀은 월요일 아침 가중목 회의를 진행하기 시작한 뒤로 이제 막 두 달째 실행을 마무리했고, 점수판은 최신 수치로 유지됐다.

수전: "안녕하세요? 8시 15분입니다. 점수판 점검부터 시작하죠."

[점수판을 점검한다.]

"오늘 좋은 소식이 있습니다. 이제 두 달째 실행을 마무리해, 기업 행사 수익을 끌어올린다는 우리 팀의 목표치를 넘어섰습니다! 지난달 우리 후행지표 목표치는 1,040만 달러였는데, 실제 달성한 수치는 1,400만 달러입니다. 여러분 모두 축하드립니다.

보시다시피 지난주에 첫 번째 선행지표에서 현장 방문 합계를 14회로 끌어올렸습니다. 지난 7주 동안 두 번째로 높은 수치입니다. 가장 높은 성과를 낸 사람은 방문 횟수가 4회인 에밀리와 리처드입니다. 축하드립니다.

그리고 모든 행사에서 더 비싼 상품인 최고급 바 패키지를 판매한다는 두 번째 선행지표는 95퍼센트를 달성했습니다. 하지만 지난 7주 중에 4번은 목표를 달성하지 못했습니다. 지난주 목표 달성을 기뻐하되, 이제 그 수치를 계속 유지할 수 있다는 사실을 보여줘야 합니다."

[지난주 공약을 보고한다.]

"이제 제 공약을 이야기하겠습니다. 지난주에 킴 그리고 캐런과 20분씩 함께 일하면서, 바 패키지를 더 비싼 상품으로 팔기 위한 대본을 짜고 그대로 연습하겠다고 공약했습니다. 저는 그 공약을 지켰습니다.

그리고 상공회의소 회의에 참석해, 현재 우리 호텔에서 행사를 하지 않는 기업 중에 적어도 3곳과 접촉하겠다는 공약도 내놨습니다. 그 결과 아주 기쁘게도 5곳과 접촉했고, 오후에 여러분께 그 결과를 전해드리겠습니다.

다음 주에는 새로 만든 최고급 바 패키지 홍보 자료를 최종 점검하겠습니다. 그리고 우리 팀의 빈자리에 들어올 지원자 세 사람을 면담해 우리 요구 조건에 가장 잘 맞는 사람을 뽑겠습니다."

성과를 내고 싶으면 실행하라

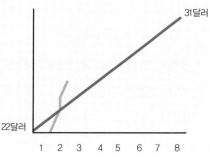

가중목
기업 행사 수익을 12월 31일까지 2,200만 달러에서 3,100만 달러로 끌어올린다.

31달러

22달러

1 2 3 4 5 6 7 8

선행지표
직원당 양질의 현장 방문을 한 주에 2건 완수한다.

직원	1	2	3	4	5	6	7	평균
킴	1	1	2	2	4	x	x	2
밥	2	2	3	2	x	x	3	2.4
캐런	1	3	2	x	x	2	2	2
제프	0	0	x	x	1	1	1	0.6
에밀리	3	x	x	4	3	2	4	2.8
리처드	x	x	2	2	2	4	4	2.8
베스	x	1	2	5	2	4	x	2.8
계	7	7	11	15	12	13	14	2.3

선행지표
모든 행사의 90%에서 더 비싼 상품인 최고급 바 패키지를 판매한다.

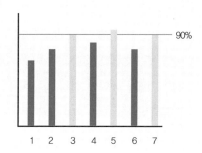

90%

1 2 3 4 5 6 7

팀에 4가지 원칙 정착시키기

킴: "지난주에 저는 시내에 이제 막 새로 사무실을 연 회사 2곳을 직접 찾아가보겠다고 공약했고, 공약을 지켰습니다. 그리고 반가운 소식이 있습니다. 그중 한 곳과 다음 주에 현장 방문 일정을 잡았습니다!

점수판에 관해 말씀드리면, 현장 방문 2건을 완수했지만 그중 한 곳에만 고가 상품을 팔았습니다. 50퍼센트만 달성한 것인데, 다음 주에는 더 좋은 성과를 내겠습니다.

다음 주에는 작년에 우리와 연례 회의를 준비했지만 올해는 아직 우리와 계약하지 않은 고객 2곳에 전화를 걸든, 직접 찾아가든, 이야기를 해보겠습니다. 현장 방문 약속을 잡아, 그들이 우리 새 연회실을 직접 보고 올해도 우리와 계약하게 만들겠습니다."

밥: "지난주에 저는 현장 방문 일정을 잡은 세 고객에게 최고급 바 패키지를 체험해보는 특별한 시간을 마련하겠다고 공약했습니다. 모두 대형 행사를 개최할 가능성이 있는 고객이기 때문입니다. 저는 주방장에게 부탁해 각 고객이 와인을 시음하고 간단히 전채 요리를 맛볼 수 있게 했습니다. 일은 아주 잘 진행됐고, 세 고객 모두 행사에서 최고급 바 패키지를 이용하기로 했습니다.

점수판에 관해 말씀드리면, 현장 방문을 3건 완수하고 세 고객에게 모두, 그러니까 100퍼센트, 더 비싼 상품을 팔았습니다.

다음 주에는 예약된 현장 방문이 1건 밖에 없으니 새 고객이 될 만한 곳을 적어도 5곳 골라 월요일까지 접촉하고, 그중 최소 한 곳과 이번 주 안으로 현장을 방문하겠다는 약속을 따내겠습니다."

성과를 내고 싶으면 실행하라

캐런: "지난주 제 공약은 작년에 우리와 행사를 개최했던 고객 10곳에 추억 상자를 보내겠다는 것이었습니다. 소포에는 행사 사진 두세 장과 당시의 연회 메뉴 그리고 올해도 다시 만나기 진심으로 바란다는 편지를 직접 써서 넣었습니다. 이 공약을 완수한 뒤에, 그중 4곳에서 사진을 보내줘서 고맙다는 전화를 받았고, 2곳에서 새 연회실을 보러 오겠다는 약속을 받았습니다.

점수판에 대해 말하자면, 현장 방문이 2건 있었는데, 2곳 모두, 그러니까 100퍼센트, 최고급 바 패키지를 이용하겠다고 했습니다.

다음 주에는 작년 고객 5곳을 추가로 골라 또 한 번 추억 상자를 보낼 예정입니다."

수전 팀의 가중목 회의는 각 팀원이 모두 보고를 마칠 때까지 이런 식으로 계속 진행된다. 이들은 진척 상황과 성과를 수전만이 아니라 각 팀원에게 설명하고 있다는 점을 명심하라.

영향력이 큰 다음 주 공약 정하기

가중목 회의의 효과는 얼마나 꾸준히 하느냐에 달렸지만, 점수판에 나타나는 '결과'는 공약이 목표 달성에 미치는 '영향력'에 달렸다. 팀이 공약을 정할 때는 가급적 영향력이 가장 큰 공약으로 정하도록 지도해야 한다.

그렇다면 이 질문으로 시작하자. "이번 주에 내가 할 수 있는 일 중에 점수판에 나타난 팀의 성과에 영향을 미칠 가장 중요한 일 한두 개는 무엇일까?"

이 질문을 잘게 쪼개 가중목의 중요성을 이해해보자.

- **이번 주**: 원칙 4에 따르면 책무 공유는 최소 일주일 단위로 정해야 한다. '다음 주 안에' 완수할 것을 공약으로 정해야 계속 책임을 질 수 있다. 4주 동안 실천할 내용을 공약으로 정하면, 그중 3주는 별다른 책임을 지지 않게 된다. 여러 주가 걸리는 계획이라도 다음 주에 할 수 있는 것만 공약으로 정한다. 주간 공약이라야 다급한 마음에 회오리바람의 와중에도 공약에 계속 집중할 수 있다.
- **내가**: 가중목 회의에서 나온 공약은 모두 '개인 책임'이다. 다른 사람이 할 일이 아니라 '내가' 할 일을 공약으로 정한다. 다른 사람과 함께 일할지언정 개인적으로 책임질 부분에 대해서만 공약을 정한다.
- **점수판에 나타난 팀의 성과**: 가장 중요한 부분이다. 모든 공약은 점수판에 나타나는 선행지표와 후행지표를 움직일 수 있어야 한다. 이 점을 강조하지 않으면 회오리바람을 처리할 공약을 정하기 쉽다. 회오리바람이 아무리 급해도 공약은 오직 가중목 달성에 기여해야 한다.
- **가장 중요한**: 지엽적인 일에 시간을 낭비하지 마라. 가장 큰 변화를 가져올 공약에 관심과 노력을 최대한 집중하라.
- **한두 개**: 원칙 4에 따르면 영향력이 큰 공약 두어 개를 실천하는 것이 공약을 많이 정하는 것보다 훨씬 중요하다. 리더는 팀이 많은 일

을 그저 그런 정도로 해내는 것보다 몇 가지 일을 아주 훌륭하게 해내기를 바란다. 공약이 많을수록 실천은 어려워진다. 그렇다면 영향력이 큰 공약 두 개를 정해 정확히 실천하는 편이 5가지 공약을 정해 엉터리로 해내는 편보다 낫다.

모든 사람이 가중목 회의에서 이 질문에 대답한다면, 팀에 규칙적인 실행 주기가 생기고, 그것은 결국 성과로 이어질 것이다.

수전 팀이 가중목 회의에서 내놓은 공약이 그 좋은 예다.

- "킴 그리고 캐런과 20분씩 함께 일하면서, 바 패키지를 더 비싼 상품으로 팔기 위한 대본을 짜고 그대로 연습하겠다."
- "상공회의소 회의에 참석해, 현재 우리 호텔에서 행사를 하지 않는 기업 중에 적어도 3곳과 접촉하겠다."
- "새로 만든 최고급 바 패키지 홍보 자료를 최종 점검하겠다."
- "우리 팀의 빈자리에 들어올 지원자 세 사람을 면담해 우리 요구 조건에 가장 잘 맞는 사람을 뽑겠다."
- "시내에 이제 막 새로 사무실을 연 회사 2곳을 직접 찾아가겠다."
- "현장 방문 일정을 잡은 세 고객에게 최고급 바 패키지를 체험해보는 특별한 시간을 마련하겠다."
- "작년에 우리와 행사를 개최했던 고객 10곳에 손으로 쓴 편지와 함께 추억 상자를 보내겠다."

팀원은 스스로 내놓은 공약에 책임 의식을 더 많이 느끼게 마련이

다. 그래도 리더라면 팀원의 공약이 다음 기준을 충족하는지 살펴야
한다.

- **구체적인가.** 공약이 구체적일수록 공약에 대한 책임감도 높아진다.
  막연한 공약에 대해서는 책임을 묻기 어렵다. 무엇을 할지, 언제 할
  지, 결과는 어떻게 예상하는지를 정확히 공약하라.
- **점수판의 수치를 움직이는가.** 공약이 점수판에 영향을 미쳐야 한다는
  점을 명심하라. 그렇지 않으면 회오리바람에 힘을 더 많이 쏟기 쉽

영향력이 작은 공약	영향력이 큰 공약
이번 주에 훈련에 집중하겠다.	킴 그리고 캐런과 20분씩 함께 일하면서, 바 패키지를 더 비싼 상품으로 팔기 위한 대본을 짜고 그대로 연습하겠다.
상공회의소 회의에 참석하겠다.	상공회의소 회의에 참석해, 현재 우리 호텔에서 행사를 하지 않는 기업 중에 적어도 3곳과 접촉하겠다.
면담을 하겠다.	우리 팀의 빈자리에 들어올 지원자 세 사람을 면담해 우리 요구 조건에 가장 잘 맞는 사람을 뽑겠다.
이번 주에 새 고객을 만나겠다.	시내에 이제 막 새로 사무실을 연 회사 2곳을 직접 찾아가겠다.
예전 고객에게 전화를 하겠다.	작년에 우리와 행사를 개최했던 고객 10곳에 손으로 쓴 편지와 함께 '추억' 상자를 보내겠다.

성과를 내고 싶으면 실행하라

다. 이를테면 연간 예산 마감 전 주라면 예산안을 완성한다는 공약을 내걸고 싶은 충동이 생긴다. 다급하면서도 중요한 일이기 때문이다. 하지만 예산안이 선행지표와 관련이 없다면 그것이 아무리 다급해도 가중목에 영향을 미치지 못할 것이다.

- **시의적절한가.** 영향력이 높은 공약은 다음 주 안에 이행되어야 하지만, 팀의 업무에도 '조만간' 영향을 미쳐야 한다. 공약의 영향력이 너무 늦게 나타나면, 공약 달성에서 주간 리듬을 만들기 어렵다.

왼쪽 표는 영향력이 작은 공약과 큰 공약의 차이를 잘 보여준다.

공약이 가장 큰 힘을 발휘할 때는 선행지표를 움직이는 것과 밀접하게 연관될 때라는 점을 명심하라.

주의할 점

책무 공유를 무력화하는, 피해야 할 흔한 함정은 다음과 같다.

회오리바람 처리 책무와 경쟁하기. 원칙 4를 적용하면서 리더와 팀이 마주치는 가장 흔한 어려움이다. 회오리바람의 다급함을 가중목 공약과 혼동하면 안 된다. 공약이 효과적인지 알아보려면 "이 공약을 이행하면 점수판에 어떻게 영향을 미칠까?"라고 질문해본다. 이 질문에 곧바로 대답하기 힘들다면, 그 공약은 회오리바람에 초점을 맞춘 공약이기 쉽다.

구체적인 성과 없이 끝나는 가중목 회의. 가중목 회의 의제에만 집중하도록 훈련하지 않으면 책무 공유는 실패할 것이다. 가중목 회의에서는 항상 앞선 공약을 설명하고, 앞으로의 공약을 명확히 해야 한다.

똑같은 공약을 연속 2주 넘게 반복하기. 영향력이 큰 공약이라도 매주 반복되면 기계적인 공약이 되어버린다. 항상 선행지표를 움직일 새롭고 더 나은 방법을 찾으려고 노력해야 한다.

이행되지 않은 공약 봐주기. 팀은 일상적인 회오리바람의 와중에도 공약을 실천해야 한다. 팀원이 공약을 지키지 못하면 리더는 4가지 원칙을 정착하려는 그동안의 노력이 무색하게 '가장 심각한 순간'에 직면한다.

팀에 책무 원칙을 정착시킨다면 매주 회오리바람을 이겨낼 것이다. 하지만 성과뿐 아니라 공약에 대한 책무에 관대하다면, 회오리바람이 가장 중요한 목표를 집어삼킬 것이다.

수전은 가중목 회의에서 이 중요한 순간을 어떻게 대처하는지 보자.

수전: "이제 제프 차례입니다."

제프: "감사합니다. 저는 작년 고객들과 접촉해 현장 방문을 타진해보겠다고 공약했습니다만, 모두 아시다시피 지난주에 호텔에서 개최된 큰 행사도 담당했습니다. 이번 행사가 올해 제가 담당한 가장 큰 행사라 성공적으로 치르고 싶은 마음에 개인적으로 신경을 많이 썼습니다. 그리고 주 연회실에 있는 영사기가 망가져 서둘러 영사기를 하나 구입해야 했습니다. 고객이 실망하지 않도록 시간을 많이 썼고, 일은 무사히 진행되었습니다. 그러는 사이에 저도 모르게 한 주가 지나갔고, 시간이 나지 않았습니다."

한마디로, 회오리바람 때문에 공약을 지키지 못했다는 이야기다. 더 위험한 것은 회오리바람이 심하면 공약을 '지킬 수 없다'는 제프의 생각이다. 4가지 원칙을 실행하면서 바로잡아야 하는 사고방식이다.

우리가 정하는 공약에는 대부분 조건이 붙는다. 예를 들어, 어느 팀원이 "화요일 오전 9시까지 보고하겠다"라고 말할 때 그는 내심 "급한 일이 일어나지 않는 한"이라는 조건을 붙인다. 하지만 다급한 일은 '항상' 일어나게 마련이다. 그것이 늘 존재하는 회오리바람의 특성이다.

회오리바람이 공약을 집어삼키도록 방치하면 상황 진척에 힘을 쏟기가 영영 불가능해진다. 원칙 실행의 시작과 끝은 모두 가중목 회의에서 나온 공약을 지키는 것이다.

따라서 가중목 회의를 시작한 처음 몇 주 동안 리더로서 수전이 할 일은 "공약은 '무조건' 지킨다"는 새로운 기준을 세우는 것이다. "팀에서 공약을 정할 때면 다들 무슨 일이 있어도 공약을 실천할 방법을 찾아야 한다고 생각한다"라는 우리 고객의 말처럼.

그렇다면 수전은 제프에게 어떻게 반응해야 할까?

1단계: 존중 표시하기

수전: "제프, 지난주 행사는 대단히 성공적이었어요. 당신이 아니었으면 큰일 날 뻔했어요. 우리 팀원이라면 당신이 얼마나 열심히 일했고 이번 고객이 우리에게 얼마나 중요한지 잘 알죠. 정말 고마웠어요."

중요한 1단계에서 수전은 제프에게 그를 팀원으로서 존중한다는 뜻을 보여주면서 팀에게는 그녀가 '회오리바람도 존중한다'는 사실을 표시했다. 수전이 이 단계를 건너뛰었다면 제프는 소중한 사람이 아니며 회오리바람은 중요하지 않다는 2가지 잘못된 신호를 보냈을 것이다.

2단계: 책무 강화하기

수전: "제프, 당신이 우리 팀에 크게 기여하고 있다는 사실을 알아줬으면 해요. 당신이 없으면 우리는 목표를 달성할 수 없어요. 그러니까 우리가 공약을 정할 때, 주중에 무슨 일이 일어나도 공약을 실천할 방법을 찾아야 한다는 거예요."

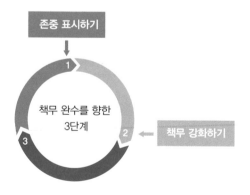

성과를 내고 싶으면 실행하라

제프에게나 수전에게나 어려운 순간이다. 하지만 수전이 자신은 제프도, 회오리바람의 다급함도 모두 존중한다는 사실을 분명히 했기 때문에 제프는 '팀을 위해' 최선을 다하는 것이 얼마나 중요한지 이해할 수 있을 것이다.

3단계: 성과 독려하기

수전: "제프, 우리를 도와 공약을 실천하고 싶을 거예요. 다음 주에 우리가 당신에게 의지해도 되겠어요? 당신이 계획한 다음 주 일도 하고 지난주 공약도 실천해서 우리를 도와줄 수 있겠어요?"

수전은 제프에게 모든 공약이 실행되었다고 자랑스럽게 보고할 기회를 준다.

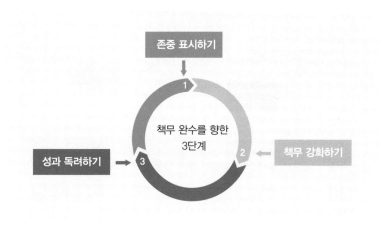

이 중요한 대화를 성공적으로 마무리하는 것은 대단히 중요하다. 제

프가 이제 팀에 꾸준히 집중할 수 있다는 점에서 제프에게 중요하고, 리더가 4가지 원칙에 집중하는 걸 팀이 확인한다는 의미에서 리더에게 중요하며, 성과에 새로운 기준이 요구된다는 걸 팀이 안다는 의미에서 팀에게도 중요하다.

무조건적인 공약 없이는 파랑색을 회색에 밀어 넣을 수 없다. 회색 회오리바람은 파랑색으로 표시된 공약을 점령할 것이다. 실행은 그렇게 무너진다.

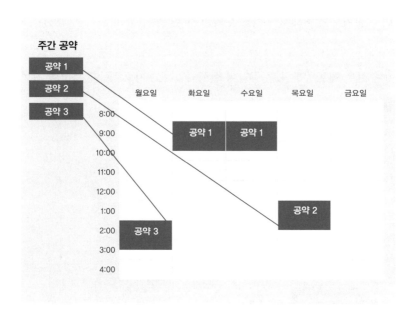

프랭클린코비 창립자 중 한 사람인 하이럼 스미스Hyrum Smith 는 이렇게 말했다. "공약만을 기준으로 월급을 받는다면, 자동적으로 2가지 상황이 일어날 것이다. 하나는 공약 결정에 더욱 신중하고, 또 하나는 공약을 틀림없이 실천하리라는 것이다." 따라서 가중목 회의의 목적은 이렇다. 명석한 사고로 공약을 정하고, 회오리바람이 불어도 단호하게 공약을 지키기.

가중목 회의를 성공으로 이끄는 관건

- **가중목 회의 일정 지키기.** 회오리바람에 상관없이 가중목 회의를 (화상 회의로라도) 매주 같은 요일, 같은 시간, 같은 장소에서 한다. 리더가 자리를 비울 때는 다른 팀원에게 회의 진행을 맡긴다.
- **회의는 항상 짧게 끝내기.** 빠르고 활기찬 속도감을 유지한다. 경험으로 보건대, 회의는 20~30분을 넘겨서는 안 된다. 회의가 너무 길어지면 회오리바람 회의로 변질될 우려가 있다.
- **리더로서 기준 정하기.** 가중목 회의는 항상 점수판에 나타난 전반적 결과를 점검하는 것에서 시작해 '공약 보고'로 이어간다. 이때 리더가 먼저 보고를 하면, 자기가 꺼리는 일을 팀에게 요구한다는 인상을 주지 않는다.
- **점수판 내걸기.** 회의 전에 점수판에 최신 점수를 기록해, 점수판의 존재를 분명히 한다. 점수판 없이 가중목 회의를 열 수 없다. 점수판은 팀을 계속 경기와 연결하면서, 무엇이 효과가 있고 무엇이 효과가 없는지 알려준다. 점수판이 없다면 가중목 회의는 그저 평범한 또 하나의 회의일 뿐이다.
- **성공 축하하기.** 팀이나 개별 팀원이 공약을 잘 이행하고 선행지표나

후행지표를 움직였을 때 그것을 축하를 하면서 가중목에 더욱 몰입하게 한다.

- **정보 나누기.** 한 주가 지나면 사람들은 선행지표를 움직이는 행동과 움직이지 않는 행동이 무엇인지 알게 될 것이다. 그리고 선행지표 중에는 효과가 좋은 지표가 있다는 것도 알게 될 것이다. 이런 정보는 모두에게 필요하다.

- **회오리바람 차단하기.** 토론 주제는 점수판에 변화를 줄 공약으로 제한한다. 회오리바람, 날씨, 아침 출근길, 스포츠 같은 이야기는 다른 곳에서 한다.

- **서로를 위해 길 닦아주기.** 장벽이 생기면 서로 제거해준다. 길을 닦는다는 것은 문제를 다른 사람에게 떠넘긴다는 뜻이 아니라 팀에 힘을 실어준다는 뜻이다. 누군가를 위해 길을 닦아주기로 했다면, 그것은 이번 주 내 공약의 하나가 되고, 다른 공약과 마찬가지로 끝까지 실천해야 한다.

- **회오리바람이 불어도 실행하기.** 회오리바람이 불어도 팀원은 공약에 무조건 책임을 지게 해야 한다. 어느 주에 공약을 지키지 못했으면, 그 공약은 다음 주까지 반드시 책임져야 한다.

4가지 원칙의 소득

2부를 시작하면서 스토어 334의 팀을 예로 들었다. 4가지 원칙 적용에 실패했던 팀이다.

그곳에서는 4가지 원칙이 효과가 없었다.

예를 들어 하루는 짐이 살펴보니, 제빵 코너 선반에 하루 지난 빵이 있었고 진열대에는 과자 부스러기뿐이었다.

"욜란다!" 짐은 제빵 관리자를 불렀다. 관리자가 밀가루를 뒤집어쓴 채 나타났고, 짐이 점수판을 가리키자 그녀는 속이 부글부글 끓는 듯한 표정을 지었다.

그녀는 손을 허리에 올리고 대꾸했다. "점수판을 신경 쓸 정도로 제가 한가하지 않아요. 큰 행사 주문이 들어왔는데, 그것만 해도 하루 종일 해야 해요. 게다가 재고까지 떨어져서 그것도 처리해야 한다고요. 시간이 어디 있다고 그래요. 직원도 부족하잖아요."

시시포스는 여전히 살아 있다. 힘들게 가중목과 선행지표를 정하고 점수판을 만들었지만 아무것도 바뀐 게 없었다. 우리는 그 이유를 진단했다.

4가지 원칙은 조금도 지켜지지 않았다.

책무 공유가 없었다.

"내가 점수를 움직이기 위해 '지난주'에 한 일은 이렇고 '이번 주'에는 이런저런 일을 하려고 한다"라는 식으로 매주 자기 책무를 이야기했어야 하는데, 그런 게 없었다. 그래서 우리는 짐에게 직원을 한 사람씩 면담하면서 단순한 질문을 던지면 어떻겠느냐고 했다. "점수판에 가장 큰 영향을 미칠 수 있는 일로 '이번 주'에 당신이 할 수 있는 일은 무엇인가?"

짐은 다음 날 첫 번째 가중목 회의를 열었다. 회의는 상점 점수판 근

팀에 4가지 원칙 정착시키기

처에서 몇 분 내로 끝내겠다고 약속했다. 각 부서 책임자가 모이자 짐은 제빵 책임자부터 시작했다.

"욜란다, 당신이 할 수 있는 일 중에 이번 주에 상점 현황 점수판에 가장 큰 영향을 미칠 한 가지, 딱 한 가지 일은 뭐가 있을까요?"

짐의 진지한 표정에 놀란 욜란다가 물었다. "저더러 선택하라고요?"

짐은 고개를 끄덕이고 가만히 기다렸다.

"뒤쪽 창고를 청소할 수 있지 않을까 싶네요."

"그래요. 그런데 그게 상점 상황 점수를 어떻게 움직이죠?"

"뭐랄까, 그 창고가 좀 정신이 없거든요. 불필요한 선반이 바닥에 많아요. 그곳을 청소하면서 바닥에 있는 물건을 치울 수 있겠죠. 그럼 훨씬 보기 좋을 거예요."

"좋아요. 그거 하나로 합시다, 욜란다. 바로 그거예요." 다음에는 수산물 책임자에게 물었다. "테드, 이번 주에 당신이 할 수 있는 일 중에 상점 현황 점수판에 가장 큰 영향을 미칠 한 가지 일은 뭐가 있을까요?"

테드가 대답했다. "이번 주에 대규모 판촉 행사가 있어요. 우리가 준비 중인 바닷가재 특별전에 집중하려고 해요. 지금 제가 하고 있는 일이고요."

"아주 좋아요, 테드. 중요한 일이라 거기에 집중해야 할 거예요. 그런데 그 일이 어떻게 점수판을 움직이죠?"

"아, 무슨 말인지 알겠어요." 테드는 무언가를 감지한 듯했다. 그 특별전은 중요한 일이지만 상점 상황 개선이라는 '가장' 중요한 목표 달성에 기여하지 못했다. "좋아요. 그럼 보비가 여기 온 지 3주 됐는데 아침에 진열대를 어떻게 해놔야 하는지 몰라요. 보비를 훈련해 저를 도울 수 있게 할게요."

"완벽해요!" 짐이 대답했다.

각자의 할 일을 누가 정했는지 자문해보라. 짐인가, 각 부서 책임자인가? 바로 거기서 차이가 난다고 생각하지 않는가?

짐은 지금 모든 일을 시시콜콜 관리하고 있는가? 천만에! 직원 스스로가 점수를 움직일 일을 정했다. 짐이 '예전에' 시시콜콜 관리한 이유는 고압적인 상사가 되고 싶어서가 아니라 달리 어떻게 할지 몰랐기 때문이었다.

이제 짐과 직원들은 매주 점수판 주위에 모여 점수를 움직일 '딱 한 가지' 일을 서로에게 약속한다. 팀원들이 이 책무 공유의 주기에 맞춰 일하기 시작하면서 이들의 태도도 바뀌고 상점도 바뀌었다.

10주가 지나자 상점 상황 평균 점수가 50점 만점에 13점에서 38점으로 뛰었다. 게다가 이들은 전략적 내기에서도 성공을 거뒀다. 상점 상황 점수가 올라가면서 수익도 올라간 것이다.

250개 점포 중에 최악이었던 스토어 334는 전년 동기 대비 판매량이 다른 점포를 뛰어넘기 시작했다.

몇 달 뒤에 짐이 속한 지역의 사장이 짐에게 상점의 변화에 대해 보고를 듣는 자리에 우리도 초대되었다.

짐이 말했다. "상황이 아주 순조롭게 진행되어 오늘 아침에는 제가 참석할 필요도 없었습니다."

사장이 그에게 물었다. "이 변화가 당신 개인적으로는 어떤 의미가 있었나요?"

짐이 대답했다. "전근 발령이 날 때까지 이곳을 짐처럼 짊어지고 가려

했습니다. 하지만 이제는 언제까지 이곳에서 일해도 좋습니다."

짐 딕슨과 그의 팀은 이제 가장 중요한 목표에서 승리하는 게 어떤 기분인지 알게 되었다. 이제는 외부의 동기 부여도 필요 없게 되었다.

모든 직원은 마음속 깊은 곳에서 승리하고 싶어 한다. 그리고 모두가 가장 중요한 목표에 기여하고 싶어 한다. 리더가 하루가 멀다고 팀을 닦달하고 그러면서도 자신이 변화를 이끌어내고 있는지 의심스럽다면 무척 실망스러울 것이다. 4가지 원칙이 매우 중요한 이유도 이 때문이다. 스토어 334 사람들은 바로 그 점을 깨달았다. 4가지 원칙은 평생토록 바위를 언덕 위로 밀어 올리는 것이 아니라 바위를 언덕 너머로 완전히 넘겨버리는 것이다.

결과물

원칙 4의 결과로 선행지표를 움직이는 정기적이고 잦은 가중목 회의를 하게 된다.

그러나 원칙 4로 얻게 되는 궁극적 성과는 믿을 만한 성과를 반복해서 내놓게 될 뿐 아니라 팀의 성취도를 높이는 책무 공유가 확고히 이뤄진다는 것이다.

원칙 4는 중요한 공약을 정하고 이행하는 과정에서 진정한 기술과 '엄격함'을 요구한다.

원칙 4는 팀원들을 조직의 최우선 과제에 개인적으로 기여하게 한다. 그럼으로써 팀을 매주 경기에 '참여하게' 한다. 이로써 팀원은 주요 목표에서 이기고 있으며 자신의 팀은 '승리하는 팀'이라고 인식하게 된다.

이것이 4가지 원칙에 투자함으로써 얻게 되는 궁극적 소득이다.

연습

가중목 회의 의제 도구를 이용해 회의를 준비해보자.

가중목 회의 의제 도구

가중목 회의를 시작할 때 이 표를 컴퓨터상으로든 종이로든 사람들에게 나눠준다. 회의가 끝나면 다음 쪽의 기준에 따라 회의를 점검해보라.

가중목 회의 의제			
회의 장소		회의 날짜와 시간	
가중목			
개별 보고	팀원	공약	진행 상황
새로 집계된 점수판			

가중목 회의가 적절한지 점검하기

가중목 회의로 높은 성과를 이끌어낼 수 있을지 다음 항목을 체크해보라.

☐ 가중목 회의를 예정대로 진행하고 있는가?

☐ 회의를 짧고, 빠르고, 활발하게 진행하고 있는가?

☐ 상황을 보고하고 공약을 정할 때 리더가 본보기가 되는가?

☐ 새로 집계된 점수판을 점검하는가?

☐ 각 지표에서 이기고 있는지 지고 있는지 분석하는가?

☐ 성공을 축하해주는가?

☐ 공약은 서로가 무조건 책임을 지는가?

☐ 각 팀원은 다음 주에 이행할 구체적인 공약을 정하는가?

☐ 다른 팀원이 공약을 이행하다 장애물을 만나면 그들을 도울 방법을 고심하면서 길을 닦아주는가?

☐ 가중목 회의에 회오리바람이 끼어들지 못하게 하는가?

팀에 4가지 원칙 정착시키기

4가지 원칙 자동화하기

→

팀에 4가지 원칙을 정착시키는 과정을 검토했으니, 이제는 4가지 원칙을 자동화할 때 생기는 막강한 힘과 통찰력을 살펴보기로 하자. 우리 경험으로 보면, 4가지 원칙 실행을 지원할 도구와 자동화 시스템이 있다면 실행 성공률은 훨씬 높아진다. 4가지 원칙의 원리와 4가지 원칙을 시작할 도구에 대해 더 자세히 알고 싶다면 team.my4dx.com을 참고하라.

"우리 팀, 조직에서 몇 퍼센트가량의 사람들이 점수판을 계속 새로 집계하고, 선행지표에 따른 주간 공약을 정하고, 가중목 회의를 진행하는가?" 이 질문에 답이 필요하다면 team.my4dx.com이 도움이 될 것이다. 이번 장에서는 팀이 성과를 내는 데 이와 같은 프로그램이 어떻게 도움이 되는지 설명하고자 한다. 리더가 어떤 프로그램을 쓰든 이런 기술적 지원이 필요하다.

경기 파악하기

4가지 원칙 자동화 시스템은 리더가 4가지 원칙에 따라 정해놓은 경기를 완벽하게 파악해야 한다. 이번 장에서는 4가지 원칙 경기를 뒷받침하는 시스템이 반드시 갖춰야 할 5가지 주요 요소를 설명하겠다.

---

1. 팀의 조직 체계, 팀원.
2. 가중목, '특정 일까지 X에서 Y로'로 표시된 후행지표, 주간 업무 목표치.
3. 선행지표, 일간 또는 주간 성과 기준.
4. 팀의 지난주 공약, 진행 상황, 다음 주 공약.
5. 가중목, 선행지표, 가중목 회의, 공약의 진행 상황을 한눈에 보여주는 요약.

대부분의 조직이 자료를 무수히 가지고 있지만, 이런 내용을 추적한 자료는 거의 없다. 있다 해도 다양한 시스템에 흩어져 있다 보니 자료를 수작업으로 통합해야 한다.

원칙 3을 지키는 팀은 진짜 점수판을 만들어 책무를 공개하고 팀의 참여를 유도한다. my4dx.com은 팀이 가중목을 정하는 순간부터 그것을 달성할 때까지의 전 과정을 추적하는 점수판을 제공한다. 나아가 점수판이 추적하지 않는 개인 공약까지도 추적한다.

이 프로그램은 궁극적으로 실행 계기판을 제공해, 가중목 달성 노력을 상세히 관찰할 수 있게 한다. my4dx.com에 실린 실행 계기판은 다음과 같다.

앞에서 나온 수전의 이벤트 관리팀을 예로 들어 실행 계기판의 주요 특징을 살펴보자.

4가지 원칙 자동화 시스템의 필수 요소 1:
리더, 각 팀원, 각자의 역할, 팀원을 나타내는 사진이나 그림.

우선 계기판이 오직 수전과 그녀의 팀에 맞춤화되어 있다는 사실에 주목하라. 조직의 여러 팀이 이 프로그램을 사용해도 해당 팀만의 계기판이 따로 있다. 왼쪽 상단에 수전의 이름이 나오고 그 아래 팀원의 이름이 나온다.

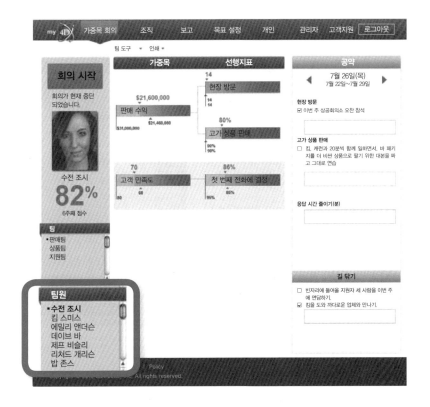

4가지 원칙 자동화 시스템의 필수 요소 2:
가중목, 후행지표(특정 일까지 X에서 Y로), 주간 업무 목표치.

수전의 사진 오른쪽에는 수전 팀의 가중목인 "기업 행사 수익을 12월 31일까지 2,200만 달러에서 3,100만 달러로 끌어올린다"를 나타내는 수치가 보인다. 팀이 가중목 경기에서 이기고 있는지 지고 있는지를 알 수 있는 유일한 수단은 이 수치다. my4dx.com은 후행지표를 달러, 퍼센트, 숫자 등으로 표시해, 책무를 명확히 한다.

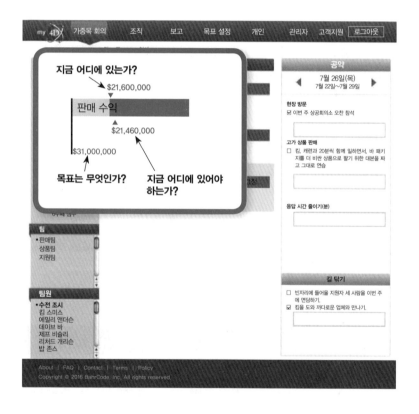

성과를 내고 싶으면 실행하라

팀은 매주 실제 성과뿐 아니라 주간 목표치와 비교한 성과도 기록할 수 있다. 이로써 "우리는 지금 어디에 있는가?" "우리는 지금 어디에 있어야 하는가?"에 곧바로 대답할 수 있다. 이 실행 계기판을 보면, 수전 팀은 숫자로 보나 상황을 표시한 색깔로 보나 팀 가중목에서 승리하고 있다는 것을 금방 알 수 있다.

계기판은 각각의 선행지표와 후행지표와 관련해 꼭 알아야 할 것만 보여준다. 즉, 지금 어디에 있고, 어디에 있어야 하며, 최종적으로 어디에 도달해야 하는지를 알 수 있다. 그리고 지금 있는 곳을 지금 있어야 하는 곳과 비교해, 현재 상황을 초록, 노랑, 빨강으로 표시한다. 그 오른쪽에는 팀의 가중목을 달성할 구체적 실천 목표인 선행지표 2가지가 수치로 나온다.

- 직원당 양질의 현장 방문을 한 주에 2건 완수한다.
- 모든 행사의 90%에서 더 비싼 상품인 최고급 바 패키지를 판매한다.

각 선행지표의 실제 결과를 매주 입력하기 때문에 팀원은 자신들이 경기에서 이기고 있는지 지고 있는지 알 수 있고, 더 중요하게는 선행지표가 후행지표 달성을 '예측하는지'도 알 수 있다.

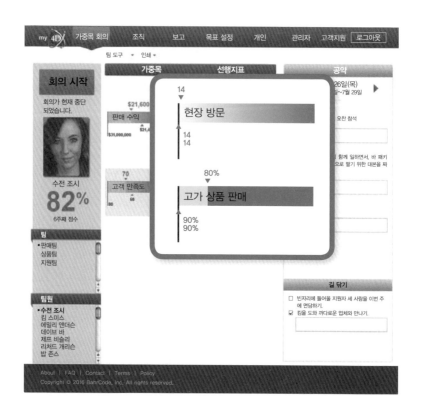

실행 계기판을 보면, 수전 팀은 현장 방문 선행지표는 잘 실천하고 있지만 고가 상품 판매 선행지표에서는 목표치를 밑돌고 있다는 것을 알수 있다.

이 사실을 인지한 수전 팀은 선행지표 점수와 궁극적으로는 팀의 가중목 점수를 움직일 공약을 준비 중이다.

성과를 내고 싶으면 실행하라

4가지 원칙 자동화 시스템의 필수 요소 4:
공약을 입력하고 공약 이행 여부를 표시.

팀원은 지난주 공약을 돌아보며 공약 이행 여부를 팀에게 설명한다. 이 계기판에서는 공약 옆에 있는 체크 표시로 공약 이행 여부를 알 수 있다.

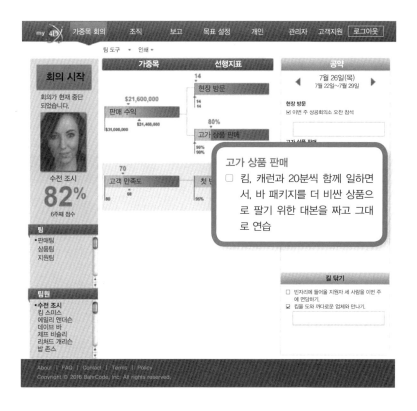

팀에 4가지 원칙 정착시키기

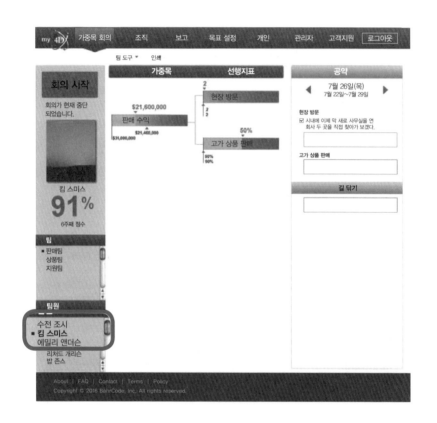

이제 수전이 참여하는 경기의 모든 요소를 한 곳에서 확인할 수 있다. 이로써 팀 전체의 성과를 쉽고도 빠르게 파악할 수 있다.

가중목 회의

수전 팀은 앞서 설명한 방식대로 매주 30분씩 가중목 회의를 한다.

성과를 내고 싶으면 실행하라

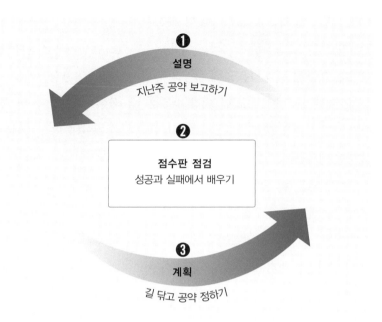

회의 전에 팀원이 해야 할 3가지 중요한 일이 있다.

1. 선행지표에 따른 개인의 성과를 입력한다.
2. 지난주 공약에서 이행한 것에 체크 표시를 한다.
3. 다음 주 공약을 입력한다.

이 3가지는 '회의 시작 전에' 해야 하는 일이다. 이렇게 하면 가중목 회의를 빠르게 진행하면서도 회의 중에 팀원의 성과를 하나씩 보면서 개인별 책무 목표를 알 수 있다.

예를 들어 앞에서 킴은 다음과 같이 보고했었다.

킴: 지난주에 저는 시내에 이제 막 새로 사무실을 연 회사 2곳을 직접 찾아가보겠다고 공약했고, 공약을 지켰습니다. 그리고 반가운 소식이 있습니다. 그중 한 곳과 다음 주에 현장 방문 일정을 잡았습니다!

점수판에 관해 말씀드리면, 현장 방문 2건을 완수했지만 그중 한 곳에만 고가 상품을 팔았습니다. 50퍼센트만 달성한 것인데, 다음 주에는 더 좋은 성과를 내겠습니다.

그리고 다음 주 공약을 말씀드리면, 작년에 우리와 연례 회의를 준비했지만 올해는 아직 우리와 계약하지 않은 고객 2곳에 전화를 걸든, 직접 찾아가든, 이야기를 해보겠습니다. 현장 방문 약속을 잡아, 그들이 우리 새 연회실을 직접 보고 올해도 우리와 계약하게 만들 수 있다면 좋겠습니다.

킴이 보고하는 사이에 수전은 my4dx.com에 들어가 킴의 성과를 공개한다.

이런 식으로 각자 구두로 성과를 보고할 때 모든 팀원은 my4dx.com에 나타난 그 사람의 성과를 볼 수 있다. 회의가 끝날 무렵 수전은 다시 한 번 전체 팀의 성과를 보여주면서 마지막으로 조언을 하거나 노고를 인정한다.

수전의 팀원들이 서로 다른 곳에서 근무한다거나 회의에 참석하지 못한 팀원이 있을 때도 누구든 쉽게 my4dx.com에 접속해 마치 한 공간에 있는 것처럼 서로의 성과를 볼 수 있다. 서로 떨어져 있는 팀원들이 책임을 분명히 할 때 특히 효과적인 방법인데, 이런 상황에서는 이 같은 프로그램이 점수판 역할도 할 수 있다.

조직 전체에 4가지 원칙을 자동화하기

우리는 4가지 원칙을 지원하는 기술의 여러 기능 중에 특히 리더와 팀에 가장 핵심인 기능만 설명했다. 더 자세한 내용은 my4dx.com을 참고하라.

> **4가지 원칙 자동화 시스템의 필수 요소 5:**
> 가중목, 선행지표, 가중목 회의, 공약의 진행 상황을 한눈에 알 수 있게 표시.

자동화는 한 조직에서 여러 팀이 4가지 원칙을 시작할 때 더욱 중요하다는 점을 강조해야겠다. 조직에서 4가지 원칙 적용과 성과를 이처럼 한눈에 평가하지 못한다면 효과적으로 성과를 내기가 불가능하지는 않더라도 무척 힘들 것이다.

조직의 상황을 한눈에 알아보려면 조직 전체의 실행 계기판이 들어간 간단한 보고 형식이 필요할 것이다. 이런 유형의 보고 사례가 '팀 상황 보고Team Status Report'라는 제목으로 my4dx.com에 올라와 있다(280쪽 그림 참조).

실행 계기판 형식인 이 보고서에는 각 팀이 한 줄로 표시되며 다음과 같은 정보가 들어 있다.

가중목 회의: 전체 팀원의 몇 퍼센트가 가중목 회의에 참여하고 있는가?

약속한 공약: 팀원 중 몇 명이 주간 공약을 정하고 있는가?

지킨 공약: 실행되는 공약은 얼마나 되는가?

선행지표: 도달해야 하는 선행지표에 비해 현재의 선행지표는 어느 정도인가?

가중목: 도달해야 하는 후행지표에 비해 현재의 후행지표는 어느 정도인가?

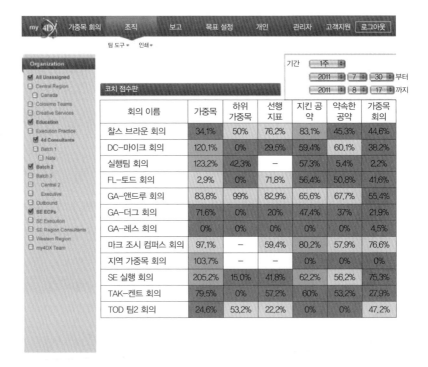

회의 이름	가중목	하위 가중목	선행 지표	지킨 공약	약속한 공약	가중목 회의
찰스 브라운 회의	34.1%	50%	76.2%	83.1%	45.3%	44.6%
DC-마이크 회의	120.1%	0%	29.5%	59.4%	60.1%	38.2%
실행팀 회의	123.2%	42.3%	—	57.3%	5.4%	2.2%
FL-토드 회의	2.9%	0%	71.8%	56.4%	50.8%	41.6%
GA-앤드루 회의	83.8%	99%	82.9%	65.6%	67.7%	55.4%
GA-더그 회의	71.6%	0%	20%	47.4%	37%	21.9%
GA-레스 회의	0%	0%	0%	0%	0%	4.5%
마크 조시 컴퍼스 회의	97.1%	—	59.4%	80.2%	57.9%	76.6%
지역 가중목 회의	103.7%	—	—	0%	0%	0%
SE 실행 회의	205.2%	15.0%	41.8%	62.2%	56.2%	75.3%
TAK-켄트 회의	79.5%	0%	57.2%	60%	53.2%	27.9%
TOD 팀2 회의	24.6%	53.2%	22.2%	0%	0%	47.2%

현재 상태를 빨강, 초록, 노랑으로 표시하면 전체 조직에서 이기고 있는지 지고 있는지를 불과 몇 초 만에 알 수 있다.

조직의 관점에서 리더가 할 일은 오른쪽의 가중목 회의에서 출발해 왼쪽의 가중목 달성으로 이동하면서 '빨간색 없애기'다. 이 점수판이 완전히 초록으로 바뀌면, 조직의 모든 팀이 4가지 원칙을 제대로 따르면서 애초에 계획한 성과를 달성하고 있다는 뜻이다. 참가율은 높은데 실행률은 낮다면, 점수판을 변화시킬 활동을 열심히 찾고는 있지만 제대로 실천하지 못한다는 뜻이다. 리더는 실행이 잘 안 되는 분야를 집중적으로 지원할 수도 있다.

4가지 원칙을 성공적으로 실행하는 2가지 중요한 요인은 간결함과 투명함이며, 적절한 프로그램을 이용하면 그 2가지를 실현할 수 있다. 이는 조직 전체를 선명하게 조망한다는 뜻이고, 모든 팀의 성과를 실시간으로 나타낸다는 뜻이다. 다시 말해, 최고위층부터 일선 팀에 이르기까지 각각의 선행지표, 후행지표, 가중목 달성 상황을 확인할 수 있다는 뜻이다. 그리고 가장 중요한 점은 지금 내가 이기고 있는지 지고 있는지를 그 자리에서 알 수 있다는 것이다.

팀에 4가지 원칙 정착시키기

조직에 4가지 원칙
정착시키기

1부에서는 반드시 이루어야 하는 목표를 달성하게 하는 운영 체계로서의 4가지 실행 원칙을 다뤘다. 2부는 4가지 원칙을 팀에 정착시키는 이야기였다.

이제 영역을 넓혀, 4가지 원칙을 조직에 정착시키는 이야기를 하고자 한다. 여기서 말하는 조직은 둘 이상의 팀으로 구성되었으며, 소규모 기업일 수도 있고, 다국적 기업일 수도 있으며, 그 중간일 수도 있다.

3부에서는 탁월한 리더들이 4가지 원칙으로 무엇을 성취했는지 볼 수 있다. 이들은 4가지 원칙이 어떻게 개별 팀뿐 아니라 전체 기업과 주요 정부 기관을 성과가 높은 조직으로 탈바꿈시켰는지 알려줄 것이다. 이들의 경험은 4가지 원칙이 하나의 프로그램에 그치지 않고 조직을 탈바꿈시키는 운영 체계라는 사실을 보여준다.

더불어 조직 전체에서 사람들을 가중목에 집중시키고 4가지 원칙을 적용하는 구체적인 방법도 다룰 것이다. '자주 하는 질문'에서는 우리가 가장 많이 받는 질문에 답을 해놓았다.

3부도 2부처럼 리더들에게 현장 지침서가 되도록 했다. 조직 전체를 움직여 훌륭한 성과를 내게 하는 큰 도전에 직면했을 때, 방향 제시와 통찰력이 필요하면 언제든 3부를 펼쳐 참고하라.

The *4* DISCIPLINES of EXECUTION

최고가 보여주는 최고의 사례들

→

이 책 전체에 걸쳐 4가지 원칙의 개념과 실행법을 소개했다. 그동안 리더 수천 명과 함께 일하면서 배운 것 중에 최고의 사례를 뽑은 것이다. 하지만 그런 리더들이 직접 전하는 이야기를 이 책에서 접할 수 없다면 완벽하다고 볼 수 없을 것이다.

그래서 우리는 네 명의 리더를 선정했다. 능력이나 경험에서 탁월할 뿐 아니라 4가지 원칙을 활용해 남다른 성과를 더러는 아주 대규모로 달성한 사람들이다. 이들의 이야기는 큰 도전과, 막강한 4가지 원칙을 팀에 적용해 얻을 수 있는 보상을 현실적인 관점에서 보여줄 것이다. 오직 4가지 원칙을 실행한 사람들만이 가질 수 있는 관점이다.

앨릭 코빙턴과 내시 핀치

앨릭 코빙턴Alec Covington은 내시 핀치Nash Finch 사장이자 최고경영자다. 내시 핀치는 미국 식품 유통업체 가운데 두 번째로 수익이 높은 상장

기업으로, 식품 소매업과 군부대 식품 조달업을 한다. 연간 매출액은 약 50억 달러다.

내시 핀치 팀은 4가지 원칙을 실행해 불과 6개월 만에 놀라운 성과를 거두었다. 다음은 앨릭이 4가지 원칙을 실행한 경험을 소개한, 그의 통찰력을 엿볼 수 있는 글이다.

가중목을 실행한 지 6개월 이상 지났는데 그간의 성과를 보면 정말 대단하다고밖에 할 말이 없다. 사실 우리 팀이 가중목을 얼마나 잘 수행했는지 믿기 힘들 정도이다. 정해진 과정을 지키고, 회의는 제때 빠짐없이 하고, 정기적으로 상황을 새로 집계했으며, 마지막으로 점수판은 흥미진진하고, 읽기 쉽고, 이해하기 쉽게 만들었다. 오늘 우리는 어떻게 우리 리더들이 4가지 원칙을 이용해 변화를 이끌어내고 회사에 족적을 남기는지, 그 놀라운 이야기를 하고자 한다.

나는 수년 동안 이 일을 하면서, 위기가 없으면 대대적인 변화도 있을 수 없다고 여러 차례 이야기했었다. 며칠 뒤면 망할 사업에 발을 디딜 때, 당연히 모든 사람의 주목을 받게 된다. 고객도 걱정하고, 직원도 직장을 잃지 않을지 걱정하고, 거래처는 대금을 어떻게 받을지, 받을 수나 있을지 걱정한다. 상황이 이처럼 불확실하다 보니, 고객도 기꺼이 바뀌려 하고, 직원도 기꺼이 다르게 행동하려 한다. 그것도 내일이 아니라 오늘 당장. 따라서 위기를 겪으면 다급함을 충분히 인식하고 즉시 그 일에 집중할 수 있다. 다른 문제가 산적해 있어도 위기를 해결하느라 다른 문제를 제때 해결할 수

성과를 내고 싶으면 실행하라

없다. 위기가 변화의 촉매제인 이유가 바로 이것이다.

하지만 위기가 끝나면, 장기적 계획을 세워야 하는 도전이 기다리고 있다. 나는 항상 이때가 두렵다. 온갖 좌절과 스트레스와 실망을 경험하는 시기이기 때문이다. 이 시기에는 항상 회오리바람이 전략적 계획을 압도한다. 내시 핀치만의 현상은 아니다. 내가 일했던 회사가 모두 그랬다.

이런 어려움에도 불구하고 우리는 전략적 계획을 추진해왔지만, 위기가 아닐 때는 다른 접근법이 필요했다. 우리는 4가지 원칙을 실행하기 시작했고, 그러면서 체계적으로 문제에 접근할 수 있었는데, 이는 위기 때의 다급함과 똑같은 효과를 냈다. 4가지 원칙은 우리를 위기 때처럼 움직이게 했다. 가장 중요한 것에만 집중해 그것을 밀고 나가는 방식이다. 그 효과는 대단했다.

이 과정에 계속 참여하고 그것에 대해 더 많은 것을 깨달은 지금, 4가지 원칙은 우리의 DNA가 되었고, 문화의 일부가 되었다. 4가지 원칙과 관련 없는 회의에 들어가도, "언제까지 X에서 Y로 바꾸겠는가?"라는 말을 들을 것이다. 4가지 원칙은 내시 핀치에 성공적으로 정착된 훌륭한 프로그램이며, 이 프로그램은 앞으로도 여러 해 동안 우리 회사에서 변화를 이끌어낼 길을 안내할 것이다.

이제 우리는 우리의 진행 상황을 이해하고, 앞으로 가야 할 길도 잘 안다. 가중목을 달성하려면, 안전하게 착륙하려면, 무엇을 해야 하는지 알고 있다. 그리고 이렇게 자문한다. "다음 해의 가중목은 무엇일까?" 4가지 원칙은 그야말로 우리 사업 운영 방식의 일부가 되었다.

우리는 이곳에 오기까지의 성공을 자축한다. 축하하고 즐기기를 간과할 수 없다. 그것을 간과한다면 중요한 하나를 빼먹는 것이다. 4가지 원칙은 우리가 거둔 성공을, 그리고 그 과정에서 뛰어난 성과를 거둔 개인과 팀을 축하하고 함께 즐기면서 실행할 때 그 효과가 극대화된다.

내가 공장이나 기타 시설을 둘러볼 때 그들이 거둔 성취를 축하하는 펼침막이 없으면 나는 늘 왜 없냐고 묻곤 했다. 그 답은 언제나 똑같다. 회오리바람에 치여 살기 때문이다. 하지만 이제 우리에게 새로운 의제가 생겼다. 4가지 원칙 그리고 가중목과 가중목 회의이다. 이런 것들을 모두 해내느라 분주하지만 그 와중에도 축하하고 즐기기를 소홀히 하지 않으려고 노력한다. 이 점은 펼침막에도 그대로 나타난다.

그리고 한 가지 덧붙이자면, 나는 리더가 모든 것을 관리할 수 없다고 생각하기 때문에 내게 돌아가는 상황을 정확히 알려줄 한두 개의 지표가 필요하다. 4가지 원칙에서 내가 의지하는 주요 지표는 가중목 회의의 출석률과 지속성이다. 그것이 내가 유일하게 묻는 것인데, 사람들이 회의에 꾸준히 참여하면서 성과를 지속적으로 보고하면 동료들이 책무를 공유해 이후의 과정은 저절로 굴러가리라고 확신하기 때문이다. 결국 참여가 관건이다.

내가 주시하는 두 번째 지표는 사람들이 가중목 회의를 어떻게 준비를 하는가이다. 내가 이 지표를 어떻게 측정할까? 바로 소모 시간이다. 가중목 회의는 팀의 동력이 될 수 있게 꼭 필요한 내용만으로 짧게 끝내야 한다. 너무 오래 걸리면 문제가 있다는 뜻이다.

성과를 내고 싶으면 실행하라

다른 회사 회의에서는 흔히 고위 리더들이 부과한 목표를 그 아래 리더들이 얼마나 달성했는지를 보고한다. 마치 막강한 고위층 인사가 석판에 목표를 새겨 아랫사람에게 전달한 뒤에 1년에 한두 번씩 와서 진행 상황을 보고하라는 것 같다. 이래서야 어디 일할 마음이 나겠는가?

그렇다면 그런 식으로 일을 처리해 어떤 성과를 얻었는지 자문해 봐야 한다. 성과는 많지 않다. 4가지 원칙은 패러다임의 변화를 요구한다. 고위 리더는 단지 '특정 일까지 X에서 Y로'라는 가중목을 달성했으면 좋겠다는 말만 할 뿐이다. 그러면 회사 내 여러 리더와 팀이 자신이 달성할 팀의 가중목과 선행지표를 정한다. 그러니까 달성 과정을 추적할 핵심 요소를 '직접' 정하는 것이다. 기존 방식과 가장 큰 차이점은 리더들이 위에서 내려온 목표가 아니라 스스로 정한 목표를 얼마나 이행했는지 보고한다는 점이다.

4가지 원칙을 실행하면서부터 우리는 해야 할 일을 '직접' 정하고, 그 일을 완성할 시간을 '직접' 정하며, 목표 달성 과정도 '직접' 정한다. 미국 기업은 직원들에게 다른 사람이 정한 목표를 달성하라고 한다. 그러나 목표를 정하든 목표를 놓치든 그것이 '내' 목표일 때 창조력이 솟기 마련이다. 기업의 예산 목표를 달성하는 것은 스스로 세운 목표를 달성하거나 스스로 정한 공약을 지키는 것만큼 중요하지 않을 것이다. 두 경우에 행동의 차이는 극과 극이다. 그리고 그 힘은 막강하다.

우리 회사에 나쁜 사람이 있다고는 생각하지 않는다. 다들 훌륭한 사람들이다. 그런데 가끔은 회사에서 20년, 30년, 또는 그 이상 일

조직에 4가지 원칙 정착시키기

한 훌륭한 사람도 우리에게 변화가 필요하다는 사실을 이해하지 못한다. 예전 업무 방식은 버리고 새로운 방식과 절차를 도입해야 한다. 그런데도 어떤 사람에게는 변화가 필요하다는 사실을 이해시키거나 설득시킬 방법을 찾기 어렵다. 하지만 4가지 원칙이 있으면, 변화가 필요한 부분을 분명히 보여주고, 모든 사람에게 그 변화를 인정하고 변화에 적응하는 책무를 부과할 수 있다. 그리고 한 가지 작업 방식에서 배운 내용을 다른 사업 분야에 응용할 수도 있다.

나는 20대에 처음 창고를 운영했었다. 하지만 창고 운영에 대해서는 아는 게 거의 없었다. 그 전까지 상점 관리만 했던 터라 유통 분야에서 일하기 전까지는 창고 운영을 배운 적이 없었다. 그런데 어느 날 창고에 들어갔다가 눈길을 끄는 장면을 보게 됐다. 휴식 중인 두 직원이 체스를 두고 있었고, 나는 그 모습이 신경 쓰였다. 그래서 그들 옆에 앉아 물었다. "체스를 두시는 모습이 보기 좋네요. 그런데 왜 지금 그걸 하시는 건가요?" 그러자 그들이 대답했다. "지금 쉬고 있는 거예요. 우리는 날마다 이 맛에 일하죠." 내가 왜 그 모습에 신경이 쓰였는지 알겠는가? 일이 얼마나 지루하면 오직 체스를 두는 낙으로 일을 할까 싶었다.

그로부터 몇 해가 지나 다른 작업장에 들렀다가 거기서 커다란 피아노 한 대를 보았다. 제조 시설 한가운데 웬 피아노냐고 묻자 잠깐 있으면 알게 된다는 답이 돌아왔다. 곧이어 종이 울리고, 직원들이 모두 피아노 주위에 둥글게 모여 고향인 러시아의 노래를 부르기 시작했다. 나는 저 힘을 일과 연결할 수 있다면 대단할 텐데,

하는 생각이 들었다. 15분 동안 노래를 부르는 대신 그 열정을 일에 쏟으면 어떨까?

4가지 원칙을 실행하고 있는 지금, 우리 시설을 지나다 보면 예전의 체스와 피아노에 해당하는 것들을 본다. 직원들은 즐거워한다. 그리고 열심히 참여한다. 그것은 체스판과 다를 바 없다. 날마다 출근해 그저 상자를 끌어내는 게 아니라 의미를 느끼며 일한다. 더 중요하게는 그들이 이해할 수 있는 것에 힘을 쏟는다. 어려운 재무지표인 '에비타'도 아니고, 수익도 아니며, 주당 순이익도 아니다. 그것은 한 시간에 상자를 몇 개나 추려낼 수 있느냐는 것이다. 원래 하던 일을 하면서 재미와 성취감을 느낄 수 있는 수치에 집중하는 것이다. 4가지 원칙이 우리 회사 전체에서 막강한 힘을 발휘하는 이유가 바로 그것이다. 이런 식으로 일을 하면 그 효과가 엄청나다.

4가지 원칙을 실행하는 사람들에게 생각해보라고 권하고 싶은 또한 가지는 가중목 회의에 참석하면서 미래에 리더가 될 사람을 찾아보라는 것이다. 조직 안에는 지금 성장하는 사람, 즉 리더가 되고 있는 사람이 있다. 지금 당장은 지게차를 몰 수도 있고, 창고로 들어오는 트럭을 접수할 수도 있으며, 재고를 관리할 수도 있지만, 4가지 원칙을 실행하는 과정에서 리더가 될 만한 사람을 직접 발견할 것이다.

정반대의 사람들을 보지 않았다면 그렇게 말하지 못할 것이다. 가중목 회의는 특별히 뛰어난 사람만 찾아내는 것이 아니라 회의에 나타나지 않는 사람, 공약을 지키지 않는 사람도 가려내기 때문이다. 이들은 팀을 정체시키고, 목표 달성에 방해가 되는 사람들이다.

조직에 4가지 원칙 정착시키기

궁극적으로 4가지 실행 원칙은 목표를 달성하는 사람을 찾아내고, 승진시키고, 보호하고, 유지하게 해준다. 그리고 그렇지 못한 사람들이 누구인지 알려준다.

이제까지 최고의 성과를 낸 팀은 가장 생생하고 가장 알아보기 쉬운 점수판을 만들어 수많은 사람이 쉽게 이해하게 한 팀이었다. 이 창고에 들어가면, 사람들이 얼마나 창조적인지 깜짝 놀라게 된다. 그곳 직원 100명 중에 예술가가 있는 게 분명하다. 우리는 그 사실을 거듭 확인했다. 만약 팀에 문제가 있다면, 점수판을 보고 이렇게 자문해보라. 점수판이 한눈에 들어오는가? 점수를 확인해야 하는 사람들을 적극 참여하게 하는가? 간단하고 이해하기 쉬운가? 점수판은 그것을 이용할 사람이 직접 만들었는가, 다른 사람이 만들어주었는가?

점수판의 위력은 대단하다. 정말 우스꽝스러워 보일 수 있는 점수판도 그 위력만큼은 막강하다. 점수판을 날마다 관찰해야 하는 사람들에게는 의미가 각별하기 때문이다. 점수판이 마음에 들지 않아도 상관없다. 그건 중요치 않다.

마지막으로, 성취를 축하할 때 고위 리더들에게 고마워하지 말라고 조언하고 싶다. 꼭 부탁한다. 고위 리더들은 한 게 없다. 고위 리더가 가중목을 달성한 경우를 한 번도 본 적이 없다. 가중목이 달성되는 방식은 이렇다. 4가지 원칙을 알아낸 사람은 고위 리더들이다. 이들은 상황이 잘 풀리지 않는다며 도움이 될 만한 일련의 체계를 찾았다고 했다. 하지만 그 체계를 받아들이고, 배우고, 사용하고, 놀라운 성과를 내놓은 사람들은 현장에 있는 일선 리더들

성과를 내고 싶으면 실행하라

과 팀이다. 고위 리더들에게는 고맙다는 말을 할 필요가 없다. 그들이야말로 일선 리더와 팀에게 고마워해야 한다.

결국 고위 리더는 골프 캐디인 셈이다. 일선 리더들이 9번 아이언이 필요하다고 말하면, 고위 리더는 그들에게 훌륭한 9번 아이언을 건네야 한다. 새 드라이버가 필요하다면, 공을 가장 멀리 날릴 드라이버를 주어야 한다. 4가지 원칙도 이와 똑같다.

이 프로그램은 공을 쳐낼 수단을 제공했고, 4가지 원칙과 조직 덕에 우리는 건너편에 있는 책임자가 공을 받아주리라는 것을 알 수 있었다. 정말 대단했다. 4가지 원칙은 리더와 팀에게 공을 받아 그것을 쥐고 달릴 수단을, 그러니까 공을 책임질 수단을 제공했을 뿐 아니라 그들이 그 일을 훌륭히 해냈을 때 그 사실을 인정해주었다. 정말 막강한 도구다.

데이브 그리슨과 메리어트 인터내셔널

메리어트 인터내셔널 아메리카 사장인 데이브 그리슨Dave Grissen은 4가지 원칙을 우선 8개 호텔에 시험적으로 실시했다. 그리고 그 결과가 워낙 좋아 단계적으로 더 큰 호텔 두 곳에도 실시했고, 결국 이후 2년에 걸쳐 메리어트 호텔 700여 곳에 4가지 원칙을 확대 실시함으로써, 전 세계에서 4가지 원칙을 가장 대규모로 실시하는 중요한 곳이 되었다.

다음은 데이브가 자신의 경험을 소개한, 그의 통찰력을 엿볼 수 있는 글이다.

조직에 4가지 원칙 정착시키기

우선 메리어트 소개부터 하겠다. 세계적인 숙박 기업인 메리어트는 전 세계에 3,700개에 가까운 호텔이 있으며, 우리 직영 호텔에 고용된 직원은 약 12만 9,000명이다. 메리어트 집안은 85년 전에 조직의 핵심 가치와 문화를 정립했고, 오늘날 직원들 사이에 이 문화가 정착되었다. 윌러드 메리어트J. Willard Marriott 는 직원들을 보살피면 직원들은 손님을 보살필 것이고 그 손님은 다시 찾아오리라고 생각했다. 이런 철학에 담긴 서비스 정신이 회사의 군건한 문화, 직원의 높은 만족도, 지속적인 성장의 초석이다. 우리는 우리 문화를 고양시키면서, 운영의 혁신과 개혁을 꾀할 방법을 지속적으로 찾고 있다.

나는 4가지 실행 원칙을 듣자마자 우리에게 안성맞춤이라는 생각이 들었다. 마치 누군가 우리 사업을 지켜보고 우리에게 필요한 체계를 맞춤 제작해준 것 같았다. 그 좋은 증거 하나는 사람들이 그것을 피하기는커녕 그것을 지지한다는 점이다. 사실 우리는 이제까지 그 어느 호텔에도 참여하라고 요구한 적이 없다. 호텔 쪽에서 먼저 우리에게 참여 의사를 밝혀왔다.

우리는 8개 호텔에서 시험적으로 4가지 원칙을 실행하기 시작했다. 시험이 끝날 때 8개 호텔이 모두 놀라운 성과를 거두었다. 가장 뛰어난 사례는 아마 직영 호텔 중에 가장 큰 뉴욕 시에 있는 메리어트 마르키스Marriott Marquis 일 것이다. 이 팀은 4가지 원칙을 실행한 첫해에 우리 호텔의 위대한 30년 역사상 가장 높은 고객 만족도를 달성했다. 이밖에도 수익과 이익에서 모두 최고를 기록했다. 리더라면 다들 알다시피, 한 해에 판매, 이익, 고객 만족도에서 최고를 기록한다는 것은 놀라운 성과이다.

우리는 이 성공을 토대로 하여 북아메리카와 남아메리카에 있는 700여 개 호텔에서 4가지 원칙을 실행해, 두 대륙에서 뛰어난 숙박 기업이 된다는 '가장 중요한 목표'를 추구하기로 했다. 우리는 메리어트 내에서 노련한 리더들로 팀을 구성하는 것부터 시작했다. 우리의 핵심 기본 조직을 이루고, 프랭클린코비와 협력 작업에서 길잡이와 책임자가 되어줄 사람들이다. 이 내부 팀을 만드는 것은 우리를 위한 중요한 투자였다. 팀이 조직되자 주요 시장에 있는 호텔에 4가지 원칙을 체계적으로 실행할 준비가 완료되었다. 짐작하다시피, 그것은 대대적인 작업이고, 각 단계 리더들이 상당한 힘을 쏟아야 하는 일이었다. 그런데 각 도시마다 리더들은 단지 공약만 하는 게 아니라 이 원칙의 위력과 그것을 이용해 가장 중요한 목표를 달성하는 자신의 능력에 열광했다.

2년여 동안 우리는 700여 개 호텔에서 그리고 전국의 영업팀뿐 아니라 인사팀과 정보기술팀 같은 중앙 팀의 상당수에서 약 4,000여 명에게 리더 자격을 정식으로 인정하고, 4가지 원칙 실행을 완수했다. 이 기간 동안 약 1만여 명의 직원이 4가지 원칙을 이용하기 시작했고, 가장 중요한 목표를 달성하기 위한 공약을 100만 개나 내놓았다. 직원들의 높은 참여와 열정 그리고 4가지 원칙의 폭넓은 활용 범위를 잘 보여주는 결과다.

우리는 4가지 원칙을 더 광범위하게 실행할 계획을 세운 가운데, 4가지 원칙이 많은 사람을 대단히 구체적인 목표에 집중하게 하고 목표 달성까지 집중력을 잃지 않게 하는 운영 체계였다는 것을

조직에 4가지 원칙 정착시키기

분명히 확인하게 되었다. 이 실행 기반 덕에 각 호텔은 회사의 미래상에 걸맞은 해당 호텔만의 목표를 세울 수 있게 되었다. 이처럼 명확한 미래상을 염두에 둔 직원들은 자신의 하루 일과가 회사의 전반적인 성과와 어떻게 연관되는지 이해한다. 그러면서 자신이 공동의 목표를 달성하기 위해 일하고 있다고 느낀다. 그 결과, 우리는 이 업계에서 독보적 수준의 적응력, 집중력, 참여도를 보여주었다.

나는 과거를 돌아보며, 이 책을 읽는 리더들에게 어떤 조언을 해줄지 생각하다가 중요하다고 생각되는 핵심 교훈 몇 가지를 소개하기로 했다.

첫째, 조직 문화에 맞는 실행 계획을 세워라.

4가지 원칙은 어느 문화에서도 효과를 내겠지만, 실행 방법은 조직과 사람의 특성에 따라 매우 다양하며, 그에 따라 가장 적절한 방법이 있게 마련이다. 우리 문화에서 내가 각 호텔에 4가지 원칙을 실행하라고 명령했다면, 제대로 결실을 보지 못했을 것이다. 그 방법이 가장 효율적일지는 몰라도, 우리 문화에서 가장 중요한 것은 동의이다. 우리는 시험적으로, 우리와 여러 해 함께 일한 8개 호텔 리더들에게 지역 회의에서 다른 호텔 리더들을 만나보라고 했다. 8개 호텔의 총지배인들이 앞장서서, 4가지 원칙은 목표에 집중해 성과를 내는 좋은 수단이었다고 자신의 경험을 알렸을 때, 그 효과는 이루 말할 수 없었다. 그리고 이들이 "앞으로는 절대 예전 방식으로 돌아가지 않을 것"이라고 말하자 4가지 원칙이 빠르게 퍼졌다.

성과를 내고 싶으면 실행하라

리더들은 자신이 절대적으로 신뢰하는 아이디어를 실행하고픈 유혹을 느끼게 마련이다. 그러나 4가지 원칙을 단지 또 하나의 좋은 아이디어로만 소개한다면 성공에 필요한 몰입을 이끌어내기 어렵다. 우리는 어떤 아이디어를 실천하면서 애초에 동의를 구했거니 생각했다가 그 아이디어가 조직에서 조용히 사라져버렸다는 사실을 뒤늦게 깨닫는다. 사람들이 그 아이디어를 싫어해서가 아니다. 회오리바람을 처리하느라 바쁘기 때문이다. 동의를 얻기까지는 시간이 걸리지만 동의를 얻어야 진짜 효과를 볼 수 있다. 새로운 프로그램을 빨리 알리라고 명령할 수 있지만, 문제는 사람들이 그것을 실천하느냐이다. 4가지 원칙의 경우, 따로 시간을 내어 실행한다면 더욱 성공적으로 시작해 더 좋은 결과를 얻을 것이다.

둘째, 이미 아주 잘나가는 조직에서 4가지 원칙을 실행하기가 더 어렵다는 사실을 기억하라.

일이 잘 안 풀리는 팀에게는 인기 있는 프로그램을 소개하기가 쉽고, 변화 욕구도 쉽게 일어나게 마련이다. 하지만 여러 해 동안 승승장구하는 조직에 새로운 것을 시도하라고 말하기는 쉽지 않다. 이들은 새로운 아이디어의 유효성에 의문을 품기 쉽다. 문제를 해결하려고 안간힘을 쓰는 리더라면 도움이 될 만한 것은 무엇이든 받아들이려 한다. 반면에 잘나가는 리더는 직접 아이디어를 내어 그 가치를 평가하려 한다. 우리 조직은 애초부터 성공은 절대 영원하지 않다고 믿었고 그에 따라 서비스를 해왔는데 여기에 이번 시험 결과까지 더해지니, 리더들의 동의를 구하기가 훨씬 수월했다. 새로운 아이디어를 실행할 때는 신중해야 하는데, 이를 위해 조직

조직에 4가지 원칙 정착시키기

의 문화와 리더를 이해하고 새로운 아이디어를 어떻게 실행할지를 파악하는 것은 필수이다.

셋째, 고위 리더는 모든 리더에게 책무를 부과하는 데 집중해야 한다.

다시 말해, 일단 시작했으면 모든 걸 다 걸어야 한다. 이때 도구가 필요한데, 이를테면 4가지 원칙과 관련 소프트웨어(my4dx.com)에서 제공하는 정기적 책임 부여와 보고 체계 같은 것이다. 고위 리더는 매주 반드시 보고 받아야 한다는 걸 이해하는 일선 리더라면, 보고를 대단히 중요하게 여겨 절대 빼먹지 않는다. 나도 이 시스템을 이용해 매주 성과를 검토한다. 이제 이 방식이 우리의 실행 방식임을 가장 확실하게 보여주려면 리더들에게 결과에 책임을 지게 해야 한다. 리더 한 사람을 봐주면 순식간에 모두가 집중력을 잃기 시작한다. 여기에는 이 시스템의 투명성이 도움이 된다. 나를 포함해 모든 고위 리더들이 호텔의 세세한 부분까지 볼 수 있다. 열정적으로 일에 몰두하는 리더들에게도 책임을 더 압박해야 회오리바람이 몰아치는 외중에도 계속 집중력을 유지할 수 있다.

넷째, 실행을 지원할 토대를 확보하라.

실행 규모가 작다면 4가지 원칙 코치가 한두 명이면 충분할 수 있다. 우리는 애초에 어느 정도 규모 있고 빠른 실행을 계획했기 때문에 그것을 받쳐줄 탄탄한 토대가 없으면 성공할 수 없었다. 처음부터 그런 수준으로 투자를 하기란 결코 쉬운 일이 아니다. 우선 진짜 재능 있는 실력자가 필요하다. 우리는 경험이 풍부한 사람을 골랐다. 우리 호텔을 운영한 경험이 있는 리더, 타인에게 감화를 주고 일을 완수하는 신뢰를 보인 리더다. 돌이켜보면, 우리 결

성과를 내고 싶으면 실행하라

정 가운데 가장 중요한 결정이었다.

4가지 원칙 실행에는 재능 있는 리더 외에도 우리 노력을 뒷받침하는 적절한 도구와 시스템 그리고 훈련도 필요했다. 우리는 이 프로그램을 회사가 이 과정에 얼마나 몰두하고 그것을 우리 문화로 만들려고 노력하는지 보여줄 확실한 도구로 자리매김하기로 했다. 우리는 참여와 성과를 추적할 보고 도구를 개발했으며, 가상훈련을 이용했다. 우리는 15개 국가에서 다양한 언어로 사업을 하던 터라 이 프로그램을 적절한 기간에 실행하고 빠르게 알릴 훈련 방법을 새로 개발해야 했다.

다섯째, 4가지 원칙을 실행하면 팀의 참여도를 높일 수 있다는 점을 기억하라.
앞에서 조직 문화 이해의 중요성을 강조하면서 글을 시작했는데, 이제 한 바퀴를 돌아 4가지 원칙은 매우 군건한 문화조차도 더 높은 수준으로, 이를테면 즐거운 문화로 끌어올릴 수 있다는 사실을 강조해야겠다. 팀의 구성원은 자신이 팀의 점수판에서 미치는 영향을 매주 확인하기 때문에 단지 책임만 지는 것이 아니라 참여도 하게 된다. 날마다 자신이 하는 일이 정말 중요하다는 사실을 분명히 확인할 수 있기 때문이다. 물론 그 전에도 회사 일에 늘 참여했겠지만, 4가지 원칙을 실행하면서 참여도는 더욱 높아졌다. 앞서 말했듯이, 직원들은 모두 명확한 목표를 가지고 있고, 그래서 우리의 핵심 가치와 직접적으로 연결된다. 일선 직원에서 관리팀 그리고 업무 최고책임자에 이르기까지 전 직원이 자신의 일이 회사에 어떻게 영향을 미치는지 알고 있다. 그래서 우리 직원들은 자기 생각을 분명히 이야기한다. 모두가 변화를 이끌어낼 수 있다. 우리 혁신은 밑바닥부터 시작한다.

4가지 원칙은 업무 성과를 이끌어내는 실행에 초점을 맞추지만, 직원들은 그 기술을 업무뿐 아니라 다른 이력에도 두루 활용하는 추가적 혜택을 누린다. 우리는 직원들에게서 4가지 원칙을 사적인 영역까지 확장해 삶을 개선했다는 이야기를 수없이 들었다. 이런 교육과 훈련을 제공하면서 우리 리더에게 투자를 하는 것은 직원의 참여를 더 높이 끌어올리는 또 하나의 방법이다.

우리는 지금도 4가지 원칙을 꾸준히 실천하는데, 그것은 회사와 직원들에 대한 우리 식의 투자이며, 우리의 운영 방식을 그날그날에 맞게 바꿔가는 방법이기도 하다. 가장 중요한 목표를 시장 점유율로 정하든, 이익으로 정하든, 고객 만족도로 정하든, 4가지 원칙만 있으면 그 목표를 달성할 수 있다는 것을 우리는 잘 안다.

훌륭한 사업 기술이든 훌륭한 삶의 요령이든 4가지 원칙은 스스로 책임지는 법, 타인의 책임을 분명히 하는 법, 궁극적으로는 더 훌륭하게 사업을 수행하는 법을 아우르는 포괄적인 기술이다.

리앤 탤벗과 컴캐스트

리앤 탤벗LeAnn Talbot은 필라델피아에 있는 컴캐스트Comcast 본사와 주변 지역을 포함하는 컴캐스트 프리덤 지역Freedom Region의 상무다. 그 전에는 그레이터 시카고 지역GCR: Greater Chicago Region 상무로, 일리노이 중부와 북부, 인디애나 북서부, 미시간 남서부의 마케팅과 판매, 운영을 담

성과를 내고 싶으면 실행하라

당했었다. GCR은 컴캐스트가 운영하는 대규모 지역이지만 성과가 매우 낮았다.

리앤의 말에 따르면 "잠재력은 있지만 평소의 업무 흐름을 바꿀 능력이 없었다." 그러나 2년 뒤 리앤과 그녀의 팀은 10여 개 지역에서 꼴찌인 GCR을 2등으로 올려놓았다.

다음은 리앤의 통찰력이 드러나는 글로, 이 지역에서 4가지 원칙을 실행한 경험을 잘 보여준다.

"예전에 담당한 지역에서 했던 것을 시카고에서 하라. 한마디로, 1등을 하라." GCR을 지휘하는 자리를 두고 인터뷰할 때 컴캐스트 케이블 사장이 내게 맡긴 사명이었다. GCR은 2가지 면에서 중요한 곳이었다. 회사의 10퍼센트를 차지할 정도로 규모가 손꼽힌다는 점, 그리고 실적이 좋지 않다는 점이었다.

지난 9년 동안 이 지역은 컴캐스트가 성과를 측정한 거의 모든 측정치에서 꼴찌였다. 리더가 계속 바뀌어도 마찬가지였다. 간단히 말해, 이곳은 그다지 즐겁지 않은 곳이고, 재능 있는 사람이라면 이력에 미칠 악영향을 걱정해 시카고에 가려 하지 않았다.

무대는 마련되었다. 우리는 빠른 시일에 성과를 개선해 이 중요한 지역이 정상화되었다고 알려야 했다. 이 지역이 중요한 탓에 우리는 이른바 '사랑'이라는 과도한 관심을 받게 되었고 압박감은 더 심해졌다. 우리는 한마디로 잘 짜인 계획이 필요했다. 그것도 지금 당장.

우리는 적절한 리더 팀을 꾸리는 것부터 시작했다. 다양한 생각,

존중, 책임을 중시하는 문화를 만들 팀이다. 궁극적으로는 지도적 위치에 있는 사람들의 70퍼센트를 바꿔, 눈에 띄게 참여도가 높은 리더 팀을 꾸려야 한다는 이야기였다.

다음으로 우리는 이길 수 있다는 확신이 필요했다. 따라서 성공을 축하할 기회라면 아무리 사소해도 놓치지 않았다. 처음에는 그런 기회를 찾기 힘들었다. 하지만 몇 달이 흐르면서 성공은 또 다른 성공을 낳았고, 우리 팀은 서서히 자신감을 갖기 시작했다. 회사에는 우리와 함께 참여하는 핵심 '챔피언'('용어 해설' 참조)이 있었다. 이들은 우리의 성공을 컴캐스트 전체에 퍼뜨려, 우리 팀이 마음가짐을 새롭게 다지도록 도와주었다.

이 같은 기본 요소가 갖춰지자, 극적인 개선을 촉발한 주요 촉매제를 찾아 거기에 집중해야 한다는 생각이 들었다. 회사에는 집중해야 할 일이 워낙 많아 어느 하나를 정하기가 무척 어려웠다.

"학생이 준비되면 선생은 나타나게 마련이다"라는 말은 누구나 들어봤을 것이다. 우리가 그랬다. 우리 팀의 리더 한 사람이 우연히 4가지 실행 원칙을 주제로 한 오찬에 참석한 것이다. 그는 오찬을 마치고 곧장 내 사무실로 와서는 이렇게 말했다. "우리한테 필요한 게 바로 이거예요." 그날 밤 나는 퇴근길에 4가지 원칙 CD를 들으며 맞장구를 쳤다. 솔직히 말하면 당장 시작하고 싶었다. 우리 팀은 회오리바람에 허우적대고 있었고, 나는 4가지 원칙이 출구라는 확신이 들었다.

그런데 문제가 딱 하나 있었다. 하나의 지역으로서 우리는 아직 목표를 달성하지 못했다. 나는 새 리더로서 새로운 '프로그램'에 돈

성과를 내고 싶으면 실행하라

을 쓰는 어려운 결정을 해야 했다. 동시에 아주 중요한 것만 빼고 다른 지출은 모두 없애야 했다. 개인적으로는 이번 투자로, 내가 스스로의 힘으로는 이 지역을 바꿀 수 없다고 생각한다는 잘못된 인식을 심어주지 않을까 걱정스러웠다.

결국 위험을 감수하기로 했다. 4가지 원칙을 이용해 우리에게 필요한 체계를 갖추고 집중력을 발휘할 수 있으리라는 확신이 들었다. 나는 4가지 원칙을 실행하는 동안 한 번도 그것을 훈련 프로그램이나 심지어 관리 프로그램으로도 생각해본 적이 없었다. 4가지 원칙은 불가피한 회오리바람을 계속 관리하게 하면서 동시에 가장 중요한 목표에 초점을 맞추게 하는 '운영 체계'였다. 그것은 본질적으로 다급한 일상 업무를 처리하면서도 우리가 세운 계획을 체계적으로 실천해 성과를 내게 했다.

우리는 시카고에서부터 시범적으로 조용히 시작했다. 미국에서 인구가 세 번째로 많은 도시인 시카고는 환경이 독특했다. 이곳에서 케이블 사업을 하는 것은 상당한 도전이었고, 그 결과 이곳의 성과는 최하위였다. 아무리 노력해도 성과를 끌어올리는 것이 불가능해 보였다. 4가지 원칙의 효과를 증명하기에는 이상적인 환경인 셈이다. 시카고에서 통한다면, 이 지역 전체에 통할 게 분명하니까.

결국 성과와 팀의 참여도 결과가 나오자 우리는 지역 전체에 4가지 원칙을 실행하기로 했다. 우리는 사업을 평가하는 주요 측정치인 '재방문율(적어도 한 번은 설명했던 문제를 다시 설명하기 위해 고객의 집을 다시 방문하는 확률)'을 거의 절반으로 줄였다. 그리고 '구조한' 고객(서비스를 취소하려다가 우리 설득으로 취소하지 않은 고객)도 두 배로 늘었으며, 그 외에 많은 다른 측정치에서도 모두 긍정적인 결과가 나타났다. 4가지 원칙에 조금 투자했을 뿐인데, 5개월 만에 비용을 무려 200만 달러 이상 줄였다.

이런 결과 외에 팀에도 극적인 효과가 나타났다. 덩치가 큰 기술 책임자들이 분홍색 가발을 쓰고 복도를 지나 '가장 중요한 목표(가중목)' 회의에 들어가는 모습을 보았다. 회의 때는 곰 인형을 끌어안고 다 함께 웃으며 회의를 진행했다. 일선 기술자들은 매주 점수판 주위에 옹기종기 모여 자기 결과가 나타나길 기다렸다. 그리고 무엇보다도 점수판 점수가 가중목에 꾸준히 다가갔다.

우리는 처음부터 팀 내의 회오리바람을 인정했기 때문에 필요한 신뢰를 얻을 수 있었다. 우리는 솔직하게 말했다. 일상 업무는 늘 존재한다고. 회오리바람은 사라지지 않는다고. 하지만 4가지 원칙으로 중요한 분야에서 진전을 이룰 것이라고 약속했고, 그러면 궁극적으로 회오리바람도 줄어들 것이라고 확신했다. 우리는 약속을 지켰고, 우리 확신은 증명되었다.

그리고 팀에 4가지 원칙 코치를 두는 게 얼마나 중요한지도 깨달았다. 조직에 그런 자원을 심어두는 것은 4가지 원칙 성공의 열쇠이며, 이번에 우리는 내부에 전문가를 키울 수 있었다. 우리 코치는 이미 여러 집단과 팀을 이룬 인사부 사람들이었는데, 이들이 자신의 책임을 확장해 코치 역할까지 수행한 덕에 가중목 회의가 매주 열리고, 팀이 책무 공유를 확실히 하고, 점수판이 만들어져 점수가 수시로 갱신되고, 팀원은 자신의 공약을 지킬 책임을 지게 되

성과를 내고 싶으면 실행하라

었다.

이미 만들어진 팀이 새로 생긴 팀을 도와 자신이 받은 것을 타인에게 베풀기 시작하면서 4가지 원칙 실행의 또 다른 장점이 나타났다. 이제 막 생긴 팀은 경험 있는 팀의 가중목 회의와 고위급 회의에 참석하게 된다. 그리고 이 과정을 이미 경험한 사람들은 다른 팀의 조언자가 된다. 우리는 재정과 고객 서비스 분야의 목표를 달성하려고 4가지 원칙을 채택했고, 그 성과는 대단했다. 그리고 금상첨화로 4가지 원칙은 우리 조직의 문화에도 큰 영향을 끼쳤다.

GCR의 성공은 단지 4가지 원칙을 도입했기 때문만은 아니다. 우리는 굳건한 리더 팀을 구성해, 재빨리 우리 격차를 평가하고, 결과를 내놓을 활동 계획을 세웠다. 하지만 이 모든 일은 4가지 실행 원칙이라는 운영 체계를 발견하면서 시작되었고, 4가지 원칙은 이 여정을 승리로 이끌어주었다.

이제 우리는 거의 최고 순위에 올랐고, 재정과 고객 서비스에서도 꾸준히 좋은 결과를 내고 있다. 그리고 〈시카고 트리뷴 Chicago Tribune〉이 선정한 '2011년 최고의 직장 100곳'에 포함되는 등 고용주로서 인정을 받기 시작했다. 처음 이 여정을 시작할 때만 해도 모든 과정이 이렇게 빨리 일어날 줄은 몰랐다.

나는 4가지 원칙이 집의 골조 같다고 생각한다. 하지만 이 집이 완성되려면 인재가 필요하고, 추진력과 확실한 정보, 상부의 지원, 강인한 리더, 그리고 전 과정을 지휘할 챔피언이 있어야 한다는 사실을 늘 잊지 않는다.

워커와 조지아 주 복지부

워커B. J. Walker는 일리노이 주와 조지아 주 행정부에서 일했고, 시카고 시장을 지냈다. 2004년, 소니 퍼듀Sonny Perdue 조지아 주지사는 워커를 주 복지부 장관에 임명했다. 총예산이 32억 달러가 넘고 직원이 약 2만여 명인 대규모 조직이었다. 이 조직은 조지아 주의 거의 모든 복지 사업을 관리했다.

2007년, 워커는 4가지 원칙을 이용해 복지부 전체에 개혁을 단행했다. 특히 일선에서의 실수가 시민의 심각한 부상이나 사망으로 이어질 수 있는 분야를 주의 깊게 살폈다. 워커의 감독 아래, 아동 복지와 아동 지원, 노동 복지, 식료품 구매 자격에서 주요 지표의 상당수가 획기적이고 지속적으로 개선되었다.

다음은 워커가 자신의 경험을 소개한, 그녀의 통찰력을 엿볼 수 있는 글이다.

2007년에 소니 퍼듀 주지사가 내게 프랭클린코비의 4가지 실행 원칙을 이용하면 어떻겠느냐고 했을 때 나는 문제투성이인 복지부를 천천히 그러나 꾸준히 개선하던 중이었다. 하지만 우리는 솔직히 애를 먹고 있었다. 업무에 일관성 유지하랴, 우리가 정한 업무 우선순위가 옳다고 거대한 관료 조직을 설득하랴, 일선에서 측정지표를 이용해 그날그날의 업무를 측정하랴, 끊임없는 언론과 정치의 감시로 보이는 폭풍우를 잠재우랴 정신이 없었다. 시간도 없고 사람과 자원도 턱없이 부족한데 수많은 변화를 이끌어내느

성과를 내고 싶으면 실행하라

라 힘들고 부담스러운 날이 많았다.

4가지 실행 원칙은 이 경기를 완전히 바꿔놓았다.

첫째, 소수의 슈퍼스타가 가진 재능에 집중하기보다 팀으로 경기를 이끌 때 성과가 극대화된다는 확신이 들었다.

둘째, 내가 이기고 있는지 지고 있는지 알아보려면 후행지표로 가득한 보고서를 기다려서는 안 된다는 확신이 들었다. 그런 자료는 항상 어떤 조치를 취하기에는 너무 늦게 제출됐다. 나는 여러 해 동안 소프트볼을 했는데, 거기서 느낀 점은 차라리 경기 전체를 지는 편이 매회(매 이닝) 지는 것을 참는 것보다 덜 고통스럽다는 것이다. 후행지표만으로 일하는 것은 각 회가 끝난 뒤에 점수를 게시하는 것과 같다. 점수를 보면 지고 있다는 걸 알지만 경기를 반전시키기에는 너무 늦어 계속 지는 수밖에 달리 도리가 없다.

특히 복지 기관에서는 "나는 잘하고 있어. 나는 사람들을 돕고 있어. 눈코 뜰 새 없이 바빠"라는 말로 업무를 정당화하기가 쉽다. 하지만 이 경우는 이미 알고 있는 경기를 계속하면서 최종 점수를 기다릴 뿐이다. 경기에서 진다면 단지 한순간의 고통일 뿐, 선행지표로 매일 그리고 매주 압박에 시달리지는 않는다.

그러나 선행지표에 초점을 맞추면 그 수치가 움직이는 것을 확인할 수 있다는 장점이 있다. 그리고 선행지표가 움직이면 후행지표에서도 이기기 시작한다는 증거다. 안타깝게도 대부분의 공공기관은 매주 점수를 보며 승리를 확인하는 일은 결코 없었고, 그러다 보니 스스로를 이기는 팀으로 생각한 적이 없다. 나는 '매주' 점수를 주시하고 그 점수를 공개하는 것을 책임으로 삼았다. 그 결과,

조직에 4가지 원칙 정착시키기

우리는 점수에 꾸준히 집중하면서 이기는 데 익숙한 팀이 되었다.

셋째, 어쩌면 이게 가장 중요한데, 새로운 행동을 기꺼이 받아들여야 한다는 확신이 들었다. 특히 최고 중역으로서만이 아니라 현장에 있는 사람으로서 리더가 되어 근엄한 사명의 기단에서 내려와 현장에 뛰어들어, 10미터 높이에서 내려다보는 리더의 시각과 지상에서 바라보는 팀의 시각 사이를 의도적으로 민첩하게 오가야 한다는 걸 깨달았다. 4가지 원칙을 실행하다 보면 승리하고 싶은 마음에, 예전과 다른 지도 방식을 배우게 된다.

4가지 실행 원칙은 팀이 최우선 목표를 달성하는 방식을 바꿔놓을 것이다. 그러나 그 목표가 조직에 자리 잡게 하려면 무엇을 해야 하는지를 결정하는 것은 당신의 몫이다.

사람들에게 '우리' 사명과 '우리' 목표를 받아들이게 하는 것이 얼마나 힘든 일인지 우리는 잘 안다. 그 목표는 '우리' 것이지 '그들' 것이 아니기 때문이다. 하지만 4가지 원칙을 실행하다 보면 뭔가 다르게 행동하는 법을 배우게 된다. 참여를 유도해 공약을 이끌어내는 방법이다. 이 방법은 일선 팀과 아주 구체적이고 어느 정도는 아주 색다른 관계를 맺는 것에서 시작한다. 일선 팀은 직접 업무를 처리해 성과를 내는 사람들이다. 이들이 영업팀이든 고객서비스 대표든 생산설비 운용자든 사례 관리자든, 리더가 4가지 원칙을 실행하면서 맨 처음 할 일은 조직을 자극해 조직 전체의 가중목을 달성하고 싶은 욕구가 들게 하는 것이다.

우리 팀에서는 이 일이 특히 어려웠다. 심각한 부상이나 사망은 우리 사명을 방해하는 요소였지만 죽음을 거론하기 좋아하는 사람

성과를 내고 싶으면 실행하라

은 없기 때문이다. 그것은 피할 수 없는 전쟁이었다. 우리는 하루 하루 실패할까 봐 두려웠고, 비난 받을까 봐 겁났다. 그래서 4가지 원칙을 실행하면서 두려움의 한복판에서 가중목을 끄집어냈다. 우리가 돌보고, 보호하고, 관리하는 사람들 사이에서 죽음이나 심각한 부상으로 이어질 수 있는 사고 건수를 50퍼센트 줄이기.

일단 그 목표를 입 밖으로 꺼내자 우리 팀원 모두가 그것이 우리의 진짜 사명이라고 솔직히 인정했다. 흥미로운 사실은 그 목표는 팀이 늘 하고자 했던 일이고, 또 많은 사람에게는 그것이 날마다 본업으로 돌아오는 큰 이유이기도 했다. 그러나 "취약한 어린이와 성인에게 나쁜 일이 일어나지 않게 하기"라는 가장 중요한 목표를 세우면서 우리의 진짜 핵심 사명에 '주인의식'을 갖게 되었다. 그리고 그 주인의식은 우리 접근법에 큰 변화를 가져왔다. 나쁜 일이 일어난 뒤에 대처하기보다 애초에 나쁜 일이 일어나지 않도록 예방 조치를 취하기 시작한 것이다. 궁극적으로 우리는 4가지 원칙을 이용해 사망과 심각한 부상을 줄이는 책무를 공개적으로 인정했고, 그 책무를 완수하기 위해 팀으로 뭉쳐 일하기 시작했다.

사람들은 구체적으로 4가지 원칙의 어떤 점이 우리 팀을 크게 변화시켰냐고 자주 묻는다. 내 대답은 항상 똑같다. 주간 가중목 회의. 그 놀라운 회의에서, 점수를 움직이기 위해 어떤 공약을 하겠느냐고 정기적으로 묻는 책무 공유는 정부에서 리더와 일상 업무 사이의 거리감을 크게 줄이는 과정이다.

이 공유 과정에서 경영자에게는 보이지 않았을 (또는 숨겼을) 실행상의 문제뿐 아니라 정책 문제까지 꾸준히 표면으로 드러나게 된

조직에 4가지 원칙 정착시키기

다. 게다가 가중목 회의에서 일선 직원의 지식과 경험을 조직 전체가 공유하면서, 궁극적으로 조직이 책임져야 할 것과 그것을 추진하는 일선 직원의 업무 사이의 격차가 줄어든다.

연방 정부든 주 정부든, 주지사든 시장이든, 정부의 의미심장한 성과는 거의 항상 후행지표다. 그리고 대개는 근래에 이루어진 성과가 아니다. 그러다 보니 리더들은 어떤 행위가 그것을 달성할지 또는 실패할지 잘 모른다. 책임은 느끼지만 어떻게 해야 성과를 낼 수 있는지 확신이 서지 않는다.

가중목 회의는 모든 사람을 한 사무실에 불러모아 리더의 시각과 일선 직원의 업무 사이의 격차를 줄인다. 리더는 선행지표와 주간 공약에 관한 자료를 보면서 일선의 상황을 정기적으로 보고 듣는데, 이는 거꾸로 일선 직원들에게는 같은 사무실에 있는 경영 리더들의 눈과 귀에 전에 없이 집중할 기회가 된다.

나는 규모가 크고 관료주의에 사로잡힌 조직일수록 그 효과는 더크다고 확신한다. 민간 분야의 많은 리더들은 대규모 공공 기관이 일상 업무에 참여하기는커녕 일상 업무를 이해하지도 못하면서 어떻게 그렇게 쉽게 운영이 되는지 놀랄 것이다. 4가지 원칙은 최고위층 리더까지도 일선 직원들과 한 사무실에 모이기를 강권한다.

4가지 원칙에서 두 번째로 영향력 있는 요소는 내가 나의 두 번째 사명이라 언급했던 것인데, 적절한 업무가 적절한 명분을 통해 적절한 방법으로 실행될 수 있는 환경을 만드는 것이다. 이 업무는 주로 '선행지표에 따라 행동하라'는 원칙 2에서 나온다. 이 원칙은 일선 직원들을 팀의 리더와 연결할 뿐 아니라 우리가 달성해야 하는 조직 전체의 가중목과도 연결하는 접착제가 되었다. 일선 직원들이 그들의 일상 업무를 중요하게 생각하도록 하는 일은 어렵지 않았다. 그들도 그 일이 얼마나 중요한지 잘 알고 있었다. 정작 어려운 일은 리더들도 그들과 똑같은 시각을 가지고 있고 그들처럼 이해하고 있다고 확신시키는 일이었다.

사망과 심각한 부상이라는 위협이 상존하는 복지 기관에서는 일선 직원들이 멀리 떨어져 있는 리더들을 신뢰하기가 쉽지 않다. 사람들이 입 밖에 내지 않는 물음은 "문제가 생기면 누가 버스 밑으로 던져질까?" 하는 것이다. 신뢰 구축은 4가지 원칙을 성공적으로 이끄는 아주 중요한 부분이다.

리더가 그러한 신뢰를 쌓을 가장 좋은 방법은 직접 업무 한복판에 뛰어드는 것이다. 매주 공약을 정해 팀을 돕고, 팀이 노력해 얻은 성과를 고위 리더에게 보고하고, 팀 앞에 놓인 중요한 장애물을 제거해주는 것이다. 리더가 업무 한복판에 뛰어든다는 것은 바로 그런 의미다.

그것이 우리 팀의 리더에게는 다음의 3가지 필수 조건으로 요약된다.

첫째, 우리는 4가지 원칙을 실행하는 리더로서 가중목에 끝까지 매달려야 한다. 일선 팀들은 듬직한 리더를 좋아한다. 특히 위험률이 높은 경우는 더욱 그러하다. 경기 중간에 규칙이 바뀌는 것만큼 팀의 자신감을 흔들어놓는 것도 없다.

둘째, 우리는 4가지 원칙을 실행하는 리더로서 일선 직원들에게 필요한 것을 제공해야 한다.

311

이는 이미 현장에 있는 사람들과 팀으로 활동한다는 뜻이다. 우리가 지켜본 결과, 성과가 높은 팀은 내부의 더딘 팀원을 챙겼다. 성과가 낮은 팀원과 변화를 거부하는 팀원은 처음에는 팀 전체의 노력을 지체시키겠지만 그런 상황은 오래가지 않을 것이다. 4가지 원칙을 실행하다 보면 숨을 곳이 없다. 성과에 대한 책임이 만천하에 드러나기 때문이다. 책무가 공개되다 보면, 일선 직원의 업무를 방해하는 관료주의를 바로잡을 수도 있다. 그리고 정치적 싸움을 해서, 정책을 바꾸거나 제재를 풀거나 문제에 맞서거나 기금을 끌어들일 때도 많다. 팀을 위해 길을 닦아주지 못하는 리더는 팀에 쓸모가 없거나 존경을 받지 못한다.

셋째, 우리는 4가지 원칙을 실행하는 리더로서 우리 뜻을 전달해야 한다.

우리 팀의 경우, 사망과 심각한 부상에 관해 가장 먼저 입을 열어야 하는 사람은 바로 나라는 이야기다. 팀에게서 뭔가 다른 행동을 기대했다면 내가 먼저 나서서, 사망이나 심각한 부상으로 이어질 수 있는 사건의 발생 수를 줄일 수만 있다면 기존 관행을 바꿔도 좋고 기존 정책의 범위를 넘어서서 일을 해도 좋다고 말해야 한다.

이 책 시작 부분에 언급된 우리 이야기에서 나왔다시피 우리는 결국 가장 중요한 목표로 정한 "반복되는 아동 학대를 60퍼센트 줄인다"는 계획을 초과 달성했다. 이 경험을 바탕으로, 내가 깨달은 가장 중요한 사실을 언급하고 이야기를 마칠까 한다. 4가지 원칙을 실행하는 리더라면 이 이야기가 도움이 될 것이다.

• 조직의 문화에 4가지 원칙이라는 말을 심어놓아라.

책임을 회피하는 가장 쉬운 방법 하나는 4가지 원칙 같은 것을 이미 실시하고 있다고 말하는 것이다. 4가지 원칙은 구체적이고 세밀하다. 그것을 빠짐없이 실행하지 않으면 진정한 효과를 보기 힘들다. 가장 중요한 점은 고위 리더가 4가지 원칙을 더 이상 일상적으로 이야기하지 않는다면 조직 전체가 곧바로 그 리더를 더 이상 진지한 사람으로 생각하지 않는다는 것이다.

- **리더는 길을 닦고 있다는 확신을 심어주어라.**

리더가 길을 닦아달라는 일선의 요구를 귀담아 듣지 않는다면 실행에 곧바로 문제가 생길 것이다. 일선에서 선행지표가 움직이지 않는다면 조직 전체의 가중목도 움직이지 않는다는 사실을 늘 명심하라.

- **일선 직원들과 공개적으로 자주 소통하라.**

4가지 원칙과 조직 전체의 가중목 달성에 기여할 리더의 공약을 모든 팀원이 직접 보고 들어야 한다. 나는 매주 그리고 더러는 날마다 일선 직원들에게 직접 이메일을 보내는데, 리더라고 해서 그들과 주고받는 내용이 특별히 다른 건 없다.

- **일선 업무가 가장 중요하다는 사실을 사람들에게 인식시켜라.**

가중목은 '반드시' 달성해야 한다는 사실을 팀이 알아야 한다. 리더십도 중요하다. 하지만 마찬가지로 팀원의 일선 업무가 최종 결과를 낳는다는 사실을 리더도 알고 있다는 점을 상기시켜야 한다. 4가지 원칙을 리더의 원칙인 것처럼 해서는 안 된다. 심지어 리더가 떠나도 4가지 원칙 달성은 변함없이 팀원의 능력에 달렸다는 사실을 분명히 하라.

- B급 리더의 성과를 최고 리더 수준으로 끌어올리는 데 초점을 맞춰라.

이를 위한 가장 좋은 방법은 가중목 회의를 거르지 말고 꾸준히 진행하는 것이다. 이 훈련을, 4가지 원칙이 어떻게 리더십을 강조하는지, 그리고 팀의 성공이 어떻게 4가지 원칙에서 나오는지를 보여줄 기회로 삼아라. 특히 대규모 관료체제에서 중간 수준의 리더들은 승리하는 팀을 이끄는 데 익숙하지 않을 때가 많다. 대개는 다른 사람이 정한 정책을, 효과가 있든 없든, 유포하고 관찰하며, 과도기에 명령 체계의 위아래를 오가며 조직을 관리하는 것이 이들의 업무일 때가 많다. 이들이야말로 4가지 원칙이 필요한 사람들이다.

- 리더십을 한껏 활용하라.

처음에는 일부 사람들이 4가지 원칙은 사람이 아닌 숫자만을 강조한다고 비난할 것이다. 이럴 때 리더는 왜 숫자가 중요한지 단호하게 이야기할 수 있어야 한다. 복지 관련 업무에서는 특히 그러하다. 숫자는 늘 취약한 사람들의 상황을 말해주고, 그들이 좀 더 나은 삶, 안전한 삶을 살도록 효과적으로 도와주는 수단이기 때문이다. 하지만 이 원칙은 어느 분야나 마찬가지이다. 아이를 돕는 일에서든 위젯을 만드는 일에서든 고위층 리더라면 4가지 원칙의 성과를 집중 조명하는 일을 적극 지원해야 한다.

4가지 실행 원칙을 소개받았을 때 나는 내 이력에서 가장 큰 도전에 직면해 있었다. 내 밑의 직원 2만여 명은 사기가 바닥이었고, 아동 사망과 사고로 언론의 지속적인 감시를 받고 있었던 터였다. 그리고 나는 5년 사이에 여섯 번째로 부임한 리더였다.

막강한 4가지 원칙 덕에, 그리고 삶을 다 바쳐 자신의 임무에 충실했던 모든 직원들의 헌신적 노력 덕에, 우리가 보살피는 아이들은 더 안전해지고 더 많은 보호를 받게 되었다. 이보다 더 훌륭하고 더 중요한 성과가 또 어디 있겠는가.

조직을 가장 중요한 목표에
집중시키기*

→

앞의 4가지 사연에서, 수천 명의 마음을 가장 중요한 목표에 집중하게 만들어야 하는 리더의 어려움을 확인할 수 있다.

이 리더들이 목표에 집중하자 조직은 전에 없던 성과를 냈다.

1부에서, 조직 전체를 소수의 목표에 집중하게 하는 4가지 규칙을 소개했었다.

원칙 1의 규칙

1 한 사람당 가중목은 한 번에 한두 개만 정한다.

2 전투는 전쟁을 승리로 이끌어야 한다.

3 리더는 거부권을 행사할 수 있지만 명령은 하지 않는다.

4 가중목에는 결승선(특정 일까지 X에서 Y로)이 있어야 한다.

---

* 이 글은 스콧 셸Scott Thele의 도움으로 완성되었다.

뻔하고 간단해 보이는 규칙이지만 이 규칙을 지키려면 상당한 몰입과 훈련이 필요하다. 집중하기는 어느 조직에서든 결코 쉬운 일이 아니어서, 그것을 해내기 전까지는 결코 간단해 보이지 않는다. 그러나 성과는 노력한 보람을 안겨준다. 사실 4가지 원칙 실행의 성공 사례는 언제나 리더가 조직을 소수의 목표에만 집중하게 하는 어려운 도전에 착수하는 것에서 시작한다.

여기서는 원칙 1의 4가지 규칙을 확장해, 조직의 복잡한 전략적 과제를 명확한 결승선이 있는 일련의 가중목으로 바꾸는 과정을 단계별로 제시할 것이다. 그리고 그 가중목을 일선 팀에 옮기는 방법을 실제 사례와 함께 소개할 예정이다. 여기까지 완수하면 조직의 모든 단계에서 투명성이 확보되고, 모든 단계가 끝날 때 극적인 결과나 나타난다.

조직의 전략을 가중목으로 옮기기: 오프릴랜드 사례

테네시 주 내슈빌에 있는 오프릴랜드 호텔Opryland Hotel은 미국에서 라스베이거스를 제외하고는 가장 큰 컨벤션 호텔이다. 우리가 그곳의 리더들을 처음 만났을 때, 그들은 다음 업무를 포함해 다급히 해결할 일이 10여 개가량 있었다.

- 새로운 마케팅과 광고 프로그램 도입하기.
- 2,000여 개의 객실을 갖춘 약 37,000제곱미터 호텔로 확장하기.
- 객실 이용률을 끌어올리기 위한 몇 가지 방안 실행하기.

조직에 4가지 원칙 정착시키기

- 비용을 조절해 이윤 개선하기.
- 새로운 프로그램을 다수 실시해 고객 만족 높이기.
- 회의 서비스 개혁하기.
- 고객이 약 23만 제곱미터의 호텔을 좀 더 쉽게 돌아다닐 방법 찾아내기.

리더들이 거의 다 그렇듯이 이들도 쉴 새 없이 바빴다. 할 일 목록을 만든 뒤에 그 목록을 아무리 빨리 줄여도 당장 해야 할 일은 언제나 산더미였다. 이럴 때면 나만 그런 건 아닐 거라 믿고 싶게 마련이다.

오프릴랜드 경영팀이 4가지 원칙을 도입하면서 시작한 중요한 첫 단계는 호텔 전체를 가장 중요한 목표에 집중하게 만드는 것이었다. 이 과정은 결코 저절로 되지 않는다. 큰 조직에서는 더욱 그렇다. 여기에는 노력이 따르는데, 다음 질문에 대답하는 것이 그 노력의 출발점이다. "우리 사업에서 다른 모든 분야의 성과가 현재 수준으로 유지된다면, 어느 분야를 가장 개선하고 싶은가?" 이때 "우리에게 가장 중요하고 시급한 일은 무엇인가?"라고는 묻지 말라고 했던 것을 기억하라. 이 질문은 끝없는 논쟁으로 이어질 뿐이다.

경영팀의 모든 팀원이 각자 가장 개선하고 싶은 분야를 말하자, 고객 만족도가 가장 파급력이 큰 분야로 떠올랐다. 주된 이유는 고객의 체험이 수익에서 시장 점유율에 이르기까지 다른 모든 분야에 영향을 미치기 때문이다. 그리고 호텔의 전 직원이 기여할 수 있는 분야이기도 했다.

집중해야 할 분야가 점점 분명해지자 호텔 총지배인인 아서 케이스는 고객 만족도 개선을 호텔의 최우선 가중목으로 추천했다. 이 시점에서 그의 역할은 중요하고 적절했다. 리더는 개방적이고 여러 대안을 진지하게 듣고 탐색해야 하지만, 적절한 순간에 팀의 결정을 도울 줄도 알아야 한다. 특히 토론에 참여했을 때, 그 2가지 역할을 다 하되, 하나의 입장을 기꺼이 지지할 수도 있어야 한다.

전체 조직에서 추구할 최우선 가중목을 선택하는 것은 신발을 살 때와 비슷하다. 사람들은 신발을 사기 전에 신발을 신고 조금 걸어보면서 발이 편한지 알아본다. 마찬가지로 가중목을 서둘러 결정하도록 팀을 강요하지 말고, 적절해 보이는 가중목을 선택했으면 리더가 그것을 시험해보면서 가중목으로 삼을 만한지 알아보게 하라. 그 가중목이 조직 전체에 적용하기에 무리가 있다 싶으면 다른 가중목을 선택할 수 있어야 한다.

최우선 가중목은 조직의 진지한 약속이다. 따라서 리더 팀은 선택을 할 때 단지 망설이는 데 그치지 않는다. 많은 조직이 집중을 못 하는 이유도 이 때문이다. 팀에 선택할 자유와 선택을 재고할 자유를 준다면 이 단계에서 좀 더 자유로워질 수 있다.

오프릴랜드의 다음 단계로 넘어가기 전에, 조직의 가중목이 주로 어디서 나오는지 살펴보자.

조직의 가중목이 나오는 3가지 출처

사업 분야나 규모나 지리적 위치에 상관없이 거의 모든 리더 팀은 최우선 가중목을 재정, 운영, 고객 만족도, 이 세 영역 중 하나에서 정한다.

'재정 가중목'은 중요한 수익이든 최종 이윤이든 아니면 그 사이의 어떤 중요한 수치든 달러로 측정된다. 놀랍게도 우리 고객 중에 재정 가중목을 첫 번째 순위로 정한 곳은 3분의 1이 안 된다. 재정적 결과는 언제나 최우선 순위에 포함되는데도 그렇다.

'운영 가중목'은 생산, 품질, 효율성, 또는 규모의 경제에 초점을 맞춘다. 대부분의 리더 팀이 처음에는 이 영역에 집중한다. 이런 가중목은 생산량, 품질 개선, 시장 점유율 증가, 새 영역으로의 사업 확장 같은 주요 운영지표에 초점을 맞춘다.

'고객 만족도 가중목'은 사업 고객에게든, 병원 환자에게든, 호텔 고객에게든 우수하다고 인정받는 수준과 현재 업무 수준의 격차를 줄이는 데 초점을 맞춘다. 재정 가중목이나 운영 가중목과 달리 이 지표는 고객의 느낌과 판단에 달렸다.

사명에서 가중목까지

조직의 최우선 가중목은 리더의 사명이 아니다. 그것은 리더가 내다보는 미래상도 아니며, 전체 조직의 전략을 대표하지도 않는다. 최우선 가중목은 가장 집중하는 단 하나, 즉 인간의 행동 변화가 필요해서 훨씬 더 많은 힘을 쏟아붓게 되는 하나의 목표다.

다음 도표는 조직 전체에서 가중목을 바라보는 데 유용하다.

성과를 내고 싶으면 실행하라

대부분의 조직에서 리더는 자신의 존재 이유를 명확히 하는 정해진 사명 또는 목적을 가지고 있다. 일단 사명이 정해지면 많은 리더는 특정 시점에서, 대개는 앞으로 5년 이상 지난 뒤에, 성공이 '어떤 식으로' 드러날지 명확히 이야기한다. 그것이 리더의 미래상이다. 리더의 사명과

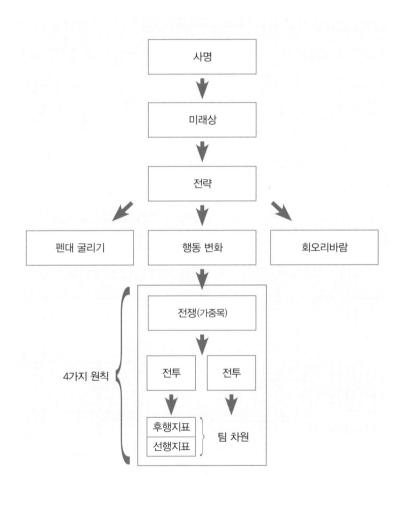

리더의 미래상은 모두 '바람'이다. 조직이 이렇게 되었으면 좋겠다고 하는 선언 또는 아이디어라는 이야기다. 그다음에 리더는 미래상이 현실이 될 '방법'을 제시하는 전략을 짠다. 효과적인 전략에는 보통 3가지 요소가 들어간다.

첫 번째 요소는 우리가 '펜대 굴리기'라고 이름 붙인 것이다. 재력과 권력이 있다면 마음먹기에 따라 언제든지 실행할 수 있는 계획이다. 대개는 매우 중요한 요소이며, 우리가 오프릴랜드에서 4가지 원칙을 시작할 때 이미 진행되고 있던 계획이다.

두 번째 요소는 회오리바람이다. 여기에는 팀의 일상 업무가 효과적으로 진행되고 있다는 확신을 갖기 위해 리더가 반드시 관리해야 하는 모든 일을 포함한다. 리더는 4가지 원칙을 이용해 핵심 전략을 실행할 때도 핵심 업무를 효과적으로 운영하는 데 소홀해서는 안 된다. 회오리바람은 노턴Norton과 캐플런Kaplan의 균형성과표Balanced Scorecard 같은 도구를 이용해 꾸준히 관찰해야 한다.

여기서 자연스럽게 전략의 세 번째 요소가 나온다. 사람들의 행동이 바뀌어야 제대로 실행할 수 있는 계획이다. 어떤 전략에서든 가장 힘든

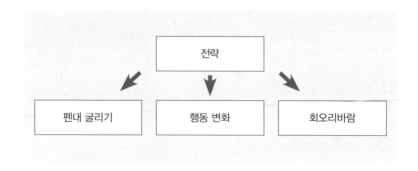

성과를 내고 싶으면 실행하라

부분이고, 4가지 원칙의 주요 목표이기도 하다.

4가지 원칙은 가중목, 핵심 전투, 후행지표와 선행지표에 적용된다. 전략 전체를 조망해주는 이 도표는 전략적으로 중요한 일들이 어디에 배치되는지 보여주기 때문에 유용하다. 그리고 회오리바람의 중요성도 더욱 강조한다. 더 중요하게는 4가지 원칙의 경계를 흐뜨러뜨리지 못하게 경고를 보낸다. 4가지 원칙으로 성과가 나기 시작하면 점점 더 많은 계획을 그 경계 안으로 끌어들이고 싶은 욕구가 생기게 마련인데, 그렇게 되면 4가지 원칙에서 성과를 내는 데 핵심인 소수의 목표에 집중하는 일이 불가능해진다.

광범위한 전략을 구체적인 결승선으로 바꾸기

고객 만족도를 최우선 가중목으로 정한 오프릴랜드 리더들은 이제 성공을 정의하는 결승선을 정해야 했다.

오프릴랜드에서 고객 만족도를 측정하는 시스템은 오로지 만점만을 추적했는데, 이들은 1점에서 5점까지의 점수에서 5점을 '최고 박스 스코어'라 불렀다. 이들은 자신이 달성할 수 있는 최고 박스 스코어가 무엇일지 자문했다. 작년 최고 박스 스코어는 42퍼센트(고객의 42퍼센트가 만점을 주었다는 뜻)였고, 그동안 최고 기록은 45퍼센트였다. 이들은 한참 토론을 벌인 끝에 후행지표를 55퍼센트로 정했다.

우리가 더러는 '전쟁'이라 부르는 최우선 가중목을 정한 오프릴랜드 리더들은 이제 그 전쟁을 승리로 이끌, 우리가 '전투'라 부르는 하위 가중목을 정할 차례가 되었다.

일단 전쟁이 정해지면 전투를 정의하는 것이 리더의 핵심 책임이 된다. 전쟁과 전투라는 비유는 여러 이유로 유용하다. 첫째, 이상적 상황이라면 한 번에 하나의 전쟁만 치러야 한다. 둘째, 모든 하위 가중목(전투)은 다른 어떤 목표보다 전쟁에서 승리한다는 목표에 맞춰져야 한다. 어쨌거나 전투를 치르는 유일한 이유는 전쟁에서 이기는 것이니까. 셋째, 성공에 가장 필수적인 가중목을 따로 떼어놓는다. 리더들은 이렇게 물어야 한다. "전쟁에서 이기기 위해 치러야 하는 전투의 취소 횟수는 몇 번인가?" 이 질문에 답하기 시작할 때 팀의 힘은 항상 새로운 차원으로 뛰어 오른다. 오프릴랜드도 마찬가지였다.

오프릴랜드 리더 팀은 이 질문을 고민해본 적이 없다. 왜일까? 하나의 전쟁에만 집중한 적이 없었기 때문이다. 리더 팀이 대개는 그렇듯이, 이들도 너무나 많은 전쟁에 참여한 탓에 전투를 따로 정의해본 적이 없다. 그러다 보니 고객 만족도라는 전쟁에서 승리하는 데 필요한 전투를 찾으려 할 때 후보가 너무 많아서 주체를 못 할 정도였다. 모든 리더가 10여 개의 가능한 전투를 꼽았고, 곧바로 애초 우리 질문은 전투를 '최대한' 몇 개나 찾아낼 수 있느냐가 아니라는 걸 깨달았다. 우리 질문은 성공을 보장하려면 전투가 '최소한' 몇 개 필요한가였다. 리더 팀이 진지한 전략적 사고를 해야 하는 질문이었다.

결국 오프릴랜드 리더들은 고객 만족도를 최고 박스 스코어 55로 끌어올리려면 3가지 중요한 전투에서 이겨야 한다고 결론 내렸다. 고객이 느끼는 첫인상, 문제 해결, 음식의 질이었다.

고객이 느끼는 첫인상. 이 전투는 필수였다. 연구에 따르면, 호텔에 도착해 첫 15분에서 20분 동안 생긴 부정적인 인식은 바꾸기가 거의 불가능했다. 반면에 이때의 느낌이 좋을수록 호텔 전체에 대한 인상도 좋았다.

문제 해결. 리더들은 자신이 아무리 노력해도 상황은 여전히 좋아지지 않는다고 생각했다. 고객 만족도 개선은 문제가 '일어나느냐 안 일어나느냐'가 아니라 문제가 '일어나면' 어떻게 대처하느냐의 문제이다. 고객에게 생긴 문제에 팀이 어떻게 반응하느냐에 따라 고객이 느끼는 전체적인 인상은 좋아지기도 하고 나빠지기도 한다. 이곳 리더들은 자신의 팀이 문제 해결에서 세계 최고가 되길 원했다.

음식의 질. 오프릴랜드가 워낙 대규모 시설이다 보니 고객은 식당을 찾아 구태여 바깥까지 나가려 하지 않는다. 그리고 흔히 호텔 식당이라고 하면 음식이 꽤 괜찮겠거니 생각하게 마련이고 그에 따라 가격도 높다. 그러다 보니 음식의 질에 대한 고객의 기대치가 대단히 높다. 이 기대치를 꾸준히 충족시킨다면 고객 만족도 점수를 상당히 높일 것이다.

오프릴랜드 리더 팀은 호텔 전체가 이 3가지 중요한 전투에 힘을 쏟는다면 경기를 반전시킬 수 있으리라 생각했다. 세 전투에서 이긴다면 전쟁을 승리로 이끌 것이다. 이 사실을 깨닫자 최고 박스 스코어 55 달성이 가능해 보이기 시작했다. 전투를 가능한 최소화하는 리더 팀의 진짜 힘이 바로 여기에 있다. 이렇게 하면 전쟁의 '승산'이 보인다.

하지만 전투를 정했다면 고작 절반이 끝난 것이다. 이제 각 전투마다 결승선(특정 일까지 X에서 Y로)을 정해야 했다. 전투마다 달성 가능한 최고점을 알아내야 할 뿐 아니라 그 점수를 달성하면 전쟁에서 승리한다는 확신이 있어야 했다.

조직에 4가지 원칙 정착시키기

전투가 전쟁을 승리로 이끌지 못한다면, 효과적인 전략이나 승산 있는 경기를 짜지 못했다는 이야기이다.

지렛대의 주요 원리를 기억하라. 바위를 조금 움직이려 해도 지렛대는 많이 움직여야 한다.

오프릴랜드 리더 팀은 꼬박 하루를 들여 전쟁과 전투를 정하고 각 전투마다 결승선을 정했다. 품질과 고객 만족도 최고 책임자 데니 존스는 이 작업이 끝나자 이렇게 말했다. "이제 끝났어요. 점심을 먹으며 냅킨에 끄적인 것처럼 단순해 보이는 목록이죠." 맞는 말이다. 하지만 그는 계획의 단순성과 명료성이 효과적인 결과를 낳는 핵심이라는 것도 잘 안다.

총지배인 아서 케이스도 데니와 같은 생각이다. "리더 팀으로 함께 지낸 날 중에 가장 소중한 날이었어요. 우리는 처음으로 호텔 전체의 방향과 전략을 단 몇 줄로 요약하게 되었죠."

오프릴랜드 리더 팀의 흥분은 이번 작업을 인정하는 강력한 표시지만, 이 작업의 진짜 영향력은 여러 팀에서 나타났다. 오프릴랜드 호텔 전역의 75개 운영 팀이 세 전투 중 하나에서 승리할 수 있는 자기 팀만의

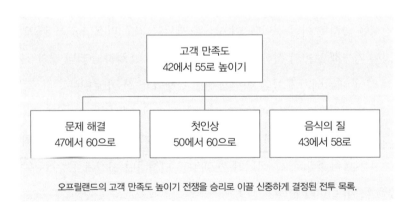

오프릴랜드의 고객 만족도 높이기 전쟁을 승리로 이끌 신중하게 결정된 전투 목록.

성과를 내고 싶으면 실행하라

가중목을 선택했고(194쪽 참조), 이로써 리더 팀이 제시한 명료성과 방향성이 힘을 발휘하게 되었다.

예를 들어 고객에게 더 좋은 첫인상을 주는 전투는 주로 안내 데스크 팀의 손에 달려서, 이 팀은 체크인 속도를 줄인다는 가중목을 세웠다. 그러나 이 전투의 승리는 안내 데스크에만 좌우되지 않는다. 객실 팀도 안내 데스크 팀과 긴밀하게 연결된 가중목을 세웠다. 체크인 속도 향상에 필수인 객실 이용 가능률을 높인다는 목표였다.

우리 주의를 끈 팀은 벨맨 팀이었다. 이 팀은 여러 해 동안 손님의 가방을 좀 더 빠르게 나르려고 애썼다. 그러나 시스템이 구식이고 호텔이 23만 제곱미터로 거대하다 보니 손님 한 명당 여전히 평균 106분이 걸렸다. 그렇다. 손님은 가방이 방에 도착하기까지 무려 1시간 46분을 기다려야 했다. 벨맨 팀은 객실이 이용 가능하고 체크인이 빠르게 진행되더라도 가방을 빨리 옮기지 못하면 손님의 첫인상 점수에 타격을 줄 수 있다는 사실을 잘 알았다. 그래서 이들은 가방 옮기는 시간을 106분에서 20분으로 줄이는 것을 팀의 가중목으로 정했다. 그리고 이 목표에 매달린 지 불과 몇 달 만에 이 시간을 12분으로 줄여 목표를 초과 달성했다.

다음 도표(328쪽)는 이제 방금 설명한, 호텔의 고객 만족도 향상 전쟁에서 '첫인상' 전투를 이기기 위한 4가지 원칙 구조다.

이 팀들은 여전히 호텔 관리, 고객 서비스, 날마다 일어나는 예상치 못한 수십 가지 일들 같은 회오리바람에 대부분의 시간을 쓰고 있다는 점을 기억해야 한다. 하지만 이제 경기가 바뀌었다. 각 팀은 일상 업무의 와중에도 집중할 수 있는 가장 중요한 목표가 생겼다. 그리고 팀의 가중

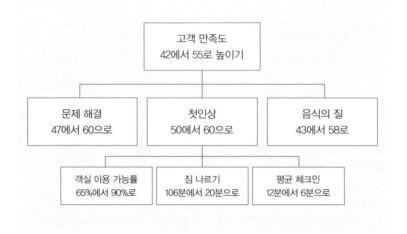

목에 결승선을 정하니, 책임 부담만 생긴 게 아니라 승리하고 싶은 욕구도 생겼다.

각 팀은 2부에 나온 대로 자신의 가중목에 맞는 선행지표도 정했고, 활용하기 쉬운 점수판도 만들었고, 매주 만나 점수를 높일 공약도 발표했다. 75개 팀이 똑같은 전체 목표를 향해 매진한다면 놀라운 결과가 나올 것이었다.

아닌 게 아니라 실제로 그랬다. 9개월 뒤, 오프릴랜드는 고객 만족도에서 최고 박스 스코어 55를 넘어 61퍼센트까지 목표를 초과 달성했다. 이들이 한 번도 45퍼센트를 넘어본 적이 없다는 사실을 기억하라. 9개월 만에 50퍼센트에 가까운 개선을 보인 것이다.

오프릴랜드는 게일로드에 있는 호텔 가운데 시설은 가장 오래됐지만 고객 만족도에서는 다른 모든 호텔을 앞선다. 우리는 처음부터 긍정적 성과를 예상했지만, 그래도 이렇게 빠른 시일에 이 정도의 성과를 낼 줄

성과를 내고 싶으면 실행하라

은 미처 몰랐다.

우리에게 오프릴랜드는, 막연한 전략을 넘어 구체적인 결승선을 정하면 잘나가던 조직에서도 여전히 더 발굴할 재능과 잠재력이 존재한다는 사실을 보여준 놀라운 사례가 되었다.

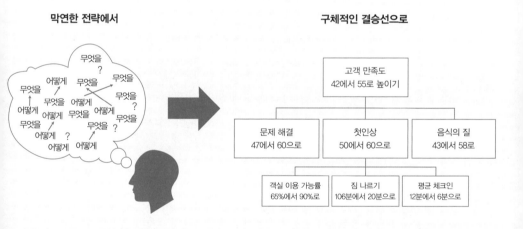

너무나 많은 조직에서 목표를 막연하고 부정확하게 정한 탓에 사람들은 자기가 '무엇을' 해야 하고 그 것을 '어떻게' 해야 하는지 잘 모른다. 따라서 분명하고 오해의 소지가 없는 결승선을 정해, 목표 달성이 어떤 것인지 정확히 알게 해야 한다.

조직에 4가지 원칙 정착시키기

기능이 비슷한 조직 사이에서 가중목 옮기기

오프릴랜드의 75개 팀은 재정, 회계, 인사부 같은 지원 서비스뿐 아니라 기술, 청소 관리, 안내 데스크, 벨보이, 식당 등 맡은 기능이 다양했다.

그런데 체인 상점이나 제조 공장, 영업팀 같은 조직을 보면, '같은' 기능을 수행하는 비슷한 단위가 많다. 이런 곳 역시 4가지 원칙의 원리가 그대로 적용된다. 그러나 이제 곧 살펴보겠지만, 이런 겹 단위 조직에서는 가중목이 일선 직원으로 옮겨가는 방법이 다르다.

아울렛이 수백 개에 이르는 대형 유통업체와 4가지 원칙을 실행했던 우리 경험을 소개하겠다. 오프릴랜드처럼 이 조직도 전체 가중목을 고객의 체험 개선에 맞추었다. 구체적으로는 경영 전략가 프레드 라이켈트Fred Reichheld가 만든 고객 충성도 측정법인 '추천 확률 높이기'다. 이들은 상점의 수익성과 사람들이 다른 사람에게 상점을 추천할 확률 사이에 밀접한 연관관계가 있다는 사실을 알아냈다. 리더 팀은 이 가중목에 따라 전쟁을 승리로 이끌 '최소한'의 전투를 정하느라 하루 종일 고심한 끝에 가장 중요한 3가지 전투를 추렸다.

- **고객과의 소통 개선**은 물론 고객이 상점을 추천할 마음이 들게 하는 데 필수다. 이 전투는 주로 고객이 상점에 들어오자마자 직원이 고객을 도와 필요한 물건을 찾게 할 수 있느냐에 달렸다.
- **일시 품절 줄이기** 역시 중요하다. 고객이 찾는 상품이 떨어졌다면 물건을 못 팔 뿐 아니라 고객이 다른 사람에게 상점을 추천할 확률도 줄어든다.

• **계산 속도 줄이기**도 큰 차이를 만들 수 있다. 요즘 같은 속도 시대에 고객이 빨리 계산하고 나갈 수 있다면 큰 장점이 된다. 고객이 이 상점에 대해 마지막으로 기억하는 것이 짜증나는 계산대였다면, 전체 쇼핑에 대한 인식에도 영향을 미칠 것이다.

이들이 정한 전투는 당연해 보일 수 있다. 그러나 오프릴랜드도 그랬듯이, 이 업계에서 수십 년 일한 사람들이 다수인 이곳 리더 팀도 이 3가지를 선택하기 전까지 수십 개의 전투 후보를 평가했다. 이들은 대단히 복잡한 다른 전투에 비해 이 전투의 단순함에 끌렸다. 단순하지만 막강한 위력을 가진 이 계획을 정하기까지 상당한 시간과 힘이 들었고 약간의 언쟁도 있었다.(이 과정을 시작할 때, 운영에 가깝게 관여하는 사람일수록 소수의 목표에 집중하기가 더 복잡하고 더 어렵다는 것을 기억하라.)

이렇게 정한 '전쟁과 전투' 구조가 단순해 보이는가? 그렇다. 그리고 그 단순함이 목표 달성의 핵심 중 하나다. 이때 가장 어려운 일은 계획을 짜는 것이 아니라는 사실을 기억하라. 가장 어려운 일은 일선 팀의 행동을 바꾸는 것이다. 이들은 목표를 실천하면서도 끊임없이 불어닥치는 회오리바람을 관리해야 하는 사람들이다.

그렇다면 이런 겹 단위 조직은 어떻게 가중목을 일선으로 옮기는지 살펴보자. 상황을 단순화하기 위해 하나의 지역이 어떤 식으로 가중목을 여러 개의 하부 지구로 옮기고, 각 지구는 또 어떻게 그것을 여러 개의 상점으로 옮기는지 설명하겠다. 오프릴랜드의 다양한 단위 조직과 달리 이곳의 단위 조직은 모두 같은 기능을 수행했다. 따라서 이들은 모두 같은 가중목 아래 같은 전투를 치르게 된다. 그러나 결승선은 단위 조

고객이 상점을 다른 사람에게 추천할 확률을 높이기 위해 선택한 전투

직별로 재량껏 정할 수 있었다.

이 지역은 '특정 일까지 X에서 Y로'라는 결승선을 자기 지역에 맞게 정했다. 그다음 조직 전체의 '전쟁과 전투' 구조 결정에 참여했던 하부 지구 리더들은 자기 지구의 업무 목표를 반영해 '특정 일까지 X에서 Y로'라는 결승선을 정했다.

지역 리더는 하부 지구에 결승선을 지시하지 않았다. 이 책임은 각 지구 리더들에게 있었다. 지역 리더가 보기에 그 숫자가 타당하지 않다 싶으면 수정을 요구할 수는 있었다. 최종적으로 지역 리더는 여러 지구가 지역을 승리로 이끌 수 있는 경기를 짰다고 확신했다.

상점 가중목은 지구 가중목과 같지만 '특정 일까지 X에서 Y로'는 상점마다 다르다. 하지만 여기서 약간의 반전이 있었다. 상점은 해당 지구 리더의 감독 아래, 자기 상점에 가장 큰 기회가 될 전투를 고를 선택권이 주어졌다. 일시 품절이나 고객과의 소통에서 이미 본보기가 되는 상점이라면 다른 전투에 집중해도 된다. 이런 식으로 2가지를 달성했다. 상

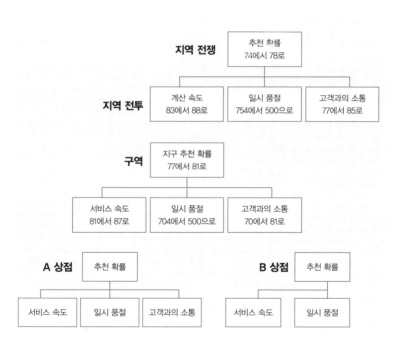

조직에 4가지 원칙 정착시키기

점 리더들은 자기만의 전투를 직접 선택한 덕에 당연히 전투에 더 몰입했고, 가장 중요한 전투에 집중할 수 있었다.

명확하고 실행 가능한 전략

이번 장에서는 놀랍도록 단순한 목표를 정하는 강도 높지만 빠른 과정에 대해 설명했다. 다양한 팀이 있는 오프릴랜드에서도, 비슷한 팀이 많은 소매점 체인에서도, 최우선 가중목이 하루 만에 결정되었다. 그 결과 명확하고 단순한 전략이 탄생했고, 더 중요하게는 그 전략은 '실행 가능'했다.

조직에서 4가지 원칙은 펜대 굴리기 계획을 위한 것이 아니라는 점을 기억하라. 조직이 하루하루를 무사히 넘기는지를 감시할, 즉 회오리바람을 감시할 수단을 정하기 위한 것도 아니다. 4가지 원칙은 꼭 필요한 행동 변화를 이끌어내기 위한 것이다. 그런 훈련을 하는 리더나 조직이 워낙 적은 탓에 조직 전체를 '가장 중요한 것'에 집중하게 하는 리더의 능력은 가장 강력한 경쟁력이 될 수 있다.

성과를 내고 싶으면 실행하라

조직 전체에 4가지 원칙 적용하기

→

  이제 이어질 이야기는 이 책에서 가장 쓰기 힘들었던 부분이다. 우리 의도는 하나의 팀뿐 아니라 더 큰 조직에 속한 수많은 팀에 4가지 원칙을 정착시키는 입증된 방법을 설명하는 것이다. 우리는 여러 해에 걸쳐 이 방법을 개발해왔다.

  고객과 4가지 원칙을 함께 실행하던 처음 3년 동안 원칙을 계속 다듬어, 이론상으로만이 아니라 현실적으로도 놀라운 성과를 내는 원칙을 만들었다. 그러나 4가지 원칙을 조직 전체에 적용하면서 조금 난감해졌다.

  우리 고객들은 시작부터 4가지 원칙 개념을 빠르게 받아들였고, 우리가 '모닥불'이라 부른 성공 사례를 사실상 모든 경우에서 목격했다. 항공 우주 공학자 모임, 다양한 개인 상점, 소프트웨어 개발팀, 제조공장은 우리가 만난 아주 훌륭한 사례에 속했다. 이들에게는 거의 항상, 4가지 원칙이 팀과 자기 개인에게 어떤 의미일지 예측하는 리더가 있었다. 그 덕에 놀라운 성과를 낼 수 있었다. 그러나 이 성공을 더 큰 조직에 그대로 적용하는 것은, 그러니까 모닥불을 들불로 바꾸는 것은 쉽지 않았다.

4가지 원칙 자체를 열심히 다듬었듯이 그것을 정착시키는 과정도 그렇게 다듬어야 한다는 것은 알고 있었지만, 우선 왜 효과가 없는지 그 이유부터 알아야 했다.

4가지 원칙이 효과가 없을 때

프랭클린코비는 30년 넘게 세계에서 가장 성공한 기업 훈련 조직이었다. 이런 내력을 고려하면, 우리가 훈련 프로그램으로서 4가지 원칙부터 제시하리라는 것은 필연적이었다. 그러나 그 역시 잘못이었다.

버나드 바루크Bernard Baruch는 "가진 게 망치뿐이라면 모든 게 못으로 보인다"라고 했다. 강사가 이끄는 훈련은 우리가 익히 그 방법을 아는 것이고, 잘 해냈다. 초기에 우리는 리더 수십 명을 회오리바람에서 빼내 며칠 동안 4가지 원칙 개념을 가르쳤고, 이들은 이 훈련을 대단히 적절하다고 생각하고 마음에 들어 했다. 훈련이 끝날 때마다 리더들은 그동안 배운 것에 대단한 열정을 보였다. 하지만 우리도, 그들도, 개념을 받아들이는 것과 그것을 적용하는 것은 별개라는 냉혹한 교훈을 깨달아야 했다.

문제는 훈련이 끝나는 순간 회오리바람이 기다리고 있다는 것이다. 훈련하는 동안 쌓인 밀린 일을 하다 보면, 새로운 개념을 배우며 느꼈던 흥분과 추진력을 잃기 십상이다.

동료가 새로운 개념을 나만큼 이해하지 못할 때, 특히 그 개념이 반직

성과를 내고 싶으면 실행하라

관적일 때, 그것을 실행하기는 더욱 어렵다. 원칙을 정착시키려고 혼자만 애쓸 뿐 다른 사람들은 모두 시큰둥하고, 더러는 그 원칙이 내가 속한 팀의 자연스러운 성향과 어긋나기도 한다.

마지막으로 4가지 원칙이 이해하기 쉽다 해도 어쨌거나 일종의 훈련이다. 그것을 조직의 활동과 문화의 일부로 굳어지게 하려면 상당한 노력이 필요하다.

아툴 가완디Atul Gawande 박사는 이런 어려움을 다음과 같은 말로 잘 설명한다. "규율 또는 원칙은 어렵다. 신뢰성이나 기술보다, 어쩌면 이타심보다 어렵다. 우리는 선천적으로 흠이 있고 변덕스러운 동물이다. 끼니 사이에 간식을 먹는 습관조차 버리지 못한다. 우리는 규율이나 원칙을 좋아하도록 타고나지 않았다. 우리는 새로움과 흥분을 좋아하지, 세세한 것에 신경을 곤두세우기를 좋아하지 않는다. 원칙을 지키려면 노력이 필요하다."[28]

이런 어려움에도 불구하고 우리는 4가지 원칙을 도입해 놀라운 성과를 내는 강력한 리더들을 자주 만났다. 그러나 이들은 우리가 훈련한 리더 가운데 소수였다. 우리는 전체 조직을 대대적인 성과를 내도록 만들려면 조직적 성공이라는 들불을 일으킬 실행 시스템이 필요하다는 걸 깨달았다.

4가지 원칙이 효과가 있을 때

우리는 우리와 함께 작업을 성공적으로 수행한 리더와 팀을 연구하면

조직에 4가지 원칙 정착시키기

서, 기존과는 매우 다른 4가지 원칙 실행 시스템을 개발하기 시작했다. 다음은 그 핵심적인 내용이다.

4가지 원칙은 일회성 행사가 아니라 하나의 과정으로 실행되어야 한다. 여기서 우리는 조직 전체에서 4가지 실행 원칙을 성공적으로 시작하는 명확한 여섯 단계를 소개할 것이다. 4가지 원칙을 팀에서 실행하든 조직의 커다란 일부에서 실행하든 모두 적용할 수 있는 단계다.

4가지 원칙은 지속적으로 함께 일하는 팀과 실행해야 한다. 우리는 조직의 서로 다른 부분의 리더들과 따로따로 작업하기보다 조직 전체의 가장 중요한 목표 달성에 필요한 리더들과 다 함께 일한다. 이 점이 가장 중요한데, 조직 전체의 가중목은 여러 팀이 동시에 노력해야 달성할 수 있는 때가 대부분이기 때문이다. 4가지 원칙을 조직 전체에 동시에 도입해야 한다는 뜻은 아니다. 우리 경험상 대규모 조직에서는 10개에서 최대 20개 팀과 동시에 일할 때 효과가 가장 좋았다. 예를 들어, 조직 전체의 가중목이 수익 증대라면, 영업 팀 10개와 그 관리자들, 또는 10개의 상점, 아니면 대규모 생산 공장 내의 10개 부서에서 시작할 수 있을 것이다. 이 초기 팀들이 성공을 거두기 시작하면, 조직의 다른 부분에서도 흥미를 보여 4가지 원칙을 좀 더 쉽게 이어갈 수 있다.

4가지 원칙은 리더가 실행해야 한다. 우리가 이제까지 가장 획기적인 성과를 거둔 경우는 일선에 있는 리더들과 함께 4가지 원칙을 실행해야 성공한다는 사실을 깨달았을 때였다. 우리는 우리 컨설턴트

한 명이 4가지 원칙을 도입하고 실행하던 방식을 바꿔, 리더를 교육해 그가 팀과 함께 4가지 원칙을 실행하게 하는 데 초점을 맞췄다. 우리는 앞으로 이 과정을 '리더 인증'이라 부를 것이다.

이 변화가 우리 성과를 크게 바꿔놓은 데는 몇 가지 이유가 있다.

- 배운 것을 나중에 사람들에게 가르쳐줘야 하는 상황이라면 더 열심히 배우게 마련이다. 사실, 무언가를 익히는 가장 확실한 방법은 그것을 다른 사람에게 가르치는 것인데, 수백 번의 실행에서 우리가 직접 확인한 원칙이다.
- 무언가를 가르치다 보면 자동적으로 그것을 지지하게 된다. 우리 컨설턴트 한 명이 이 과정을 가르쳤을 때 리더는 그 옆에서 지켜보면 그만이었지만 리더가 4가지 원칙을 팀에 직접 적용할 때는 거기에 전적으로 매달려야 했다. 다시 말해, 4가지 원칙을 지지한다면 거기에 모든 것을 걸어야 한다. 그렇지 않으면 효과를 볼 수 없다.
- 4가지 원칙을 지지한다면, 그 원칙을 실천할 책임이 있다. 신뢰할 만한 리더라면 4가지 원칙을 도입해놓고, 잘못인 줄 알면서도 계속 실천하지 않는 일은 없을 것이다.
- 리더가 4가지 원칙을 소개하면, 그의 신뢰성 때문에 팀은 차원이 다른 반응을 보인다. 4가지 원칙이 컨설턴트나 내부 강사 또는 조직 내의 더 높은 리더에게 나온다면 팀은 대개 그 상황이 진짜인지 두고 보는 성향이 있다. 진짜라고 판단하기 위해 그들이 가장 먼저 바라보는 사람은 바로 그들의 리더이다. 리더가 그 과정을 가르

치고, 지지하고, 시작한다면 그들은 곧바로 그것을 '진짜'라고 믿는다.

우리가 이 실행법을 설명하면 리더들은 즉시 그 장점을 파악한다. 그러나 일부 리더는 자신이 과연 그 많은 변화를 효과적으로 전달하고 시작할 능력이 있을지 걱정한다. 이 프로그램을 성공적으로 시작하려면 당연히 세심한 준비가 필요하다. 그러나 우리가 그동안 지켜본 결과, 경험과 능력이 천차만별인 수천 명의 리더들이 모두 이 프로그램을 훌륭히 실행했다.

4가지 원칙 정착 과정

다음 6단계 정착 과정은 성과를 내는 과정일 뿐 아니라 더 중요하게는 조직의 가장 중요한 목표를 꾸준히 달성하게 하는 '운영 체계'를 도입하는 과정이기도 하다.

우리 고객 대부분이 4가지 원칙을 빠르고 효율적으로 여러 팀에서 동시에 실시하는 걸 선호하므로, 여기서는 10개 이상의 팀에서 4가지 원칙을 동시에 실행하는 방법을 개괄적으로 소개하겠다. 우리는 이때를 이용해 4가지 원칙 리더를 인증하는데, 이 과정에서 리더들은 며칠 동안 여러 명이 함께 일하며 팀 가중목과 선행지표 초안을 잡은 다음 그것을 자기 팀에 가져가 확정을 받고 동의를 얻는다.

1단계: 전체 가중목 명확히 하기. 여러 팀을 동시에 이끌 때 그들 모두에 해당하는 가장 중요한 목표를 결정하는 단계다. 이와 관련한 구체적인 절차는 316~334쪽에 소개했다.

2단계: 팀 가중목과 선행지표 구상하기. 이 단계는 보통 꼬박 이틀이 걸린다. 리더들은 사례 연구 동영상을 검토하고 실제 사례를 연구하면서 4가지 원칙 개념을 깊이 있게 이해한다. 모든 리더가 4가지 원칙과 그 적용 방법을 확실하게 이해하기 위한 과정이다.

그다음에는 173~190쪽에 설명한 과정에 따라 각 리더는 조직 전체의 가중목에 팀이 가장 크게 기여할 팀 가중목을 선택한다. 여기서 고위 리더들이 큰 역할을 하는데, 이들은 여러 팀의 가중목을 보며 그것이 조직 전체의 가중목 달성으로 이어질지 최종적으로 판단해야 한다. 이때 고위 리더가 팀 가중목에 조언을 하거나 거부권을 행사할 수 있지만 이

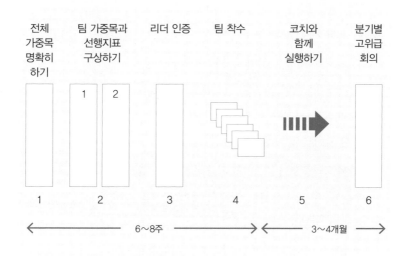

4가지 원칙을 정착시키는 6단계와 적절한 소요 시간

래라 저래라 명령할 수는 없다. 오직 팀 리더만이 팀 가중목을 골라야 한다.

팀 가중목이 정해지면 4가지 원칙에서 가장 까다로운 일이 기다리고 있다. 가중목에 맞는 선행지표 정하기다. 87~101쪽에서 보았듯이, 이런 일을 해본 적이 있는 리더는 많지 않다. 예측력 있고 영향력 있는 선행지표를 생각해내는 것은 복잡한 작업이어서 여러 번 시도해봐야 한다.

팀 가중목과 선행지표가 정해지면, 조직 전체의 가중목에서 팀의 기여도까지 명확한 연결고리가 눈에 들어온다. 전에는 느껴보지 못한 명확함이 느껴지는 놀라운 순간이다. 팀 가중목과 선행지표는 팀 실행 회의에서 팀의 승인을 받아야 확정된다는 사실을 기억하라. 이 부분은 4단계에서 다시 이야기할 것이다. 리더는 자기 의견을 내본 적이 없는 팀원들을 이 일에 몰입하게 하느라 애를 먹을 것이다. "참여하지 않으면, 몰입하지도 않는다"라는 말을 명심하라.

3단계: 리더 인증. 꼬박 하루가 걸리는 이 중요한 단계에서 리더는 4가지 원칙을 팀에 어떻게 시작할지 배우게 된다.

- **점수판 설계.** 리더는 효과적인 점수판 만드는 법뿐 아니라 좀 더 쉽게 팀의 참여를 이끌어내는 법도 배운다.
- **가중목 회의 요령.** 리더는 첫 가중목 회의를 열기 전에 핵심 요령을 배우는데, 팀원이 동료들 앞에서 자기 책임을 정하게 하는 법도 그중 하나다. 가중목 회의를 효과적으로 주도하느라 처음에는 진땀을 빼는 리더도 있어서, 우리는 여러 리더와 함께 모의 회의를 진행하며 연습한다.

성과를 내고 싶으면 실행하라

• **착수 회의 준비**. 리더 인증에서 마지막이자 가장 중요한 부분은 프로그램에 착수하기 위한 팀 회의를 준비하는 것이다. 이 회의를 성공적으로 진행하는 것이 가중목 달성에 필수다.

리더는 팀에 4가지 원칙을 깊이 이해시킬 준비부터 한다. 이들은 수업 동영상, 안내 책자, 프레젠테이션 자료를 이용해 함께 연습한다. 그리고 확정되지 않은 팀 가중목과 선행지표 그리고 조직 전체의 가중목을 팀에 분명하게 전달한 뒤, 팀에서 의미 있는 피드백을 받아 필요한 경우 수정하는 법도 배운다.

3단계가 끝나면 리더들은 팀으로 돌아가 4가지 원칙을 실행할 자격을 얻는다. 리더 인증은 다른 리더들과 함께 교육받는 기간이 끝났다는 표시이기도 하다.

4단계: 팀 착수. 리더는 보통 2시간이 걸리는 팀 착수 회의의 일정을 잡고 회의를 지휘한다. 약 45분 동안 4가지 원칙을 개괄적으로 소개한 뒤에 조직 전체의 가중목과 아직 확정되지 않은 팀 가중목 그리고 선행지표를 설명한다. 그러면 팀은 피드백을 주고 팀 가중목과 선행지표를 확정한다.

이 회의에서 팀 점수판도 설계하고, 점수판을 완성할 책임도 분배한다. 회의 마지막에는 다음 주에 시작할 가중목 회의를 연습한다. 이 연습 회의에서 리더는 팀이 팀 가중목을 달성하기 시작할 때 적용할 형식과 기본 규칙을 토론한다. 특히 경험이 없거나 썩 내키지 않는 팀이라면 컴캐스트사의 리앤 탤벗 조언대로 좀 더 경험 있는 팀의 가중목 회의나 고위급 회의에 참석해보는 것도 좋다. 4가지 원칙 고수들이 관련 질문에 대답도 해줄 것이다.

5단계: 코치와 함께 실행하기. 1단계부터 4단계까지는 4가지 원칙을 실행하기 위한 시작 단계다. 중요한 단계이지만 어쨌거나 아직 경기를 시작하지 않은 계획일 뿐이다. 경기는 5단계에서 본격적으로 시작된다.

이제 리더와 팀은 가중목 달성을 위해 선행지표를 정해 실천하는 주간 과정을 시작하는데, 여기에는 훈련과 책임이 필요하다. 팀은 매주 가중목 회의에서 영향력이 큰 공약을 정하고 실천을 개선하면서 발전하고 성숙해간다. 선행지표가 움직이기 시작하면서, 팀은 노력을 집중한 결과 후행지표가 움직이는 것을 목격하고, 그때마다 팀이 이기고 있다는 것을 확인할 수 있다.

우리 경험으로 보면, 리더들은 새로운 행동을 익히고 예상치 못한 어려움을 만나는 약 3개월 동안은 노련한 안내자를 필요로 하는 게 보통이다. 4가지 원칙 코치는 리더 곁에서 4가지 원칙 과정을 숙지하고, 선행지표를 실천하고, 분기별 대표자 모임을 준비하는 등의 과정을 돕는다. 우리의 노련한 컨설턴트들은 리더의 코치로 활동하면서 동시에 조직 내부에 강력한 코치를 키운다. 이 역할은 이제 곧 자세히 설명할 예정이다.

6단계: 분기별 고위급 회의. 리더들이 동료 리더들 앞에서 고위 리더에게 진전 상황과 결과를 보고하는 회의이다. 1분기면 선행지표가 움직이는 것뿐 아니라 선행지표가 후행지표에 영향을 미친 것도 확인할 수 있는 시간이다. 첫 번째 고위급 회의에 참석한 리더의 지위가 높을수록 성과를 내야 한다는 다급함은 더욱 절실해지고, 그러다 보면 팀 가중목과 선

성과를 내고 싶으면 실행하라

행지표는 아주 중요한 경기가 된다.

고위급 리더를 이 회의에서 처음 만나는 사람들도 많을 것이다. 이때야말로 처음으로 자신의 아이디어가 회사의 목표에 얼마나 기여했는지 알리고 그 공을 인정받을 기회다. 내시 핀치의 앨릭 코빙턴의 말대로 '석판'에 새겨진 명령을 받고 이해하지도 못하는 목표를 책임지는 것과는 매우 다른 체험이다.

조지아 주지사 소니 퍼듀는 주 정부의 다섯 국장들과 첫 고위급 회의에 참석했을 때 리더들이 자기 팀의 가중목과 선행지표, 성과를 설명하는 모습을 유심히 지켜보았다. 회의실의 열기는 대단했는데, 주지사가 참석했기 때문만이 아니라 보고하는 리더들이 자신이 변화를 이끌어내고 있다는 사실을 확인할 수 있기 때문이기도 했다.

회의가 끝날 때 퍼듀는 자리에서 일어나 즉석으로 마무리 말을 남겼다. "주지사 직을 떠날 때 제 이름을 딴 조각상이나 건물 따위는 남기고 싶지 않습니다. 저는 조지아 주에 고용되었었다는 사실을 유산으로 남기고 싶습니다." 그리고 회의실을 나가기 전에 부하 직원 한 명에서 분명한 지시를 내렸다. "주의 모든 리더들이 이 과정을 실행하면 좋겠군."

분기별 고위급 회의는 책임의 위력에다 성과를 인정받는 기회가 더해지기 때문에 리더에게 4가지 원칙을 실행하는 원동력이 된다. 이런 고위급 회의는 항상 불과 몇 주 만에 열린다.

조직에 4가지 원칙 정착시키기

내부 코치의 막강한 역할

우리는 조직 내부에 4가지 원칙 코치를 지정하면 4가지 원칙을 성공적으로 정착시키는 데 큰 힘을 낸다는 사실을 알게 됐다. 가장 중요한 목표 달성이 포뮬러 원 자동차 경주대회에서 차를 모는 것이라면 4가지 원칙 코치는 수석 정비공이라고 우리는 곧잘 말하곤 한다.

4가지 원칙 코치는 정비공처럼 2가지 일을 한다. 첫째, 4가지 원칙 운영에 문제가 생겼을 때 수리를 돕는다. 리더가 4가지 원칙을 거부하는 까다로운 사람과 맞닥뜨렸거나, 선행지표의 질을 두고 상담이 필요하거나, 책무 공유를 정하는 데 도움을 원할 때 코치가 안내할 수 있다. 둘째, 예방적 점검을 도와 팀을 4가지 원칙에서 이탈하지 않게 하고 회오리바람에 휩쓸릴 것 같은 팀에게는 일찌감치 경고를 보내기도 한다.

우리는 두 명이 이 역할을 분담해, 일정 조절 관련 문제나 예상치 못한 변화를 해결하길 강력히 권고한다. 내부 코치를 두면 조직에 다음과 같은 이점이 있다.

- **대응성.** 조직에서 코치를 지정해 키우면, 4가지 원칙 리더에게 중요한 지식을 제공하고 일선에서 그를 향한 즉각적인 지지를 끌어낼 수 있다. 구태여 외부의 힘을 빌리지 않아도 된다.
- **독립성.** 내부 코치가 노련하고 능력이 많을수록 외부에서 지속적인 안내를 받을 필요가 없다.
- **연속성.** 리더가 새로 고용되었거나 승진되어 왔다면, 내부 코치

성과를 내고 싶으면 실행하라

는 그들에게 4가지 원칙을 빠르게 교육하는 중요한 역할을 할 수 있다.

내부 코치가 종일 코치만 하는 건 아니지만, 코치를 뽑을 때는 반드시 적임자를 뽑아야 한다. 훌륭한 4가지 원칙 코치는 업무에 관한 지식이 풍부하고, 소통 능력이 뛰어나고, 직원들 간에 바람직한 업무 공조를 발전시키고 유지하는 능력이 있어야 한다. 코치의 효과는 형식적인 권위보다 현실적인 영향력에서 나온다.

지난 여러 해 동안 우리는 많은 영역에서 뛰어난 코치들을 보았다. 운영 관리 코치, 단기 리더 프로그램 코치, 품질 보증 코치, 식스시그마 코치, 린 제조방식 코치 등.

최고의 코치에게는 다른 무엇보다도 2가지 공통된 특징이 있다. 코치 역할에 흥미도 있고 능력도 있다는 점이다. 코치에 흥미는 많지만 회오리바람 이상을 책임질 능력이 없는 사람은 4가지 원칙에 열정을 보이더라도 그것을 성공적으로 실행할 시간과 힘을 투자하지 못한다. 능력은 있지만 흥미는 없는 사람은 4가지 원칙 실행과 성과를 지연시킬 수 있다. 얼마 전에 우리 고객이 이런 말을 했다. "그들을 코치로 쓰기는 쉽더라도 쓸 가치는 그리 크지 않을 것입니다."

우리 경험상 4가지 원칙을 대단히 잘 실행한 경우는 거의 모두 유능한 코치의 지원이 있었다. 가장 중요한 목표를 달성하려면 리더와 팀이 함께 노력해야 하지만, 4가지 원칙을 성공적으로 실행하고 꾸준히 남다른 성과를 내려면 4가지 원칙 코치는 필수다.

조직에 4가지 원칙 정착시키기

주의할 점

마지막으로 4가지 원칙 실행에 실패할 수 있는 3가지 요인을 경계하라. 이 세 요인 중 하나라도 해당된다면 문제가 해결될 때까지 4가지 원칙 실행을 연기하는 게 좋다.

- **정말 중요한 목표가 없을 때.** 4가지 원칙은 가장 중요한 목표를 달성하는 훌륭한 과정이지만, 어디까지나 목표를 달성하기 위한 수단이지 목표 그 자체는 아니다. 조직 전체의 가중목이 중요할수록 조직과 리더들은 목표 달성에 더욱 몰입하고, 그 결과 4가지 원칙을 더욱 빨리 받아들일 것이다. 집중하고 몰입하지 않는다면 4가지 원칙은 효과를 내기 어렵다.
- **고위 리더가 적극 몰입하지 않을 때.** 최고위 리더가 4가지 원칙에 적극적으로 몰입하지 않는다면 조직도 결코 적극적으로 몰입하지 않을 것이다. 최고위 리더란 꼭 최고경영자가 아니더라도 4가지 원칙 실행에 책임이 있는 가장 높은 리더를 말한다. 4가지 원칙을 실행하려면 조직의 어느 부분이 참여했든 간에 전적으로 몰입해야 한다. 관심 있는 리더만 알아서 참여하는 프로그램처럼 보인다면 시작하기도 전에 실패할 것이다.
- **적절치 않은 지위의 사람을 리더로 인증할 때.** 4가지 원칙을 가르치고 추진할 실질적 책임이 있는 사람을 리더로 인증하는 게 대단히 중요하다. 그런 리더가 없으면 4가지 원칙 경기에서 승리할 수 없다. 직책이 너무 높은 사람을 리더로 인증하면, 선행지표에 따라 성과를

내는 일선 팀까지 경기 계획이 결코 전달되지 않을 것이다. 반대로 직책이 너무 낮은 사람을 리더로 인증하면, 경험이 부족해 적절한 팀 가중목과 선행지표를 세우기 어렵고 권위가 없어 팀에 적절한 책임을 부여하기도 어렵다.

유용한 리더 인증 지침에 대해 말하자면, 일선 직원들보다는 지위가 높되, 일시적으로가 아니라 항상 리더 역할을 하는 사람 중에 지위가 가장 낮은 사람을 택해야 한다.

식료품점을 예로 들면, 제빵 관리자는 지위가 너무 낮다. 이들은 개별적으로 업무에 기여하는 사람이며, 늘 리더 역할을 하는 사람도 아니기 때문이다. 그보다는 그들보다 한 단계 높은 상점 관리자가 제격이다. 그런가 하면 제조 공장에서는 공장 관리자는 너무 높고, 근무 조별 감독관이 적임자다.

리더가 재량껏 4가지 원칙에 쏟을 수 있는 시간의 양을 생각해보자. 대개 자기 일정을 조절할 수 있는 리더가 가중목 팀을 이끌 수 있다. 팀원 또한 주간 공약을 정하고, 일정을 잡고, 실천할 정도의 충분한 시간이 확보되어야 한다.

이번 장에서는 4가지 원칙을 정착시킬 때 우리가 지나온 과정과 수백 번 마주친 문제들을 일반적으로 서술했다. 시행착오를 거치면서 깨달은 사실을 알려주기 위해서였다.

우리는 세계 곳곳에서 거의 날마다 4가지 원칙을 10여 개 팀과 동시에 실행하는데, 그러다 보면 신중히 고려해야 할 일들이 많다. 하지만 결국에는 중대한 목표 달성을 향해 선행지표를 움직이는 데 여러 팀의 힘을 집중하게 하는 능력이 막강한 위력을 발휘한다. 조직 전체에서 놀라운 결과를 이끌어내고 성과와 효율을 끌어올리는 데 관건이 되는 능력이다.

자주 하는 질문

——→

이제 4가지 원칙 실행과 관련해 가장 많이 하는 질문에 답을 하겠다. 질문은 다음 주제별로 묶었다.

- 4가지 원칙에 동의하고 몰입하게 하는 법
- 4가지 원칙을 꾸준히 유지하는 법
- 4가지 원칙 실행에 관련된 조언과 주의할 점

더불어 다음과 같은 특정한 유형의 팀에 4가지 원칙을 적용하는 법을 묻는 질문에도 대답하겠다.(물론 이때 다루는 문제는 다른 모든 독자에게도 흥미로울 것이다.)

- 제조팀
- 첨단과학기술팀
- 영업팀
- 정부팀과 군사팀

4가지 원칙에 동의하고 몰입하게 하기

4가지 원칙 실행에서 리더들이 가장 흔히 하는 실수는 무엇인가?

주요 실수 2가지는 참여 부족과 인내심 부족이다.

첫째, 리더들은 4가지 원칙의 성공이 인증 받은 관리자 개인에게 달렸다고 무의식중에 단정하는 경우가 많다. 인증된 관리자의 역할이 가중목과 선행지표에 대단히 중요하지만 인증된 리더에게 상황을 보고받는 더 높은 리더의 적극적인 참여 또한 필수다. 리더는 자신에게 직접 보고하는 부하 직원들과 함께 가중목 회의를 하면서, 인증된 관리자와 그의 팀원들이 기여한 부분을 적극 인정하고, 4가지 원칙의 원리를 더욱 확고히 하며, 가중목과 선행지표 달성에 방해가 되는 장애물을 제거한다.

둘째, 리더는 모두 성과에 치중한다. 그러다 보니 되도록 빨리 성과가 나오길 바란다. 그러나 이들이 외면하는 사실이 있다. 성공은 선행지표에 맞춰 지속적으로 이어지는 업무에 달렸다는 점이다. 좋은 선행지표를 세우고, 팀이 그 선행지표에 맞춰 일을 진행한다면, 가중목과 연관된 후행지표는 특별한 외부 사정이 생기지 않는 한 가중목을 움직일 것이다. 여기에는 시간이 필요하다. 리더는 포기하지 말고 인내심을 가지고 이 과정을 더욱 열심히 실천해야 한다.

4가지 원칙을 거부하는 팀원은 어떻게 다루나?

무엇보다도 중요한 것은 거부 이유를 이해하는 것이다. 이유를 알았다면 해결책을 마련할 수 있다.

그들 중에 어떤 이는 겉으로 표현은 안 해도 4가지 원칙 외의 문제로 걱정을 하고 있을 것이다. 일단 그들의 말을 들어주어야 한다.

그러나 말을 들어주어도 태도를 바꾸지 않는 사람도 있다. 이들은 모든 변화에 회의적이고, 새로운 생각에 냉소적이며, 독자적으로 행동하려 들고, 4가지 원칙은 성과 위주의 운영 체계가 아니라 지나친 관료적 비용이라고 확신한다.

이들이 4가지 원칙을 계속 거부한다면, 개인보다 더 큰 조직인 팀의 일원으로서 팀을 지원해달라고 요구해야 한다. 대개는 이들도 다른 팀원의 성과를 목격하기 시작하고, 결국은 (더러는 마지못해 말없이) 다른 팀원과 보조를 맞출 것이다.

매주 4가지 원칙을 실행하면서 가장 흔히 부딪히는 어려움은 무엇인가? 그 어려움을 어떻게 해결하는가?

팀은 보통 3가지 어려움에 맞닥뜨린다. 선행지표를 꾸준히 달성하기, 점수판을 늘 새롭게 유지하기, 가중목 회의에 정기적으로 참여하기.

첫째, 팀원은 가중목과 선행지표를 따로 생각해야 한다. 후행지표가 움직이는 것을 목격하기 전에 선행지표를 꾸준히 달성하는 데 초점을 맞춰야 한다는 뜻이다. 헬스클럽을 날마다 가는 것과 비슷하다. 운동으로 생긴 변화를 보고 싶다면 그 전에 꾸준히 운동부터 해야 한다. 선행지표를 들쭉날쭉 실천하는 팀원은 후행지표에 영향을 미치기 어렵다.

둘째, 점수판을 늘 갱신하는 것은 쓸데없는 시간 낭비라고 생각하는 팀원도 있을 것이다. 점수판을 갱신하지 않으면, 누구도 점수를 알 수 없고, 선행지표가 후행지표에 영향을 미치는지 확인할 길이 없다. 팀이 협동한 결과가 가시적으로 드러나지 않는다면 가중목 회의 또한 힘을 잃고 만다.

셋째, 가중목 회의가 지체되거나 취소되고 팀의 흥미도 점점 사그라지기 시작한다. 가중목 회의를 정기적으로 하지 않으면, 사람들은 집중력을 잃고 자신의 공약에 책임을 느끼지 않는다. 가중목 회의는 반드시 지켜야 한다. 그리고 팀원은 선행지표와 가중목 달성에 영향을 미칠 공약을 내놓아 가중목 회의의 질을 높여야 한다.

이제까지 수많은 '오늘의 특별 프로그램'을 보았다. 이런 상황에서, 4가지 원칙에 대한 회의주의를 극복하고 그것을 제대로 실행할 방법은 무엇인가?

많은 조직들이, 어느 날 반짝 새로운 프로그램을 시작했다가 다음 날 잊어버리는 식을 반복한다. 그러다 보니 다음 마법을 찾는 리더는 직장에서 냉소주의를 양산하는 꼴이 된다. 스티븐 코비는 이렇게 말하곤 했다. "행동으로 초래한 상황에서 말로 빠져나올 수는 없다!" 따라서 회의적이고 불신이 가득한 조직에 4가지 원칙을 정착하려면 사람들의 일상에, 그러니까 직원과 그들의 직장생활의 질에, 진짜 변화를 이끌어낼 무척 중요한 목표 하나로 소박하게 출발하라.

야심차고 중요한 목표를 하나 정했으면, 거기서 조금 더 부지런히 움직여 점수판을 만들고, 꾸준히 새 점수로 갱신하고, 주간 가중목 회의를 열면서, 전에는 달성하지 못한 어느 정도의 성공을 달성할 수 있다는 사실을 팀에 증명해 보인다.

이 과정을 꾸준히 지속하도록, 그리고 단시간에 승리를 맛볼 수 있도록 노력하라. 4가지 원칙을 이용하면 훨씬 더 좋은 성과를 거둘 수 있다

성과를 내고 싶으면 실행하라

는 사실을 팀이 분명히 깨달은 뒤에는 좀 더 야심 찬 목표에 도전할 수 있다.

4가지 원칙은 조직의 최상부에서 시작해야 하는가?

절대 그렇지 않다. 4가지 원칙은 흔히 중간 정도에서 시작한다. 처음부터 최고경영자가 개입하면 분명한 장점이 있긴 하지만, 고위 리더 또는 하다못해 작은 팀의 관리자라도 얼마든지 4가지 원칙을 성공적으로 시작할 수 있다. 4가지 원칙은 어디서나 부담 없이 시작해 점점 발전할 수 있다.

조직의 모든 구성원이 4가지 원칙에 맞춰 성과를 낸다면 대단한 일이겠지만, 꼭 그럴 필요는 없다. 하지만 4가지 원칙을 주관하는 리더는 더 높은 관리자가 중요하게 생각하는 후행지표를 달성할 책임을 느껴야 한다. 4가지 원칙이 조직 안에서 발전하려면 고위 리더는 초기 결과에 신경을 써야 한다.

상사가 새로운 목표를 계속 던지면 어떡하나?

우리는 이 질문을 아주 다양한 형태로 대단히 자주 받는다. 결론은 이렇다. 사람들은 보통 자기 앞에 던져지는 목표의 개수를 조절할 수 없지만, 그중에 4가지 원칙과 더불어 달성할 목표를 고르는 것은 조절 가능하며, 그렇게 고른 소수의 목표는 그들이 대단히 중요하다고 생각하는 목표다.

자주 하는 질문

행렬조직에서 4가지 원칙을 어떻게 실행하는가?

4가지 원칙은 행렬조직matrix organization(제조, 영업, 재무 등의 기능에 따라 종적으로 나뉘는 동시에 프로젝트에 따라 횡적으로도 나뉜 조직으로, 조직 구성원은 둘 이상의 팀에 동시에 속해 둘 이상의 상사에게 동시에 보고한다. 매트릭스 조직이라고도 한다.—옮긴이)이든 다른 어떤 조직이든 형태에 상관없이 모두 적용이 가능하다. 필요한 것은 협동과 책임의 조화다.

예를 들어 시장 점유율을 높인다는 가중목을 추구하는 기업이라면, 미국과 캐나다, 중앙아메리카와 남아메리카, 유럽과 중동과 아프리카, 아시아 태평양 지역 등 다양한 지역에서 활동하는 행렬 영업 조직에 의존할 것이다. 가중목 달성은 이처럼 여러 곳에 흩어진 행렬 영업 조직이 협동해 성취하는 성과에 달렸다. 관리자 인증에 참여하는 4가지 원칙 다기능 팀이 가중목에 기여하는 모든 이들을 계속 가중목에 집중하게 할 것이다.

특정 가중목을 지원할 적절한 팀을 지정할 때 조직 구조는 관련이 없다. 조직의 여러 분야에서 서로 다른 기술과 능력을 가진 사람들을 뽑으면 그만이다.

인사나 재무 또는 IT 같은 지원 부서를 이끄는 리더라면 어떻게 가중목을 선택해야 하는가?

우리가 경험한 바로는 영업, 생산, 운영 등의 일선 부서가 가중목을 정한 뒤에 지원 부서가 그에 따라 가중목을 정하면 쉽고 효과적이다. 앞의 부서가 그들만의 가장 중요한 목표를 명확히 했다면, 지원 부서는 그들의 가중목 달성을 지원할 가중목을 정하면 된다.

성과를 내고 싶으면 실행하라

예를 들어 영업팀의 가중목이 전문 상담 판매로 옮겨가는 것이라면, 인사팀은 모든 영업사원에게 이 새로운 판매 방식을 익힐 훌륭한 훈련 프로그램을 제공할 수 있다. 회사의 가중목이 소셜 미디어를 적극 활용하는 것이라면, IT 부서는 전문 기술을 활용해 그 토대가 되는 가능한 한 최고의 프로그램을 제공해야 하지 않겠는가?

여러 개의 근무 조로 나뉜 팀이라 다 함께 만나는 일이 없다. 그렇다면 어떻게 주간 가중목 회의에서 책무를 정하는가?

이 질문에서 핵심은 '책무'다. 주간 가중목 회의의 주요 목적은 모든 팀원이 확실히 책임을 공유하는 것이다.

책무에는 2가지 측면이 있다. 하나는 팀원이 자기가 정한 (한 주에 한두 개의) 개인 공약을 지키기로 서로에게 약속하는 것이다. 마찬가지로 중요한 또 하나는 팀원이 자신의 약속을 지키고 그 사실을 알리는 소박한 승리감과 만족감을 얻는 것이다. 각 팀원이 매주 자신의 공약에 대해 보고하면서 자신의 공을 인정받는 순간이다.

따라서 모든 팀원이 가중목 회의에 참석하거나 어떤 식으로든 공약을 책임질 기회를 마련해야 한다.

근무 조가 다르면, 가중목 회의를 여러 번 나눠 열어서 모든 팀원이 참석하게 할 수도 있다. 팀원이 야간 근무 조에 배치된 탓에 리더가 그를 보기 힘들다면, 매주 전화로 개인 책임을 묻고 팀 상황에 대해 피드백을 전해줄 수도 있다.

조직의 가중목이 일선까지 제대로 전달되었는지 어떻게 확신하는가?

목표를 인식하게 하는 가장 좋은 방법 하나는 반복이다. 리더와 4가지 원칙 내부 코치가 개별 직원에게 "우리 가중목은 무엇인가?" 또는 "당신이 지금 집중하고 있는 선행지표는 무엇인가?"라는 질문을 반복해 던지는 분위기를 정착시킨다면 소문이 빠르게 퍼져 점점 더 많은 직원이 그 답을 익히고 기억할 것이다.

팀원이 한날한시에 모이기 어렵다면, 거대한 회오리바람을 처리해야 한다면, 어떻게 주간 가중목 회의를 진행하는가?

가중목 회의는 한 주에 20분에서 30분 정도밖에 걸리지 않으며, 가중목 소회의에 참가한 선수는 한 주에 5분에서 7분만 시간을 내면 된다는 점을 기억하라. 대단한 시간 투자가 필요치 않다.

기존 회의 직전이나 직후에, 또는 가장 많은 사람이 참석할 수 있을 때, 가중목 회의를 진행할 수도 있다. 그리고 참석하지 못한 사람은 개별적으로 따로 만나면 된다.

가중목에 집중하고 책임을 지려면 모든 팀원은 매주 점수판 주위에 모여 책임 회의에 참여해야 한다는 핵심 원칙을 명심하라.

4가지 원칙을 거부하는 관리자를 어떻게 설득하나?

리더는 이 문제를 도울 적임자이며, 코치는 이 문제를 길 닦기의 하나로 제기해야 한다. 대개는 관리자와 사적인 대화만으로도 이 문제를 해결할 수 있다.

모든 관리자에게 4가지 원칙을 얼마나 철저히 지키는지 보고하게 하

성과를 내고 싶으면 실행하라

라. 보고에는 다음 항목이 포함되어야 한다.

- ✓ 이번 주의 팀 후행지표 결과
- ✓ 이번 주의 팀 선행지표 결과
- ✓ 가중목 회의 진행 여부와 출석률
- ✓ 팀 공약 실천 비율
- ✓ 지난주 개인 공약과 결과
- ✓ 다음 주 개인 공약

4가지 원칙을 내켜 하지 않는 관리자에게 공개적으로 이런 결과에 대한 책무를 부여하면, 그리고 그런 관리자가 다른 관리자들의 성공적인 성과 보고를 들으면, 거의 틀림없이 반응을 보일 것이다.

4가지 원칙 꾸준히 지속하기

팀이 4가지 원칙에 계속 참여하게 하려면 어떤 식으로 공로를 인정하는 것이 가장 좋은가?

가장 효과가 좋은 공로 인정 방식은 다음과 같다.

- **'개인'의 성과를 공개적으로 인정하라.** 누구나 자신이 기여한 부분을 특히 동료들 앞에서 인정받고 싶게 마련이다. '금주의 실행 리더' 또는 '금주의 실적왕' 같은 상도 인기가 좋다. 공을 인정하는 기준은

공정하고 일관되게 적용하도록 유의하라.

- **'팀'의 성과를 공개적으로 인정하라.** 이를테면 선행지표에서 가장 높은 성과를 낸 팀의 리더에게 '선행지표 리더 상'을 주는 식으로 팀에게 주별 또는 월별 상을 준다면 행동 변화를 이끌어낼 수 있다.

- **'실행 착수'를 공개적으로 인정하라.** 4가지 원칙을 가장 빨리 시작한 팀, 점수판 점수가 가장 높은 팀, 가중목 회의를 가장 성공적으로 진행한 팀에게 상을 준다면 성과를 촉진하는 행동을 습관화하는 데 도움이 된다.

- **'진심으로' 축하하라.** 앞에서도 말했듯이, 시간을 갖고 팀의 성과를 진심으로 축하하는 것은 사람들을 지속적으로 참여하게 하는 데 필수다. 소박하게 축하하면서 리더가 진심어린 말을 더한다면 피자나 아이스크림 같은 포상보다 훨씬 값지다.

어떻게 매주 새롭고 신선한 공약을 내놓을 수 있는가?

리더는 신선한 공약을 내놓는 데 거침이 없어야 한다. 팀의 실행 원칙은 언제나 개선 여지가 있기 때문이다. 리더가 다른 개인과 다른 점은 4가지 원칙을 준수하려고 노력한다는 점이다. 처음에는 어려워 보이지만, 자신의 영향력을 목격하면서 곧 리더 역할에 흥미를 느끼기 시작한다.

개인도 선행지표를 달성할 공약을 내놓지만, 리더가 내놓는 가장 효과적인 공약이야말로 팀에 힘을 실어주고 팀의 능력을 끌어올릴 것이다. 따라서 리더는 곧바로 선행지표로 이어지는 공약보다 팀 전체가 선

성과를 내고 싶으면 실행하라

행지표를 달성하게 할 공약을 내놓는다.

우리 고객 중 한 사람은 이렇게 말한다. "리더는 자신이 무엇을 했느냐가 아니라 다른 사람을 무엇을 하게 했느냐로 월급을 받는다."

아이디어로 고민한다면 다음 영역에서 공약을 떠올려보라.

- **훈련**. 팀이 최고의 성과를 올리기 위해 훈련이나 재교육이 필요한 팀원이 있게 마련이다. 그런 팀원을 골라 다음 주에 따로 특별한 기술을 가르치거나 코치를 하라. 이 공약도 경기를 승리로 이끄는 데 도움이 된다.
- **팀의 성과를 최고로 끌어올리기**. 실행력이 높은 리더가 이용하는 강력한 방법 하나는 팀의 성과에 대해 그리고 성과를 끌어올릴 방법에 대해 양방향 대화를 하는 것이다. 팀의 생각에 귀를 기울이고 그것을 실행에 반영한다면 성과뿐 아니라 참여도도 높일 수 있다. 이로써 팀은 더 좋은 성과를 내고 팀원은 자신이 가치 있고 존중 받는다고 느껴 더 열심히 일한다.
- **인정과 본보기**. 최고의 성과를 올린 사람을 밝히고 동료들 앞에서 그 성과를 인정하라. 누구나 승리자를 닮고 싶어 한다. 성과를 인정하면 리더가 중시하는 행동과 성과 수준을 팀에 알리는 효과도 있다. 최고의 성과를 올린 사람을 모아 코치로 활용하라.

4가지 원칙을 지속하기 위해 고위 리더가 할 수 있는 가장 중요한 일은 무엇인가?

고위 리더가 가장 크게 기여할 수 있는 일은 가장 중요한 목표에 계속 집중하면서 그다음으로 좋은 아이디어의 유혹을 거부하는 것이다. 좋은 아이디어는 실행 능력보다 항상 많다는 사실을 기억하라. 리더가 집중하면 조직도 집중한다.

둘째로 리더로서 타인의 본보기가 되도록 4가지 원칙을 실천하고 있다는 사실을 확신시켜라. 시간이 지나면 리더의 말이 아니라 행동이 팀에 가장 큰 영향을 끼칠 것이다.

셋째로 이 책 전체에 걸쳐 제안했듯이, 뛰어난 성과를 낸 개인과 팀을 인정하라.

작년에 할 건 다 했다. 가중목, 선행지표, 후행지표를 정하고, 매주 미친 듯이 실행했다. 그런데도 성과가 없었다. 이제 어찌해야 하나?

가중목은 전략적 내기와 같다는 점을 기억하라. 가중목을 세웠다면 신상품이나 새로운 서비스 또는 새로운 문제 해결책에 내기를 하는 것이다. 그런 다음 그 전략적 내기에서 성공하리라는 확신을 가지고 중요한 활동과 선행지표를 정한 다음 그 활동을 집요하게 실행한다.

그런데 내기에서 실패할 때도 있다. 전략이 실제로 효과를 내기 전에는 뛰어난 전략 따위는 없다. 새로운 자동차가 시장에서 날개 돋친 듯 팔리기 전까지는 아주 좋은 차라고 말할 수 없다. 새로운 교육 방식이라도 학교가 예전의 성취도를 넘어서기 전에는 그 방식이 학생의 성취도를 향상시키는 훌륭한 방식이라 할 수 없다. 이때까지는 내기인 셈이다. 물론 교육적인 내기여야 하지만, 내기는 내기다.

어느 보험회사는 새로운 시장을 공략해 새로운 종류의 보험에 전략적 내기를 걸었다. 대단히 세밀한 부분까지 신경 쓰고, 영업 조직을 총

성과를 내고 싶으면 실행하라

동원해 목표 달성을 위한 중대한 행동에 돌입했다. 그리고 미친 듯이 일해, 점수판의 선행지표를 주간 계획대로 정확히 달성했다. 그런데 6개월이 지나도록 후행지표가 움직이지 않았다. 사실 이 시기에 대단히 막강한 경쟁사가 저가 상품을 개발해 인터넷으로 상품을 판매했다. 경쟁사가 더 뛰어난 전략적 내기를 했던 것이다.

가중목을 세울 때는 자신감과 열정을 유지하되 겸손함과 상황 인식이 필요하다. 달성 가능한 최상의 전략적 내기를 걸어라. 그리고 내 점수판을 주목하고, 동시에 어깨너머 다른 점수판도 주목하라.

가중목을 빠르게 달성했고, 이제는 가중목을 넘어설 것 같다. 목표를 올려 잡아야 하나?

우선 축하부터 하자. 가중목을 달성하거나 넘어선다면 팀으로서는 대단히 기쁜 일이다.

이때 리더의 첫 반응은 대개 목표를 높여 잡는 것이다. 그러나 (팀의 성취도를 자극한다는) 좋은 의도에서 나온 결정일지라도 팀을 허탈하게 만들 수 있다. 이 변화를 조심스럽게 다루지 않으면 팀은 성취감을 잃고 더 높은 새로운 목표에서 이탈할 것이다. 이탈한 팀을 다시 목표에 집중하게 하려면 4가지 원칙을 처음 시작할 때보다 더 힘들다.

이 경우, 흔히 예상되는 3가지 상황과 각각의 대처법을 살펴보자.

- **팀 목표를 너무 낮춰 잡았더니 벌써 목표를 달성했다.**(또는 곧 달성할 것 같다.) 이때는 우선 팀의 목표 달성을 축하한 다음, 목표를 부적절하게 정한 것에 제대로 책임을 져야 한다. 가능하다면 팀이 다 함께,

도전적이지만 현실적인 가중목을 새로 정하라.

- 목표는 잘 정했는데 팀이 리더의 예상을 뛰어넘어 목표를 일찍 달성했다. 이 경우, 탁월한 성과를 축하하고 상을 주면서 원래의 가중목을 성공적으로 달성했다고 선언하라. 그리고 남은 기간 동안, 즉 새로운 'X 에서 Y로'라는 기간 동안 달성할 가중목을 정한다. 이때 성공을 축하하지 않으면, 팀원은 달릴수록 결승선이 계속 앞으로 나아가는 경기에서 뛰고 있다고 판단해 경기에서 이탈할 것이다. 그러니 우선 성공을 축하한 뒤에 팀이 다 함께 새로 목표를 정하라.

- 목표는 잘 정했는데 뜻밖의 횡재로 목표를 빨리 달성했다. 가중목이 달성되었다고 선언하고 지체 없이 가중목을 새로 정하라. 그렇지 않으면 4가지 원칙 도입에 문제가 생긴다. 팀의 목표는 가중목 달성만이 아니라 성과가 높은 팀이 되는 것임을 기억하라.

4가지 원칙 실행에 관련된 조언과 주의할 점

선행지표를 바꿀 때를 어떻게 아는가?

선행지표를 너무 빨리 바꾸면 위험하다. 보통은 점수판에서 정체기에 도달했을 때 선행지표를 새로 정하기 시작한다. 리더가 너무 빨리 반응하면 선행지표의 추진력을 모두 잃고, 팀은 원래의 선행지표에 시간을 더 투자했더라면 더 좋은 결과를 냈을 법한 상황에서 처음부터 다시 시작하게 될 것이다.

선행지표를 포기하기 전에, 다음의 중요한 물음을 생각해보라.

성과를 내고 싶으면 실행하라

- 선행지표가 후행지표를 움직이고 있는가? 그렇다면 효과가 있는 것이니 신중히 생각하라.
- 후행지표가 충분히 움직이고 있는가? 그렇지 않다면, 선행지표를 바꾸기 전에 선행지표에 따른 성과 기준을 높여보라. 바위를 조금 움직이려 해도 지렛대는 많이 움직여야 한다는 사실을 명심하라.
- 선행지표 달성 상황은 정확히 기록하고 있는가? 그렇지 않다면, 팀은 선행지표의 가치를 잘못 알고 있기 쉽다.
- 팀은 적어도 12주 연속해서 선행지표를 달성한 적이 있는가? 우리 경험상 이 기간은 팀이 4가지 원칙을 습관으로 만들기 위한 최소의 시간이다. 만약 그런 적이 없다면, 선행지표를 꾸준히 달성했을 때 어떤 결과가 생기는지 아직 모르기 쉽다.
- 점수판에서 선행지표를 없애도 팀은 계속 같은 성과를 낼까? 그렇지 않다면, 선행지표가 가중목을 움직이는 한, 선행지표에 계속 집중해서 습관으로 만드는 게 좋다.

4가지 원칙의 더 큰 목표는 팀의 특정한 활동 영역에서 일관성과 우수함의 새로운 기준을 세운 뒤 그것을 지속해 습관으로 만드는 것임을 기억하라.

선행지표는 움직이는데 후행지표가 움직이지 않으면 어떻게 하나?

드문 일은 아니다. 특히 4가지 원칙을 처음 시작한다면 더욱 그렇다. 여기에 3가지 설명이 가능하다.

- 그저 시간이 더 필요한 때도 많다. 선행지표와 후행지표 사이의 시간차를 우리는 수없이 목격했다.
- 선행지표 달성에 일관성이 없을 수 있다. 사람들은 새로운 선행지표에 온 힘을 쏟아붓는 중에 (의식적으로 또는 무의식적으로) 그 체계를 약간 조작하는 성향이 있다. 선행지표가 정확한지, 리더에게 리더가 보고 싶어 하는 것만 보여주지는 않는지 확인하라.(우리가 선행지표에 어떤 종류든 포상이 붙는 것을 매우 경계하는 이유도 바로 이 때문이다.)
- 선행지표가 예측력이 없을지도 모른다. 사람들은 대뜸 이 결론부터 내리고 보는 때가 많으니, 이 항목은 맨 마지막에 고려하라. 정말로 선행지표가 후행지표를 움직이지 않는다면, 애초의 생각을 다시 검토해볼 때다. 우리는 오랫동안 결코 의심하거나 시험한 적 없는 믿음을 버리는 조직을 여럿 보았다. 또 다른 가능성은 외부 조건이 워낙 빠르게 변해 선행지표가 더 이상 맞지 않는 경우다.

선행지표가 적절한지 어떻게 아는가?

첫째, 예측력이 있어야 한다. 다시 말해, 선행지표는 후행지표가 일정한 시간 동안 X에서 Y로 움직이는 것에 대해 단지 상관관계가 있을 뿐 아니라 인과관계가 분명해야 하며, 단지 필요조건이 아니라 충분조건이어야 한다.

판매 증가라는 가중목에 맞춘 다음의 대조적인 두 선행지표를 보라.

A. 영업사원은 고객을 일주일에 X번 찾아갈 것이다.

B. 영업사원은 고객이 물건을 구매하기까지 걸린 시간이 회사가 정한 판매 성과 모델보다 한 단계 이상 낮은 고객층을 골라 일주일에 X번 찾아갈 것이다.

A는 가중목과 상관관계가 있고 가중목 달성에 필요 요건이지만, B와 비교하면 판매 증가의 충분 요건으로 삼을 만큼 구체적이지 않다.

둘째, 빈도가 적절해야 한다. 선행지표를 자주 기억하고 그에 따라 행동하는가? 적절한 행동이지만 행동의 횟수를 늘려야 (또는 줄여야) 하는가? 일주일에 방문할 고객 수는 셋이 적당한가? 넷이 적당한가? 이를 아는 방법은 지표를 시험하는 길뿐이다.

여러 해 동안 주요 제약회사들은 영업 조직을 대규모로 현장에 내보냈다. 의사들을 자주 찾아갈수록 의사들이 자사 제품을 처방하리라고 믿었기 때문이다. 의사들은 수없이 들이닥치는 영업사원들로 이내 지쳐 이들을 병원에서 쫓아냈다. 선행지표의 빈도가 모두 잘못된 경우다.

셋째, 선행지표가 업무의 질을 높여야 한다. 선행지표에 최선을 다하는가? 영업사원이라면 전화 횟수만 채우는 게 아니라 팀이 정해놓은, 구매를 이끌어낼 적절한 전화 응대를 하고 있는가?

일부 제약회사는 결국 성난 의사들에게 어떤 식으로 도와주면 좋겠냐고 직접 물었다. 그러자 의사들은 "당신네 제품에 숨은 과학 정보를 알려달라"고 했다. 이 말을 들은 제약회사는 새로운 영업 모델을 적용했다. 영업사원들이 이제는 과학자가 되어, 의사에게 제품을 강요하기보다 과학 지식을 전달하기 시작했다. 그리고 이 업계에서 성공적 판매를 위한 선행지표가 급격히 바뀌었다.

선행지표가 예측력이 있고, 빈도가 적절하고, 높은 업무의 질을 요구한다면, 좋은 선행지표이고, 시간이 지나면 가중목이 움직일 것이다.

4가지 원칙을 지원하려면 어떤 포상이 좋은가?

이 질문에 정해진 답은 없다.

만약 조직의 문화가 모든 단계에서 명확히 규정한 목표를 달성했을 때 포상하는 분위기라면 가중목 달성에 따른 포상은 적절하고 사람들의 기대를 충족할 것이다. 이런 포상은 성과를 내는 운영 체계로서 4가지 원칙의 중요성을 더욱 강화할 것이다.

성과에 따라 포상하지 않는 조직이라도 가중목 달성에 따른 포상은 여전히 바람직해 보인다. 그러나 포상 체계의 목적은 엉뚱한 사람에게서 적절한 '행동'을 이끌어내는 것이 아니라 애초에 적절한 '사람'을 포상해 그들이 계속 그런 성과를 올리게 하는 것임을 명심하라. 짐 콜린스가 《좋은 기업을 넘어 위대한 기업으로》를 쓰기 위해 연구하면서 배운 사실도 바로 이것이었다. 팀에 적절한 사람이 있는 한 가중목 달성에 포상하는 것도 좋다.

4가지 원칙이 성과 관리 체계를 지원할 수 있는가?

그 답은 관리 체계에 달렸다.

4가지 원칙은 정해진 시간에 구체적인 목표와 지표 달성을 강조하는 체계를 지원한다. 가중목 달성에 개인 발전 계획을 병행할 수도 있다. 이를테면 사람들이 새로운 기술을 습득해야 가중목을 달성할 수 있는 경우가 그렇다.

우리 고객 중에 연간 업무 평가를 가중목 회의로 대체한 곳도 있다. 가중목 회의가 팀원의 성과 측정에 더 직접적이고 유용하기 때문이다. 그런가 하면 업무 평가 방식을 조정해 개인의 가중목 달성 기여도를 측정하는 곳도 있다. 그리고 전통적인 업무 평가 방식을 고수하면서 4가지 원칙 책무 체계를 따로 다루는 곳도 있다.

매주 공약을 발표하는데 공약의 질이 높은지 판단하기 어렵다. 좋은 공약이란 무엇인가?

질 높은 공약은 다음 3가지 특징이 있다.

- **구체적이다.** "고가 상품 판매에 집중하겠다"라는 식의 공약은 안 된다. 그보다 "최고급 와인을 판매하는 방법을 팀원 세 사람에게 가르치겠다"처럼 구체적인 공약이 좋다.
- **가중목과 연관된다.** '모든' 공약이 가중목과 연관되어야 한다는 점을 명심하라. 회오리바람과 관련한 공약은 안 된다. 매주 열리는 가중목 회의에서 모든 팀원은 다음 질문에 대답해야 한다. "이번 주에 내가 할 수 있는 일 중에 가중목 달성에 가장 큰 영향을 미칠 일은 무엇인가?" 수시로 바뀌는 팀의 우선순위에 따라 이 질문의 답도 매주 바뀌게 마련이다.
- **시의적절하다.** 공약은 다음 주에 달성할 수 있게 하라. 여러 주가 걸리는 공약을 조심하라. "나는 발전하고 있다"라는 식의 대답을 경계하라.

선행지표를 바꾸기 전에 선행지표 달성을 촉진할 방법이 있는가?

있다. 처음 성과를 낸 행위가 무한정 똑같은 성과를 내리라고 생각하는 사람은 없다. 여기서 핵심은 선행지표를 조심스레 조정해 꾸준히 성과를 내는 것이다.

선행지표를 조정할 때 다음 사항을 고려하라.

- **기준을 높여라.** 선행지표가 90퍼센트라면, 95퍼센트로 끌어올려 보라. 목표를 조금만 높여도 성과가 크게 달라지고 팀은 꾸준히 더 높은 수준을 유지하는 경우가 많다.
- **질을 높여라.** 가령, '고가 상품 권유 대화를 1인당 10건 완수하기' 같은 선행지표 기준을 꾸준히 충족한다면, 대화의 '질'을 높이는 데 집중하라. 최고의 대본을 만들거나, 회의 중에 팀원과 역할을 정해 연습을 하거나, 성과가 뛰어난 사람을 뽑아 코치로 활용해보라.
- **연관된 행동을 찾아라.** 팀이 선행지표에 완전히 적응했다면 그것과 밀접히 연관된 행동을 했을 때 추가적인 성과를 얻을 수 있다. 상점이라면, 손님이 들어왔을 때 10초 안에 인사를 하고 손님이 원하는 상품이 있는 곳으로 안내하는 것도 하나의 방법이다. 이처럼 선행지표에서 나온 행동을 약간만 확장하면 놀라운 성과를 얻을 수 있고, 선행지표를 새로 만들어 정착시킬 때보다 위험을 크게 줄일 수 있다.

리더가 휴가 중이면 무엇을 해야 하나? 가중목 회의 또는 가중목 소회의를 취소해야 하나?

그렇지 않다. 일관성과 책임감은 성과를 내는 가장 강력한 추진력이다. 가중목 회의가 중단되면 팀의 추진력이 사라진다. 리더가 없어도 팀의 성과는 계속되어야 한다.

리더가 없다면 다음을 실행하라.

1. **회의를 진행할 사람을 뽑아라.** 팀의 감독관이나 연장자도 좋다. 팀원이 매주 돌아가며 회의를 진행하는 팀도 있다.
2. **이들에게 회의 진행을 준비시켜라.** 시간을 갖고 이 책임의 중요성을 알려주고 가중목 회의 안건을 함께 검토하라.
3. **리더가 돌아오면 회의를 간단히 보고하게 하라.** 리더는 회사에 복귀하자마자 대리 리더에게 회의 내용을 간단히 묻고 파악한다. 그런 뒤 중요한 책무를 수행한 것에 대해 고마워하고 축하하라.

코치를 여럿 두는 것도 좋은 생각인가?

물론이다. 코치가 두 명 이상이면 리더를 코치하는 업무를 나누고, 한 사람이 다른 책무를 맡았을 때 그 자리를 안전하게 메울 수도 있다.

두 번째 코치를 들일 때 예전 코치를 수석 코치로 유지해 조언과 코치의 일관성을 유지해야 한다.

제조팀

4가지 원칙이 린 제조방식이나 식스시그마 같은 방법도 지원할 수 있는가?

가능하다. 세계적인 카펫 제조사도 4가지 원칙을 회사에 맞게 변형해 초록띠 팀과 검은띠 팀(식스시그마로 프로젝트를 진행할 때 나뉘는 팀의 종류―옮긴이)을 운영했다. 4가지 원칙을 적용한 팀들은 프로젝트 완성 시간을 거의 절반으로 줄였다.

이들은 팀원이 회오리바람에 갇혀 프로젝트에 적극 참여하지 못한 탓에 프로젝트가 지연됐다는 사실을 알아냈다. 식스시그마 프로젝트는 검은띠 팀으로 미뤄지고 프로젝트는 정체 상태였다. 이들은 식스시그마 프로젝트에 눈에 잘 띄는 4가지 원칙 점수판을 도입하고, 매주 가중목회의를 열어 "코끼리를 한 번에 한 입씩" 먹은 결과, 프로젝트 완성 시간이 절반으로 줄었을 뿐 아니라 팀원은 경기에서 승리하는 재미도 느꼈다.

4가지 원칙을 이용하면 식스시그마 프로젝트에서 나온 새로운 공정 변화를 도입하기도 좋다. 이때 4가지 원칙은 행동 변화를 이끌어내는 도구로 사용되는데, 이는 4가지 원칙이 만들어진 목적이기도 하다.

첨단과학기술팀

4가지 원칙으로 (흔히 회의적인) 첨단과학기술팀을 이끌 때 알아야 할 점이나 주의사항이 있는가?

과학기술 분야 사람들은 대개 위험을 측정하고, 결함을 발견하고, 가능한 해법을 찾아내는 게 몸에 밴 사람들이다. 이들은 주어진 예산으로 일정을 맞추고, 계속 바뀌는 고객의 기대와 변화하는 요구 조건을 능가하고, 앞으로 어떤 요구가 생길지 예상해야 하는 압력을 받는다. 이런 일들은 외주로 이루어질 위험도 있다. 이들은 도전을 즐기며, 문제를 분석해 창조적으로 해결하는 것으로 경력을 쌓는다.

리더가 이들도 문제없다는 생각으로 4가지 원칙을 시행하려고 하면,

이들은 꿈쩍도 안 할 것이다. 다른 집단과 달리 이들은 더 저항하고, 원칙 1을 실행하는 데 더 많은 시간이 걸린다. 모래에 선을 긋는다는 생각은, 그러니까 가중목과 선행지표, 후행지표를 정한다는 생각은 이들에게 대단히 짜증스러운 일일 때가 많다. 이들에게는 일이 잘못될 가능성이 훤히 보이기 때문이다. 하지만 우리가 일해본 결과, 시간을 갖고 이들의 실행 과정을 지켜보며 전체 상황을 계속 상기시킨다면 이들도 결국은 해낸다.

반가운 사실은 일단 원칙 1만 통과하면 원칙 2와 원칙 3은 이들이 오히려 더 훌륭히 해낸다는 점이다. 4가지 원칙이 이들에게는 수수께끼 같아 보이는 모양이다. 그것이 이들의 장점이기도 하다.

4가지 원칙을 연구개발R&D처럼 창조적이거나 직관적인 과정에 적응할 수도 있는가?

우리는 제약회사 연구개발 집단에서 언론인 집단에 이르기까지 4가지 원칙이 그와 같은 팀에 적용되는 경우를 많이 봤다. 처음에는 "우리가 하는 일은 선행지표 같은 것으로 제대로 관리할 수 없다"며 다들 주저하게 마련이다. 하지만 그 말이 들어맞은 경우는 한 번도 본 적이 없다. 4가지 원칙은 그들이 하는 일에서 영향력과 예측력이 있는 부분이 무엇인지 찾아내게 함으로써 그들의 창조성을 시험한다. 창조적인 사람에게는 선행지표를 무엇으로 정할지 결코 지시할 수 없지만, 나중에 그들의 성과를 보면 그저 놀랄 뿐이다.

그런 팀에는 어떤 종류의 선행지표가 최상의 결과를 내는가?

우리는 첨단기술이나 창조적인 분야에서는 사람들이 의견을 주거니 받거니 하는 과정에서 가장 강력한 선행지표가 나온다는 사실을 알게 되었다. 이를테면 다음과 같은 경우다.

- 개발 과정 초기, 상호작용이나 대화가 많이 일어나는 가운데.
- 타인과 지식을 공유하는 중에.
- 과정을 점검하는 중에.
- 프로그램을 개발하면서 변화하는 요구 조건을 가늠하느라 핵심 이해 관계자끼리 토론을 할 때.

영업팀

4가지 원칙은 새로운 영업 과정을 실행하는 데도 도움이 될까?

4가지 원칙은 새로운 영업 과정 도입에도 대단히 효과적이다. 그 과정에서 가장 영향력이 큰 부분에 집중해 그것을 완전히 몸에 배게 한 뒤 다른 부분으로 넘어가기 때문이다. 211쪽에 실린 표가 그 좋은 예이다.

영업은 대부분의 전문 직종에서 대단히 직관적인 과정이라 거기에 일정한 과정을 부여하면 늘 어색하게 마련이다. 그러다 보니 제대로 효과를 발휘하지 않으면 곧바로 포기하고 그들 생각에 효과가 있겠다 싶은 방법으로 돌아가는 경우가 흔하다. 문제는 한 번에 코끼리를 다 먹어치우려고 한다는 것이다. 4가지 원칙은 코치와 책임감의 원동력일 뿐 아니라 영업사원이 한 번에 한 입씩 먹는 과정에 익숙해지도록 도와준다.

어떻게 하면 영업팀이 매주 회의에 몰입할 수 있을까?

영업팀이 자기 일에 꾸준히 책임지지 않는다면 중간 정도의 성과를 내는 사람은 팀의 경기에 박차를 가하지 않을 것이다. 특히나 영업사원은 4가지 원칙에서 제공하는 틀이 필요하다. 4가지 원칙은 효과적인 영업 방법에 관해 팀에서 통찰력을 공유하게 해준다. 자신은 이미 잘하고 있다고 생각하는 전문 분야에서 이 과정은 누구에게나 필수다.

영업팀이라면 대개 어떤 형태로든 이미 선행지표가 있지 않은가?

우리 경험으로 보면, 대부분의 영업팀은 영업 경로의 여러 측면을 측정하지만 기존 측정치는 팀이 직접 영향을 미칠 수 있는 수치가 아니라 제대로 된 선행지표라 보기 힘들다.

영업 관리자는 대개 더 나은 예보 능력(예측 가능성)이 있는 지표에 초점을 맞추지만, 그런 지표는 영업팀의 통제를 벗어나는 경우가 보통이다. 예측력은 있지만 팀에 영향을 받지 않는 지표는 영업팀에게 필요한 지렛대가 되지 못한다.

영업 관리자는 다른 누구보다도 분기별 판매량, 주간 예약 건수, 연간 수익 등 후행지표에 극도로 집중한다. 이들은 팀원에게 전화를 걸어 목표 숫자를 전달하는 것을 관리라고 생각하는 경우가 많다. 따라서 이들이야말로 효과적인 선행지표가 가장 필요한 사람들이다. 일단 선행지표를 도입해 사용하기 시작하면 상황을 크게 바꿀 수 있다. 관리자는 성과를 낼 행동을 가르치고, 훈련시키고, 조언할 수 있다.

4가지 원칙은 이미 규율과 실행 강도가 높은 군사 문화에서도 가치를 발휘하는가?

군에서는 이미 실행 기술에 관해, 즉 전투 시의 행동에 관해 책을 쓰기도 했다. 이들은 전투에서 승리하는 법, 그리고 전운(회오리바람)이 감도는 와중에도 고도의 집중력을 발휘하는 법을 알고 있다. 그러나 '수비대', 즉 전투를 하지 않는 군인은 관료적 규칙, 자원 제약, 가족의 요구에 파묻혀 산다. 이들은 팀의 준비 태세나 개인 개발 같은 진짜 중요한 목표는 뒷전인 채 그저 다급한 수십 가지 일로 정신이 없다. 군사 분야의 우리 고객 중 상당수가 이렇게 말한다. "전투에 참가한 부대는 기적도 일으킬 수 있는데, 똑같은 팀이 평화 시에는 고삐가 풀려버리는 게 아이러니하다."

4가지 원칙은 군을 재정비하는 효과적인 체계다. 이들은 나라를 위해 일하고 싶은 사람들이다. 이들은 임무에 따라 움직인다. 가장 중요한 목표라는 개념은 이들에게 힘이 솟게 한다. 그리고 책임감은 이들의 제2의 천성이다.

많은 외부 이해 관계자들이 서로 다른 방향으로 잡아당기는 정부 기관에서 어떻게 가중목을 정해야 하나?

정부 기관은 늘 성과 극대화에 초점을 맞추지는 않는 것 같다. 어느 모로 보나 위험을 기피하는 성향이 있다. 우리 고객 중에 한 사람이 최근에 이런 말을 했다. "우리 정부는 변화를 아주 힘들게 만들고, '정부에 아주 이로운' 행동을 포상하도록 되어 있다." 다양한 견제와 균형이 가중복 설정을 거의 불가능하게 만드는 때도 많다. 열정적인 리더라면 미래를 내다보는 전략적 계획을 세우고 시민들 앞에 그 계획을 발표하겠지만, 직원들이 일상으로 돌아가 회오리바람을 마주하다 보면 지속적인 행동 변화는 대단히 힘들다.

공공 부문 리더는 모든 이해 관계자들에게, 특히 직원들에게 가중목을 홍보하는 데 많은 시간을 들여야 한다. 직원들이 가중목 설정에 참여하면, 그것이 채택된 뒤에 목표 달성에 성심성의껏 노력한다.

이처럼 직원들에게 직접 참여해 리더의 의도를 다듬고 입증할 기회를 주었다면, 그다음에는 서비스를 받을 고객과 가중목을 공유해야 한다. 힘든 일이고, 이처럼 대담한 행동에는 위험도 따르지만, 극적인 결과를 얻기 위한 과정이다. 이는 워커와 조지아 주의 이야기에서 이미 확인한 바 있다.

4가지 원칙 실행이 어떻게 직원의 참여를 높일 수 있는가?

4가지 원칙은 원대한 목표를 달성하는 체계일 뿐 아니라 직원의 참여와 만족을 높이는 체계이기도 하다.

대개 직원의 참여도는 근무 현장, 리더십, 조직의 문화에 관한 설문조사로 측정한다. 4가지 원칙의 원리들이 그러한 전형적인 직원 참여도 측정에 어떻게 영향을 미치는지 살펴보자.

설문 범주	설문 문항	4가지 원칙의 원리
측정 가능한 목표	직장이 내게 기대하는 일이 무엇인지 안다.	가장 중요한 목표와 선행지표는 측정 가능한 성과의 명확한 기대치를 설정한다.
	내 노력이 조직 전체의 성공에 어떻게 기여하는지 이해한다.	주간 공약은 개인의 노력과 조직의 목표를 분명하게 연결한다.
조언과 코치	조직은 내 사적인 발전과 경력 개발을 응원한다.	가중목 회의에서 나오는 책무는 정기적으로 그리고 자주 업무 피드백을 해준다.
	시의적절하고 건설적인 피드백을 받고 있다.	
소통	리더는 핵심적인 결정에 대해 소통하고 설명한다.	가중목을 선택하고 소통할 때, 리더는 조직에 무엇이 가장 중요한지 토론하고 명확히 한다.
	조직은 내 의견을 소중히 여긴다.	모든 팀원이 가중목과 주간 책무 공유에 참여해 계속 자기 목소리를 낸다.
	리더가 계속 정보를 주기 때문에 조직에서 일어나는 일을 알고 있다.	가중목 회의와 고위급 회의를 열어 팀의 성과를 이야기하고 축하한다.
긍정적인 근무 환경	출근이 즐겁다.	승리하겠다는 마음가짐을 가진 팀, 책임지는 문화에 소속되면 사기가 높아지고 일이 즐겁다.

성과를 내고 싶으면 실행하라

설문 범주	설문 문항	4가지 원칙의 원리
긍정적인 근무 환경	내가 기여한 부분을 정기적으로 인정받거나 칭찬받는다.	가중목 회의와 보고는 개인과 팀의 성과를 인정하는 좋은 기회이다.
	직장에서 공정하게 대우를 받는다.	모두가 공약 실천에 공평하게 책임진다는 사실을 모든 개인이 확인할 수 있다.
개인과 팀의 책임	모든 팀원이 결과에 책임진다.	모든 사람이 매주 가중목 회의에서 정한 공약을 실천해야 한다.
	리더는 약속을 끝까지 완수한다.	가중목 회의에서 리더부터 솔직하게 자신의 공약 실천을 보고한다. 리더도 다른 사람과 똑같이 공약에 책임을 진다.
기회와 발전	업무에 최선을 다하도록 자원이 확보되어 있다.	매주 가중목 회의에서 팀원은 리더와 동료에게 공약 실천에 방해가 되는 장애물을 치워달라고 요구할 수 있다.
	팀이 가중목 위주로 구성되고 서로 책무를 나눠 선행지표를 실천하기 때문에 팀의 협동과 상승효과가 극대화된다.	
신뢰	우리 조직의 리더를 신뢰한다.	책무와 공약을 공유하고 허심탄회하게 소통하면 신뢰 분위기가 조성된다.

379

가정에서 실행하는 4가지 원칙

⟶

변화는 어렵다.

살을 빼거나, 결혼생활을 개선하거나, 담배나 술을 끊거나, 새로운 관계를 시작하거나, 취미를 개발하거나, 8년을 소비한 학위를 마치려고 결심한 적이 있는 사람이라면, 그 말이 무슨 뜻인지 알 것이다.

이번 장에서는 팀에서 4가지 원칙을 실행할 때의 원칙들이 어떻게 개인의 삶을 바꾸고 개인이나 가족의 중요한 목표 달성에도 도움이 되는지 간단히 보여주고자 한다.

사실 늘 일어나는 일이다. 4가지 원칙 회의를 마치면 사람들이 우리에게 다가와 주위에 사람이 없는지 확인하고 이렇게 속삭인다. "4가지 원칙이 사적인 삶에도 효과가 있다고 생각하세요?"

우리 답은? 물론이다. 우리는 개인의 목표를 달성할 더 나은 방법을 본격적으로 찾아본 적은 없지만, 4가지 원칙이 직장에서든 집에서든 그어떤 목표 달성에도 두루 유용하다는 사실을 알게 됐다. 어쩌면 당연한 일이겠지만, 각 원칙의 밑바탕이 되는 집중, 지렛대, 참여, 책무의 원칙은 조직이든 팀이든 개인이든 어디서나 효과가 있다.

우리 동료 제프리 다운스를 보자. 그는 수많은 조직에서 4가지 원칙을 적용하는 과정을 도왔는데, 여기서 얻은 통찰력을 아내 자미와 공유했다. 그리고 자미는 4가지 원칙을 대단히 사적인 문제에 적용해보기로 마음먹었다.

남편 제프가 4가지 실행 원칙을 소개했을 때 그것을 내 개인적인 삶에도 적용할 수 있겠다 싶었다. 가뜩이나 사는 게 복잡했는데, 일곱째 아이를 임신하고 보니 무척 힘이 들었다. 늘어지지 않고 건강을 유지하려면 뭔가 다른 조치를 취해야 했다.

가장 중요한 목표를 결정하느라 생각도 많이 하고 힘도 많이 들었다. 지금이야 쉬운 일이지만 그때는 그랬다. 어쨌거나 나는 가중목을 "10월 9일까지 16킬로그램 이상 살찌지 않는다"로 정했다.

목표를 달성하는 2가지 방법은 당연히 식사와 운동이었다. 우리 가족은 이미 건강한 식단을 유지하고 있어서 음식은 크게 신경 쓰지 않았다. 그보다 운동에 집중했고, 선행지표 하나를 정했다. "하루에 만 보 걷기." 물론 집중할 만한 다른 지표도 많겠지만 아이들 여섯에다 일주일에 사흘을 밖에서 지내는 남편을 챙겨야 하는 회오리바람에 시달리는 상황에서, 만 보 걷기는 힘들지만 가중목 달성을 위해 내가 할 수 있는 선행지표였다.

이후 9개월 동안 일어난 일은 정말 놀라웠다. 나는 더 이상 몸무게에 집중하지 않았다. 오직 걷기에만 집중해, 식료품점에 갈 때도 주차장에서 멀리 떨어진 곳에 차를 두고 걸어갔고, 아이들을 학교에 데려다 줄 때도 차를 이용하지 않고 걸어갔으며, 일찍 일어나

친구나 남편과 걸었다. 기회만 생기면 걸었다.

단순한 점수판을 생각해내는 일은 생각보다 어려웠다. 처음에는 진척 상황을 그래프로 표시했다. 하지만 효과가 없었다. 컴퓨터 스 프레드시트도 써봤지만 정해진 시간에 컴퓨터 앞에 앉기가 너무 어려웠다. 이런저런 고민 끝에 욕실 거울에 점수판을 걸고 세로 칸 을 네 개 만들었다. 그리고 각 칸에 날짜, 그날 걸어야 하는 걸음 수, 그날 실제 걸음 수, 이제까지의 합계를 적었다. 언뜻 봐도 현재 지점, 도달해야 할 지점, 내가 이기고 있는지 지고 있는지를 금방 알 수 있었다.

점수판에서 중요한 점은 현재 지점이 아니라 도달해야 할 지점이 었다. 내가 이용한 적이 있는 다른 점수판과 다른 점이 바로 이것 이다. 예전에는 현재 상황만 기록했다. 지금은 도달해야 할 상황과 현재의 상황을 비교했다. 그러다 보니 이기고 지는 경기가 됐다.

가족 전체가 경기에 참여했다. 아이들은 내게 만 보를 달성했는지 묻곤 했다. 첫째 딸아이는 내가 피곤해 보일 때 같이 걸어주었다. 남편은 내 책무 파트너였고, 남편과 나는 점수판을 점검했으며, 나 는 계속 걷기 위해 다음 주에 무엇을 할지 공약을 정했다.

이런 가운데 전혀 예상치 못한 놀라운 일이 일어났다. 내가 일곱 번째 아이를 임신했다는 사실을 알았을 때 걱정거리 하나는 다른 아이들과 지내는 시간이 줄 것이라는 사실이었다. 생각도 많이 하 고 기도도 많이 했지만 해결책은 떠오르지 않았다. 그런데 그저 걷 기에 집중하다 보니, 그러니까 모두가 알고 모두가 참여할 수 있는 행동에 집중하다 보니, 아이들과 그리고 남편과의 관계가 더 돈독해졌다. 아장아장 걷는 아이부터 십대 아이까지 모두 나와 함께 걸었고, 그러다 보니 아이들 하나하나와 더 가까워졌다.

이를테면 첫째 딸아이와 같이 많이 걸으면서 이야기도 많이 했다. 아이는 친구들과 어떤 어려움이 있고, 어떤 대학에 가고 싶고, 남자친구가 자기를 어떻게 대하는지 이야기했다. 다른 아이들에게서는 그 아이의 기쁨과 어려움, 대가족을 어떻게 생각하는지, 태어날 아이에 대해 어떻게 생각하는지 알게 됐다. 막내와는 지금도 소중히 여기는 끈끈한 유대가 생겼다.

남편과 4가지 원칙을 이야기할 때 남편은 그것에 뒤따르는 '부수적 이익'을 언급하곤 했지만, 그것이 내 삶에서 얼마나 중요한지는 결코 깨닫지 못했다. 결국 나는 가장 중요한 목표를 달성했고, 불어난 몸무게가 16킬로그램을 넘지 않았다. 그 과정에서 총 1,751,250걸음을 걸었다. 더 중요하게는 가족과의 관계가 더욱 돈독해졌고, 10월 4일에 건강한 남자아이를 출산했다.

이 놀라운 이야기를 여러분이 읽고서 우리가 목격한 바로 그 통찰력을 찾아낼 수 있다면 좋겠다.

첫째, 자미는 영리하게도 딱 하나의 선행지표에 집중했다. 16킬로그램 이상 찌지 않는다는 가중목을 달성하려면 식사와 운동에 집중해야 한다는 걸 알고 있었다. 그런데 이미 건강한 식사를 하고 있었으니 음식에 주의할 필요는 없었다. 그렇다면 음식을 추적할 필요는 없지 않은가? 괜히 더 복잡해지기만 할 것이다. 그래서 변화를 이끌어내리라 생각되는 새롭고 다른 행동 하나, 즉 하루에 만 보 걷기에만 집중하기로 했다.

가정에서 실행하는 4가지 원칙

여기에 배울 점이 하나 있다. 여러 행동보다 큰 변화를 가져올 행동 딱 하나(선행지표)에 집중하는 게 최선일 때도 있다는 점이다.

다음으로, 자미의 점수판에서 핵심은 도달해야 할 지점을 적는 칸이다. 특정 시점에서 내가 어디에 있어야 하는지를 모른다면, 내가 이기고 있는지 지고 있는지도 알 수 없다. 도달해야 할 지점과 비교해 지금 내가 어느 지점에 있는지 늘 알고 있는 것이 좋은 점수판의 핵심이다. 자미도 깨달았듯이, 동기부여가 되고 단순하면서 새 점수로 갱신하기 쉬운 적절한 점수판을 만드는 일은 쉽지 않다. 우리 경험상, 대부분의 사람들이 막히는 부분이 이 지점이다. 가중목도 잘 잡고, 선행지표도 한두 개 정하지만, 점수판을 만드는 수고는 하지 않는다. 결국 전체가 망가진다. 그런 상황만은 피하기 바란다.

마지막으로, 책무 공개의 위력이다. 자미의 남편은 자미의 공식 책임 파트너였지만, 함께 참여한 아이들도 어느 모로 보나 책무 파트너였다. 개인 목표를 세웠을 때 다른 사람을 끌어들여 내가 약속에 책임을 지는지 지켜보게 한다면 목표를 달성할 확률은 높아진다.

우리 고객 한 사람이 감동적인 이야기를 들려주었다. 다섯 살짜리 아들이 계속 이불에 오줌을 싸더란다. 식구들은 여러 방법을 시도했지만 문제는 계속됐다. "아이가 밤에 깨는데 화장실에 가지 않아요." 아이 아빠의 말이다.

"4가지 원칙 훈련을 하다가 퍼뜩 어떤 생각이 드는 거예요. 그날 저녁을 먹으면서 아이와 이야기했죠. 아이가 이불을 적시지 않고 무사히 밤을 넘기도록 우리가 도울 방법이 없을까 하고요. 우리는 하루, 일주일, 그리고 한 달 단위로 달력을 만들기로 했어요. 그리고 냉장고에 붙여놓고 엄마와 형제들이 결과를 볼 수 있게 했죠. 그 뒤로 아침마다 아이가 아침을 먹으러 내려와서 이불을 적셨는지 안 적셨는지 보고했어요. 우리는 녹색 크레용하고 빨간 크레용을 준비했고요. 아이는 전날 상황에 따라 녹색 웃는 얼굴을 그리거나 빨간색 찌푸린 얼굴을 그리는 거예요. 물론 첫날 아침에는 녹색 얼굴을 그려서 온 식구가 야단법석을 떨며 아이와 하이파이브도 하고 그랬어요. 그렇게 일주일을 온통 녹색 얼굴로 채운 뒤에 우리는 밖에 나가 아이스크림을 먹으며 축하했어요. 그리고 30일 동안이나 밤에 한 번도 실수를 안 하지 뭐예요! 별 거 아닌 것 같지만, 점수판을 붙이고 아침마다 식구들에게 상황을 보고하는 게(책무 공유) 아이에게는 아주 중요했는지 정말 진지했어요."

우리 고객 중에 아들의 고등학교 졸업식 전까지 6개월 동안 35킬로그램을 빼겠다는 사람이 있었는데, 그가 만든 점수판이 재미있다. 선행지표는 이렇다.

- 하루에 8킬로미터를 걷는다.
- 저녁 8시 이후에는 금식한다.
- 하루에 2,500칼로리 이상 섭취하지 않는다.

이 사람은 목표를 달성했고, 그러자 이번에는 그가 좋아하는 하키 시즌 전에 6킬로그램을 더 빼서 아이들과 같이 나가 놀 수 있게 한다는 가중목을 세웠다.

물론 4가지 원칙은 단지 어려운 상황을 호전시키는 것 이상이다. 그것은 가장 높은 목표와 열망을 달성하는 것이다.

• 하루에 8킬로미터를 걸어 최신 스타일의 옷을 입을 것이다.

13주	14주	15주	16주	17주	18주	19주	20주	21주	22주	23주	24주
6.8	6.0	7.3	7.1	6.4	5.7	6.4	5.9	6.0	7.3	8.0	8.4

• 저녁 8시 이후 금식하면 체중이 더 늘지 않을 것이다.

13주	14주	15주	16주	17주	18주	19주	20주	21주	22주	23주	24주
✓	✓	✓	✓	✓	✓	✓	✓	✓	✓	✓	✓

• 하루에 2,500칼로리만 섭취하면 체중이 서서히 줄 것이다.

13주	14주	15주	16주	17주	18주	19주	20주	21주	22주	23주	24주
✓	✓	✓	✓	✓	✓	✓	✓	✓	✓	✓	✓

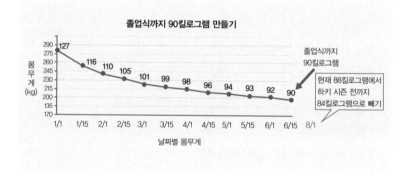

졸업식까지 90킬로그램 만들기

우리 동료 한 사람은 새해가 시작될 때마다 가중목을 3개 정하는데, 직장에서의 목표, 가정에서의 목표, 개인적 목표이다. 그는 신중하게 선행지표를 정하고, 점수판을 기록하고, 매주 30분을 투자해 앞선 공약을 점검하고 다음 주 공약을 정한다. 이런 식으로 그는 삶의 균형을 잡고 성취도를 크게 높인다.

성과를 내고 싶으면 실행하라

우리는 4가지 원칙으로 모든 종류의 삶의 목표를 달성하는 사람들을 알고 있다. 마라톤을 하거나 학위를 마무리하거나 스포츠를 새로 배우거나 심지어 두 가족을 결합할 때도 4가지 원칙을 사용한다. 우리가 들은 가중목 중에는 대단히 개인적인 것들도 있다.

동료 중에 어린 손주가 여럿인 사람이 있다. 그에게는 마음속 깊이 품은 개인 가중목이 있다. 손주들은 할아버지가 자기들을 얼마나 사랑하는지 그리고 무슨 일이든 할아버지에게 의지해도 좋다는 사실을 알아야 한다는 것이다. 물론 후행지표를 딱 꼬집어 말하기는 어렵다. 후행지표를 묻자 그가 웃는다. "손주들이 내게서 달아나지 않고 내게 달려와 나를 끌어안으면 경기에서 이기고 있다고 할 수 있겠네요."

하지만 선행지표는 매우 분명했다. "매주 손주 하나하나와 시간을 보내는 게 내 엄격한 방침이죠." 주말이면 그는 공룡박물관이나 운동장 아니면 축구장에서 아이들이 노는 모습을 보고 있을 것이다. 해마다 그는 아이들과 함께 핼러윈에 쓸 호박을 사고, 여름이면 놀이공원과 르네상스 페어 축제에 간다. 생일 파티도 빼먹는 일이 없다. 저녁에 잠깐 들러 잠들기 직전의 아이들에게 동화책을 한두 권 읽어주기도 한다.

그의 전략적 내기는 이 선행지표에 주목하면 평생 효과를 보리라는 것이다. "후행지표가 벌써 움직이기 시작했어요. 당신도 그걸 봐야 하는데! 녀석들이 나를 보면 비명을 지르고 킬킬대고 나한테 마구 달려들어요. 나한테 이보다 더 가장 중요한 목표가 세상에 또 어디 있겠어요?"

그런가 하면 결혼해 아이들이 있는 친구가 있는데, 가족의 분위기를 개선한다는 개인 가중목을 세우고 1년 내내 노력했지만 진전이 거의 없는 것 같았다고 했다. 선행지표도 여러 개 정했지만, 하나같이 효과가 없어 보였다. 문제를 명확히 밝히던 중 그는 집에서의 기분과 집안 분위기를 개선하는 유일한 최선의 방법은 '아이들 엄마 사랑하기'라고 인정했다. 다시 말해, 아이들에게 아내를, 아이들 엄마를 얼마나 좋아하는지를 친절함과 온화함과 사소한 서비스로 보여주어야 했다. 그래서 이 지표 하나에 집중하기 시작했고, 그러자 순식간에 상황이 바뀌었다고 했다. "엄마로서, 아빠로서, 우리가 서로를 사랑하는 모습을 보여주니 아이들에게도, 집안 전체에도 좋은 분위기가 퍼져, 우리 식구들이 날마다 맞닥뜨리는 다른 수많은 어려운 일들까지 해결되더군요."

우리 삶에서 가장 중요한 많은 것들이 단지 급하지 않다는 이유로 부당하게도 우리의 주의를 끌지 못한다. 건강을 챙긴다거나, 아이들을 도와준다거나, 교육을 더 받는다거나, 결혼생활을 돈독히 하는 것들은 지금 당장 우리가 주목해야 할 다급한 회오리바람에 밀려난다.

글로벌 메디컬 포럼Global Medical Forum을 창설한 레이 레비Ray Levey 박사는 보건의료 예산의 80퍼센트가 5가지 생활 습관이 초래한 문제에 소비된다고 말한다. 흡연, 음주, 과식, 스트레스, 운동 부족이 그것이다. 거의 모든 질병의 원인은 잘 알려진 것이고 대개는 생활 습관에서 나온다는 게 그의 말이다. 이 5가지 행동만 바꿔도 건강에 심각한 문제는 생기지 않을 것이다.

사람들은 목숨을 위협하는 심장마비나 뇌졸중을 겪어도 습관을 잘 바꾸지 않는다. "(그런 행동은) 수없이 연구 대상이 되었다. 그렇다면 우리는 거기에 있는 어떤 연결고리를 놓치고 있다는 이야기다. 사람들은 아주 심각한 병에 걸려도, 그래서 생활 방식을 바꿔야 한다는 걸 알면서도, 무슨 이유인지 생활 습관을 바꾸지 못한다."[29]

성과를 내고 싶으면 실행하라

그 놓친 연결고리가 인간의 행동을 바꾸는 운영 체계, 그러니까 4가지 원칙 같은 체계는 아닐까?

4가지 원칙이 사생활에도 적용될 수 있다고 생각하느냐고? 당연한 말씀! 사실 우리는 이 책에 나온 원칙만 있으면, 마음에 품은 그 어떤 원대한 목표도 한결 성취 가능성이 높아진다고 믿는다.

가정에서 실행하는 4가지 원칙

지금 당장 무엇을 해야 하나?

이 책을 다 읽은 지금, 여러분은 마음이 복잡할 것이다. 대부분의 사람들은 4가지 원칙 운영 체계의 상당 부분이 DNA에 새겨져 있지 않다. 일을 이런 식으로 관리하는 것은 반직관적이다. 어떤 사람에게는 너무 단순해 보이고, 어떤 사람에게는 너무 복잡해 보인다.

하지만 4가지 원칙을 시험 삼아 해본다면 놀라운 이익을 얻으리라 믿는다. 솔직히 말해, 4가지 실행 원칙을 일단 이해한 리더라면 조직을 절대 예전 방식으로 이끌지 않으리라고 믿는다. 우리는 여러 해 동안 시행착오를 거치면서, 4가지 원칙 실행 기술은 이 책에 적은 대로 몇 가지의 원칙과 실행 방법으로 압축된다고 확신하게 되었다.

솔직히, 지금 독자들이 머리가 다양한 가능성으로 혼란스럽다면 좋겠다.

문제는 "그렇다면 당장 무엇을 해야 하는가?"이다.

우리는 독자들에게 간단한 몇 가지 사고실험을 해보려 한다. 오래 걸리지 않는다.

원칙 1: 가장 중요한 목표에 집중하라

아직 가중목을 정하지 않았다면, 지금 팀이 실천할 가장 중요한 목표와 후행지표 초안을 만들어보라. 이때 이렇게 자문해보라. "이 가중목을 달성한다면 우리 팀에게 어떤 의미가 있을까? 우리 조직에게는? 나 자신에게는?"

원칙 2: 선행지표에 따라 행동하라

가중목을 달성할 선행지표 초안을 만들어보라. 이때 이렇게 자문해보라. "선행지표를 새롭게 이해하면 우리 운영 방식이 어떻게 달라질까?"

원칙 3: 점수판의 강점을 활용하라

가중목, 후행지표, 선행지표가 모두 들어간 점수판을 대략 만들어보라. 이때 이렇게 자문해보라. "점수판의 숫자를 움직이는 데 최선을 다한다면 어떤 변화가 생길까? 팀에 어떤 영향을 미칠까? 우리 사업 결과에는?"

원칙 4: 책무를 서로 공유하라

점수판 주위에서 가중목 회의를 여는 팀의 모습을 상상해보라. 이때 이렇게 자문해보라. "가중목 회의를 정기적으로 자주 열면 우리 운영 방식이 어떻게 달라질까? 우리 집중도와 참여도가 어떻게 달라질까?"

마지막으로……

가장 중요한 목표를 달성했다고 직속 리더에게 보고하는 날을 머릿속에 그려보라. 팀에게는 그날이 어떤 의미가 있을까? 나에게는?

이번에는 그런 날이 결코 오지 않는다고 상상해보라. 이 책에서 읽은 내용은 모조리 잊었다. 그리고 모든 일이 항상 다급해서 정말 중요한 일들은 영원히 뒤로 미뤄지는 정신없는 회오리바람에 시간을 다 써버린다고 생각해보라.

위대한 경영과학자 피터 드러커Peter Drucker는 이렇게 말했다. "중요하지 않은 일을 아주 훌륭하게 해내는 사람들을 많이 봤다. 이들은 사소한 일에서 성취 기록이 눈부시다."[30]

눈부시게 사소한 사람이 되고 싶은 사람은 없을 것이다. 사람들은 진짜 변화를 이끌어내고 싶고, 높은 가치를 창출해 팀에 크게 기여하고 싶어 한다. 이때 필요한 것이 바로 4가지 실행 원칙이다.

어떤 식으로든 앞으로 나아가고 싶은 사람이 있다면, 우리는 얼마든지 도울 준비가 되었다.

하지만 기억하라. 가장 중요한 목표 달성이 유일한 목표는 아니다. 4가지 원칙은 장기적으로 훨씬 중요한 일을 할 수 있는 지식과 기술을 제공한다. 팀의 열정에 다시 불을 붙이고, 팀의 노력에 집중력과 원칙을 부여하며, 궁극적으로는 자신이 '승리자'라는 사실을 직접 목격하게 한다.

리더의 이력에서 이보다 더 훌륭한 유산을 남길 수는 없다. 함께 일하는 사람들에게 승리감을 심어주면 조직에서 새로운 수준의 성과를 이끌어낼 뿐 아니라 그들에게 삶의 모든 면에서, 노동자로서, 아버지로서, 어머니로서, 공동체 리더로서, 승리할 수 있는 기술과 자신감을 불어넣어 줄 것이다. 그것은 측정 '불가능한' 유산이다.

성과를 내고 싶으면 실행하라

이 책은 프랭클린코비 사람들 수십 명의 도움으로 탄생했다. 우리 몇 사람만 저자로 이름을 올렸지만, 사실 저자로 이름을 올릴 사람은 더 많다. 이 책에는 회사 전체의 노력이 담겼으며, 전체는 부분의 합보다 더 크다는 시너지 효과의 모든 것이 구현되었다. 이처럼 많은 사람이 다양한 방법으로 이 책에 기여했다. 어떤 사람은 4가지 원칙 내용을 기획하고 개발하는 데 중요한 역할을 했다. 또 어떤 사람은 4가지 원칙을 고객의 분야에 맞춰 거듭 수정했다. 새로운 아이디어나 통찰력을 더하거나 오래된 문제를 바라보는 새로운 시각을 제공한 사람도 있다. 실행 퍼즐의 조각이 사라졌을 때마다 누군가가 나타나 조각을 찾아주었다. 이 사람에게서 저 사람으로 바통이 계속 이어지면서, 4가지 원칙을 세계에 알리고 평가할 새로운 방법이 나왔다. 이 책의 출간에 기여한 모든 분들에게, 특히 다음 분들에게 진심으로 감사의 마음을 전한다.

짐 스튜어트Jim Stuart는 여러 해 동안 고위 컨설턴트로서 프랭클린코비에 크게 기여하고 실행 원칙을 우리와 공유했다. 그가 없으면 4가지 원칙도 없었을 것이다. 재치 있는 농담과 'wildly important(가장 중요한)', 'land one at a time(한 번에 하나씩)', 'compelling scoreboard(인상적인 점수판)' 같은 말들을 만들어준 것에도 감사한다. 우리는 그에게 평생의 빚을 진 셈이다.

밥 휘트먼Bob Whitman은 몇 해 전에 '실행'을 획기적인 아이디어라고 인정하고 우리를 그 방향으로 이끌어준 최고경영자다. 그의 숨결과 언어와 아이디어와 영향은 이 책 전체에 스며 있다. 선견지명이 있는 그의 리더십과 응원에 감사한다.

4가지 원칙의 내용을 맨 처음 고안하고 개발한 팀—앤디 신드리치Andy Cindrich, 돈 태너Don Tanner, 짐 스튜어트, 스콧 라슨Scott Larson—에 감사한다. 이후에 조직된 개발 팀—토드 데이비스Todd Davis, 브렉 잉글랜드Breck England, 캐서린 넬슨Catherine Nelson, 블레인 리Blaine Lee, 린 스니드Lynne Snead—에도 역시 감사의 말을 전한다.

마크 조시Mark Josie는 처음 실행 실습을 계획하고, 실행 암호를 풀고, my4dx.com 소프트웨어의 기반이 될 미래상과 전략을 제시했다. 그는 4가지 원칙의 내용에 큰 영향을 미쳤다. 더불어 4가지 원칙의 순조로운 출발에 기여한 그의 선구자적 노력에 감사한다.

브렉 잉글랜드는 4가지 원칙 개발에 크게 기여했을 뿐 아니라 집필 최고책임자로서 놀라운 재능으로 이 책의 집필과 편집을 도왔다. 그 덕분에 전혀 다른 차원의 책이 탄생했다.

앤디 신드리치는 4가지 원칙을 기획하고 개발한 원조 팀의 주요 팀원으로, 4가지 원칙의 내용을 개발하고, 고객과 함께 4가지 원칙 실행에 놀라운 성과를 보이고 있다.

스콧 셀Scott Thele은 이 책의 '조직을 가장 중요한 목표에 집중시키기' 부분에 큰 도움을 주었고, 실행 실습에 기여했다.

덩 푸지Doug Puzey는 4가지 원칙 실행의 암호 해독에 도움을 주고, 첫 번째 '4가지 원칙 실습' 설계에 기여했다.

제프 워즈워스Jeff Wadsworth는 이론 지도와 내용 창작에 도움을 주었다.

마이클 심슨Michael Simpson은 4가지 원칙을 프로젝트 관리와 제조업에 적용하는 데 기여했다.

미셸 콘던Michele Condon은 꾸준히 운영을 지원해주었고, 열정적으로 응원해주었으며, 모든 이들이 제정신(!)으로 일하도록 도와주었다.

캐서린 넬슨은 관리자 인증 개발을 비롯해 4가지 원칙의 초기 버전을 지휘했다.

토드 데이비스는 2.0 버전 개발팀을 지휘했고, 사람들은 "점수를 기록하면 행동이 달라진다"는 점을 지적해주었다.

샘 브래컨Sam Bracken은 프랭클린코비의 서적과 미디어 총책임자로서, 사이먼 앤드 슈스터Simon & Schuster와의 관계를 재정립하고, 책의 판권을 협상했으며, 이 책이 나오기까지 전 과정에 걸쳐 꾸준히 지원해주었다.

사이먼 앤드 슈스터에서 이 책을 편집한 캐럴린 라이디Carolyn Reidy, 마사 레빈Martha Levin 그리고 편집장 도미니크 안푸소Dominick Anfuso는 이 작업에 열정과 믿음을 보여주었고, 지금도 하늘 아래 모든 이에게 이 책을 홍보해주고 있다.

프랭클린코비의 조디 카Jody Karr, 캐시디 백Cassidy Back 그리고 크리에이티브 서비스Creative Services 팀은 이 책에 실린 수많은 그림과 도표를 도와주었다.

돈 태너는 디자인 팀원이자 최고의 컨설턴트로서 초기에 이 책의 내용에 큰 도움을 주었다.

리처드 개리슨Richard Garrison은 4가지 원칙 코치에 도움을 주고 전 과정을 개선해주었으며, 컨설팅과 고객 관리에도 뛰어난 능력을 보여주었다.

레베카 헤시온Rebecca Hession은 고객 리더십과 혁신에 탁월한 능력을 보여주었다.

데이비드 코비David Covey는 여러 해 동안 우리 팀에 큰 응원을 보내고 헌신적 노력을 보여주었다.

숀 문Shawn Moon은 리더십과 실행 실습 지도에서 도움을 주었다.

스콧 라슨Scott Larson은 첫 개발팀 프로젝트 리더로서의 역할을 훌륭히 수행했다.

빌 베넷Bill Bennett은 전직 부서장으로서, 맨 처음 우리에게 "현장에 나가 세계 최고의 실행 해법을 만들라. 돈을 주고 사오든 직접 만들든 무조건 해법을 만들라"는 과제를 던졌다.

더그 파버Doug Faber는 실행 확장에 도움을 주고, 여러 부분에서 혁신적으로 기여했다.

톰 왓슨Tom Watson, 제프 다운스Jeff Downs, 릭 우든Rick Wooden, 랜스 힐튼Lance Hilton은 실행 실습에서 리더십을 발휘했다.

폴 워커Paul Walker, 메리앤 필립스Marianne Phillips, 엘리스 로마Elise Roma는 여러 해 동안 조직 차원에서 지원해주었다.

스티븐 코비Stephen M. R. Covey는 일찌감치 '실행'을 우리 시대의 주제로 알아보았고, 그레그 링크Greg Link는 이 책의 시작과 마케팅에 현명한 조

성과를 내고 싶으면 실행하라

언을 해주었다.

스콧 밀러Scott Miller, 커티스 몰리Curtis Morley는 이 책의 착수 계획을 개발하고 실행하는 데 도움을 주었다.

데브라 런드Debra Lund는 우리를 응원하고 변함없는 우정을 보여주었으며, 곳곳에서 수많은 지지를 이끌어내주었다.

레스 캐슈너Les Kaschner 제임스 웨스턴James Western, 크리스 파커Chris Parker, 하피 영Harvey Young, 데버릴 오스틴De'Verl Austin, 코럴 라이스Coral Rice, 웨인 해리슨Wayne Harrison, 켈리 스미스Kelly Smith, 크레이그 베너홀름Craig Wennerholm, 개리 주케스Garry Jewkes, 릭 스펜서Rick Spencer, 브라이언 리치Bryan Ritchie, 페페 미랄레스Pepe Miralles는 고객의 성과 부문에서 혁신적이고 헌신적인 노력을 보여주었다.

이 책을 감수하면서 감개무량했다.

10년 전, 한국 기업들이 글로벌 경쟁에서 승자가 되려면 지식보다는 행동, 전략보다는 실행이 중요함을 깨닫고 실행에 관한 교육을 찾았다. 마침 '실행의 4가지 원칙' 교육이 있었는데 비용이 고가여서 국내 도입이 어려웠다. 그런데 그 교육보다 더 자세한 내용이 3년 전에 책으로 나왔고 이번에는 한국어판이 나오기 때문이다.

사실 우리 컨설턴트들과 코치들이 8년 동안 여러 조직에 '실행의 4가지 원칙'을 적용시켜보았는데 그 성과가 상당했다. 맨 처음으로 우리 회사에 도입했는데 모든 직원들이 참여해서 수집한 9~12가지 목표 중에서 2~3가지 가중목(가장 중요한 목표)을 정하고, 그것들의 성과를 예측할 수 있는 선행지표를 정했으며, 직원들 책상에 실행 점수판을 설치하였다. 모두가 토론해서 정했고 공통용어를 사용했기 때문에 참여의식이 대단했다.

집에서도 아이들에게 4가지 원칙을 가르쳤다. 한번은 아이에게 "학교 성적이 후행지표라면 선행지표가 무엇이냐?"라고 물으니 "매일의 학습 시간"이라고 답했다. 어떤 아이는 매일 집중해서 3시간을 학습하면 8년 후에는 1만 시간이 된다는 선행지표를 정해놓고 매주 20시간을 집중 학습하는 계획을 세웠다.

지금까지 아쉬웠던 점은 이 교육의 큰 수혜자가 될 정부 기관에 도입 하지 못한 것이었는데 이 책이 그 문제를 해결해줄 것이다. 기관 평가 결과가 후행지표라면 몇 가지 선행지표를 직원들이 함께 정하고 그 실행 성과를 매주 확인하면 1년 후의 평가를 예측할 수 있어서 상사들이 기다려줄 수 있을 것이다.

특히 현재 구조조정의 큰 도전을 받고 있는 조직에서는 1년 후의 목표가 후행지표이고 그것을 이루기 위해서 현재 해야 할 가중목 3가지에 집중하면 성과가 나올 것이다. 우리가 같은 방법으로 대학을 비롯한 몇개 교육 조직을 구조조정해본 결과, 성과는 기대 이상이었다.

이 책으로 한국의 조직들이 전략보다는 실행에 집중하고 조직원들의 참여의식을 고취시켜 실행 챔피언이 되기를 소망한다.

2016년 3월

김경섭

가장 중요한 목표(가중목) 조직의 사명 또는 전략 수행에 핵심이 되는 목표. 이 목표를 달성하지 못하면 다른 모든 성과는 부차적이 될 것이다. '중요한 목표'와 비교할 것.

가중목 회의 적어도 일주일에 한 번씩 열리는 팀 회의. 공약에 대한 책임을 지고, 가중목 점수판을 평가하고, 점수판의 점수를 올릴 방법을 계획한다. 가중목 달성에 핵심인 책임 공유를 꾸준히 하려면 정기적인 가중목 회의가 필수다.

계기판 고위 리더들이 조직의 핵심 지표 진척 정도와 4가지 원칙 준수 정도를 측정할 수 있게 하는 점수판 모음. 계기판의 예는 my4dx.com에서 볼 수 있다.

고위급 회의 가중목 진척 상황을 고위 간부에게 알리는 정기적 보고. 팀의 존재를 각인시키고, 팀의 성공을 축하하는 기회도 된다.

공약 4가지 원칙과 관련해, 각 팀원이 일주일 동안 가중목 달성 과정에서 헌신하는 부분.

관리자 작업 회의 동료 관리자들끼리 4가지 실행 원칙을 숙지하고, 자신이 관리할 팀의 가중목, 후행지표, 선행지표의 초안을 잡는 회의.

길 닦기 가중목 딜성에 문세나 걸림돌을 책임지고 해결하는 것. 그리고 다른 팀원의 목표 달성을 돕는 것. 팀 가중목 회의의 목적 하나는 실행을 위한 '길 닦기' 방법을 계획하는 것이다.

리더 인증 팀을 이끌어 4가지 실행 원칙을 실시하고 가중목을 달성할 리더의 자격을 문서로 인정하는 과정.

목표 '후행지표'로 표현되는 모든 대상.

사명 조직이나 팀의 미리 정해진 목적 또는 존재 이유. 가중목은 대개 조직의 사명이나 전략 수행에 필수적인 목표.

선행지표 가중목 달성을 위해 계획되고 채택된 행위의 지표. 후행지표와 달리, 팀원의 영향을 받고, 목표 달성을 예측한다. 좋은 선행지표는 가중목 달성을 위해 팀이 최대한 영향력을 발휘할 수 있는 행위. 따라서 선행지표는 팀 점수판에 신중하게 기록되고 관리된다. 선행지표는 팀이 그 지표를 채택하면 목표를 훌륭하게 수행할 것이라고 예상하는 팀의 '전략적 내기'다. 따라서 실행의 목적 하나는 선행지표를 실험해, 그 내기가 적절한지 최대한 빨리 결정하는 것이다.

실행 약속한 일을 제 시간에, 예산에 맞춰, 양질의 수준으로 해내는 것. '경영진'의 존재 이유!

연결고리 조직의 각 단계별 목표들의 관계. 즉, 일선 직원의 일상적 업무와 조직 전체의 전략 사이의 연결 관계. 실행을 잘하는 조직에 속한 팀들은 모든 단계에서 명확한 연결고리를 가지고 있다.

염소 따라잡기 점수판에서 선행지표를 나타내는 지점. 즉, 계획을 표시한 지점. 4가지 원칙을 실행하던 한 업체가 점수판에 선행지표의 상징으로 염소를 사용한 데서 나온 표현.

원칙 행동의 자유로 이어지는 일관된 처방. 팀에 일관된 원칙이 없으면 가중목을 정확하고 훌륭히 달성할 능력을 잃고, 따라서 행동이 미칠 영향력과 행동 기회를 잃는다.

원칙 1 가장 중요한 목표에 집중하라 핵심 목표를 정하고 그 목표에 노력을 집중하는 것. 원칙 1을 실행하는 팀은 소수의 가중목, 그리고 그 목표와 관련한 후행지표를 명확히 인식한다.

원칙 2 선행지표에 따라 행동하라 가중목 달성에 큰 힘을 발휘할 행위를 꾸준히 실행하고 그 결과를 꾸준히 점검하는 것. 원칙 2를 실행하는 팀은 목표를 달성하는 선행지표를 명확히 인식하고 주의 깊게 추적한다.

원칙 3 점수판의 강점을 활용하라 가시적인 방법으로 목표 달성을 측정하는 것. 원칙 3을 실행하는 팀은 점수판의 수치를 움직이는 데 꾸준히 관심을 집중한다.

원칙 4 책무를 서로 공유하라 가중목 점수판에 나타난 수치를 움직이려는 행위를 정기적으로 그리고 자주 계획하고 보고하는 것. 원칙 4를 실행하는 팀은 개인 공약과 집단 공약을 정하고, 매주 가중목 회의에서 그 결과를 보고한다.

작업 회의 조직의 핵심 전략을 수행하기 위해 가중목, 후행지표, 선행지표, 점수판을 개발하는 회의.

전략 조직이나 팀의 사명을 달성하기 위한 계획이나 방법. 가중목은 조직의 전략을 수행하는 데 필수인 목표다.

전략적 내기 영향력을 발휘할 여지가 많은 활동은 목표 달성을 촉진하리라는 가설. 이 가설은 실행으로 증명되어야 한다('선행지표' 참조).

전쟁 4가지 원칙과 관련해, 조직의 최우선 가중목과 동의어. '전투'와 비교할 것. '조직 전체의 가중목'이라고도 한다.

전투 4가지 실행 원칙과 관련해, 하급 팀의 '가장 중요한 목표'를 가능케 하거나 지원하는 것. 가능한 최소한의 '전투'로 '전쟁'을 승리로 이끌 방법을 찾는 것이 관건이다.

점수판 가중목 달성을 위한 선행지표와 후행지표의 진전 상황을 추적하는 체계. 팀 전체가 볼 수 있어야 하며, 꾸준히 그리고 정기적으로 새 점수가 기록되어야 한다. 팀이 승리하고 있는지 아닌지를 빠르고 분명하게 보여주어 적절한 행동을 이끌어 낼 수 있는 점수판이 좋은 점수판이다.

중요한 목표 중대한 결과와 가치를 지닌 목표. '가장 중요한 목표'와 비교할 것.

책무 공유 계획 세우기와 결과 책임지기가 반복되는 순환 고리. 가중목을 원칙대로 실행하려면 계획하고, 실천하고, 보고하는 주기적인 책무 공유가 필요하다. 이 순환은 가중목 회의라는 형태로 최소 일주일에 한 번 일어난다.

챔피언 조직에서 4가지 원칙 전 과정을 주관하는 사람.

코치 4가지 원칙에 정통한 사람으로, 팀에 4가지 원칙을 도입하려는 관리자들이 의지하는 인물.

특정 일까지 X에서 Y로 후행지표를 표현하는 공식으로, 특정 시간 안에 현재의 X에서 좀 더 나은 또는 좀 더 바람직한 Y로 옮겨 가는 과정이다. 이 공식은 가중목 달성에 '승리'가 어떤 의미인지를 정확히 이해하는 데 필수다.

팀 가중목을 달성하기 위해 특별히 지정된 집단. 조직에서 공식적으로 인정하는 집단일 수도, 아닐 수도 있다.

팀 작업 회의 팀이 목표, 선행지표, 후행지표를 완성하고, 목표 달성의 책무를 꾸준히 공유하기로 공약하는 작업 회의.

펜대 굴리기 전략 리더가 명령을 내리거나 허가하여 어떤 일을 처리하는 전략. 이 전략은

성과를 내고 싶으면 실행하라

사람들이 예전과 다르게 행동해야 하는 행동 변화 전략과 달리, 많은 사람의 행동 변화가 필요치는 않다.

프로젝트 정해진 단계, 중대한 순간, 과제 등을 포함하는 계획된 일. 가중목 달성을 위해 프로젝트를 추진할 수는 있지만 프로젝트 자체가 가중목은 아니다.

행동 변화 전략 사람들이, 더러는 많은 사람들이, 예전과 달리 새롭게 행동해야 하는 전략. 사람들의 행동은 쉽게 바뀌지 않는 탓에 이런 전략은 보통 '펜대 굴리기 전략'보다 실행이 어렵다.

회오리바람 조직이 현재 수준의 성과를 유지하는 데 필요한 시간과 힘의 총합에 대한 비유. '회오리바람'은 가중목 실행에 가장 큰 위협이다. 따라서 업무 팀의 반복되는 일 하나는 모든 사람의 시간을 빼앗는 회오리바람을 뚫고 나갈 방법을 계획하는 것이다.

후행지표 목표 또는 가중목 달성을 나타내는 지표. 업무를 평가하는 오래된 지표로, 연말 수익, 품질 평가, 고객만족도 점수 등이다. 측정은 쉽지만 그것에 직접 영향을 미치기는 어려운 게 보통이다. 후행지표는 항상 '특정 일까지 X에서 Y로'라고 표시된다.

실행의 4가지 원칙4DX 4 Disciplines of Execution 조직의 목표를 훌륭히 달성하게 하는 질서 정연한 행동 유형. 4가지 원칙은 심도 있는 연구와 현장 조사 그리고 인간 행동의 기본 원리를 바탕으로 하며, 프랭클린코비에 소유권이 있다.

My4DX.com 조직 전체에 4가지 원칙을 정착시키고, 팀과 조직의 가중목 달성을 관리하는 인터넷 도구.

1   패트릭 리터Patrick Litre, 앨런 버드Alan Bird, 깁 캐리Gib Carey, 폴 매핸Paul Meehan,
     "결과 발표: 변화 관리의 흔한 세 가지 속설 허물기(Results Delivery: Busting
     Three Common Myths of Change Management)", *Insights*, Bain & Company,
     Jan. 12, 2011. http://www.bain.com/publications/articles/results-delivery-
     busting-3-common-change-management-myths.aspx.

2   다음을 참고할 것. 라파엘 아과요Rafael Aguayo, 《데밍 박사: 일본인에게 품질을 가
     르친 미국인*Dr. Deming: The American Who Taught the Japanese About Quality*》(New York:
     Simon & Schuster, 1991), 57;63.

3   팀 하포드Tim Harford, "시행착오와 신 콤플렉스(Trial, Error, and the God Com-
     plex)", TED.com, July 20, 2011, http://www.ted.com/talks/tim_harford.html.

4   다음에서 인용. 존 네이시John Naish, "멀티태스킹은 뇌에 안 좋은가?(Is
     Multitasking Bad for Your Brain?)", *Mail Online*, Aug. 11, 2009. http://www.
     dailymail.co.uk/health/article-1205669/Is-multitasking-bad-brain-
     Experts-reveal-hidden-perils-juggling-jobs.html.

5   다음에서 인용. 돈 탭스코트Don Tapscott, 《디지털 네이티브*Grown Up Digital*》(New
     York: McGraw-Hill, 2009), 108;109.

6   "지난 10년의 최고 상표: 애플Brand of the Decade: Apple", *AdWeek Media*, 2010;
     "지난 10년의 최고 마케터: 애플Marketer of the Decade: Apple," *Advertising Age*,
     October 18, 2010; 애덤 라신스키Adam Lashinsky, "스티브의 지난 10년The Decade
     of Steve," *Fortune*, November 23, 2009, http://money.cnn.com/magazines/

fortune/fortune_archive/2009/11/23/toc.html.

7   댄 프로머Dan Frommer, "애플 최고운영책임자 팀 쿡Apple COO Tim Cook," *Business Insider*, February 23, 2010, http://www.businessinsider.com/live-apple-coo-tim-cook-at-the-goldman-tech-conference-2010-2.

8   다음에서 인용. Steven J. Dick, 〈Why We Explore〉, http://www.nasa.gov/exploration/whyweexplore/Why_We_29.html.

9   "존 F. 케네디의 라이스 대학 달 연설문Text of President John F. Kennedy's Rice Moon Speech", September 12, 1962. http://er.jsc.nasa.gov/seh/ricetalk.htm.

10 다음에서 인용. "스티브 잡스의 마법 왕국Steve Jobs' Magic Kingdom", *Bloomberg Businessweek*, February 5, 2006. http://www.bloomberg.com/bw/stories/2006-02-05/steve-jobs-magic-kingdom.

11 다음에서 인용. 아과요Aguayo, *Dr. Deming*, 18.

12 리처드 코치Richard Koch, 《80/20 법칙The 80/20 Principle: The Secret to Achieving More with Less》(New York: Crown Business, 1999), 94.

13 케이스 해먼즈Keith H. Hammonds, "빈볼은 어떻게 움직이는가How to Play Beane Ball", Fast Company, December 19, 2007, http://www.fastcompany.com/maga-zine/70/beane.html; 마이클 루이스Michael Lewis, 《머니볼: 불공정한 경기를 이기는 기술Moneyball: The Art of Winning an Unfair Game》(New York: W. W. Norton, 2004), 62~63, 119~137.

14 존 섀멀John Schamel, "조종사 점검사항은 어떻게 탄생했는가How the Pilot's Checklist Came About", January 31, 2011, http://www.atchistory.org/History/checklst.htm.

15 테레사 아마빌레Teresa M. Amabile, 스티븐 크레이머Steven J. Kramer, "작은 승리의 힘The Power of Small Wins," *Harvard Business Review*, May 2011.

16 다음을 참고할 것. 존 크라카우어Jon Krakauer, 《희박한 공기 속으로Into Thin Air: A Personal Account of the Mt. Everest Disaster》(New York: Anchor Books, 1998), 333~344.

17 다음을 참고할 것. "에베레스트Everest," FranklinCovey video, 2008.

18 잭 웰치Jack Welch, 수지 웰치Suzy Welch, 《잭 웰치 승자의 조건Winning》(New York: Harper Collins, 2005), 67.

19 아툴 가완디Atul Gawande, 《닥터, 좋은 의사를 말하다Better: A Surgeon's Notes on Performance》(New York: Metropolitan Books, 2007).

20 패트릭 렌시오니Patrick Lencioni, 《참담한 성과가 나올 세 가지 징후The Three Signs of a Miserable Job》(San Francisco: Jossey-Bass, 2007), 136~137.

21 에드워드 할로웰Edward M. Hallowell, 《미칠 듯 바쁜Crazy Busy》(New York: Random House Digital, 2007), 183.

22 수전 로빈스Suzanne Robins, "웨이트와처스 다이어트 효과Effectiveness of Weight Watchers Diet", Livestrong.com, December 23, 2010. http://www.livestrong.com/article/341703-effectiveness-of-weight-watchers-diet.

23 보스M.C. Vos 외, "네덜란드 최대의 대학의료원에서 실시한 메티실린 내성 황색포도상구균 수색과 퇴치 정책 5년의 실험5years of experience implementing a methicillin-resistant Staphylococcus aureus search and destroy policy at the largest university medical center in the Netherlands", Infection Control and Hospital Epidemiology, October 30, 2009. http://www.ncbi.nlm.nih.gov/pubmed/19712031.

24 다음에서 인용. 클레이튼 크리스텐슨Clayton M. Christensen, "고객이 제품에서 원하는 것What Customers Want from Your Products", Working Knowledge, Harvard Business School, January 16, 2006. http://hbswk.hbs.edu/item/5170.html.

25 짐 콜린스Jim Collins, "목표를 성과로: 촉매 원리의 힘Turning Goals into Results: The Power of Catalytic Mechanisms", Harvard Business Review, July-August 1999, 73.

26 존 케이스John Case, "점수 기록하기Keeping Score", Inc. Magazine, June 1 1998. http://www.inc.com/magazine/19980601/945.html.

27 에릭 맷슨Eric Matson, "첨단 기술 분야 리더들의 원칙The Discipline of High-Tech Leaders", Fast Company, 1997.

28 아툴 가완디Atul Gawande, 《체크! 체크리스트The Checklist Manifesto: How to Get Things Righ》(New York: Metropolitan Books, 2009), 183.

29 다음에서 인용. 앨런 도이치먼Alan Deutschman, "변화냐 죽음이냐Change or Die", Fast Company, May 2005, 53.

30 다음에서 인용. 리치 칼가드Rich Karlgaard, "피터 드러커가 말하는 지도력Peter Drucker on Leadership", Forbes, November 19, 2004. http://www.forbes.com/2004/11/19/cz_rk_1119 drucker.html.

크리스 맥체스니 Chris McChesney

크리스 맥체스니는 프랭클린코비의 글로벌 실행 리더Global Practice Leader of Execution이자 '4가지 실행 원칙' 핵심 개발자다. 그는 10년 넘게 프랭클린코비의 4가지 원칙 기획 개발과 컨설팅 조직을 이끌면서 전 세계 수많은 나라에서 놀라운 성장을 이루고 수백 개 조직에 영향을 미쳤다. 그는 개인적으로 조지아 주, 메리어트 인터내셔널Marriott International, 쇼 인더스트리즈Shaw Industries, 리츠 칼튼Ritz-Carlton, 크로거Kroger, 코카콜라Coca Cola, 컴캐스트Comcast, 프리토 레이Frito Lay, 록히드 마틴Lockheed Martin, 게이로드 엔터테인먼트Gaylord Entertainment 등에서 4가지 원칙을 성공적으로 이끌었다. 이처럼 수많은 조직에서 이사회부터 일선 직원에 이르기까지 다양한 사람들을 만나며 쌓은 현실적 경험을 바탕으로 4가지 원칙을 시험하고 다듬었다.

프랭클린코비에서 크리스는 스티븐 코비 박사와 함께 작업을 시작했으며, 이후 20년 넘게 컨설턴트, 상무, 부장 등을 지냈다. 그는 프랭클린코비의 동남아지역Southeast Region에서 처음으로 4가지 실행 원칙을 시작했고, 오늘날에는 그 실행 범위를 전 세계로 확대했다. 크리스는 놀라운 성장과 확장을 이룬 이 시기에 단 하나의 목표, 즉 조직을 도와 실행을 개선해 성과 올리기에 집중했다.

뜨거운 열정과 사람들을 사로잡는 말로 유명한 크리스는 전략 실행에 관한 강사로, 컨설턴트로, 자문가로 인기가 대단히 높아, 수백 명에서 수천 명에 이르는 리더들 앞에서 정기적으로 기조연설과 실행 프레젠테이션을 한다.

크리스와 그의 아내 칸스턴스는 다섯 딸과 두 아들을 둔 자랑스러운 부모다. 가족을 사랑하는 그는 보트를 비롯한 수상 스포츠를 즐기며 늘 자녀와 소통하려고 노력한다.

크리스에 관한 더 자세한 정보는 www.chris-mcchesney.com을 참고하라.

숀 코비Sean Covey

숀 코비는 프랭클린코비의 글로벌 솔루션스 앤드 파트너십스Global Solutions and Partnerships 부사장으로, 전 세계 141개 국가에서 프랭클린코비의 국제적 운영을 감독한다. 또 프랭클린코비의 교육 실행 리더Education Practice Leader로도 활동하면서 원칙 중심의 리더십으로 전 세계 교육 개혁에도 헌신한다.

프랭클린코비의 상품 기획 최고 책임자
인 숀은 팀을 조직해 '4가지 실행 원칙'을 처
음 고안하고 만들었으며, 이후 4가지 원칙
을 열렬히 실천하면서 널리 알리고 있다. 그
는 '성공하는 사람들의 7가지 습관The 7 Habits of
Highly Effective People', '리더십의 위대함Leadership
Greatness', '집중Focus', '탁월한 생산성을 위한 5가지 선택The 5 Choices to
Extraordinary Productivity', '리더 인 미The Leader in Me' 등 프랭클린코비에서 내놓
은 거의 모든 프로그램의 기획과 개발을 지휘했다.

숀은 〈뉴욕타임스〉 베스트셀러 작가로 《6가지 가장 중요한 결정The
6 Most Important Decisions You'll Ever Make》, 《성공하는 아이들의 7가지 습관The 7
Habits of Happy Kids》, 그리고 20개 언어로 번역되어 전 세계에서 400만 부
이상 팔린 《성공하는 10대들의 7가지 습관The 7 Habits of Highly Effective Teens》
을 비롯해 여러 권의 책을 썼다. 다재다능한 인기 강사로, 아이들과 어른
들에게, 그리고 학교와 여러 조직에서 정기적으로 강의를 하고, 라디오
와 텔레비전에도 무수히 출연했다.

숀은 브리검영대학교Brigham Young University에서 영어를 전공해 우등생으
로 졸업했으며, 하버드 경영대학원에서 경영학 석사를 받았다. 브리검
영대학교에서 미식축구 쿼터백 선수로도 활약한 그는 대학미식축구경
기에 두 번 출전했으며, ESPN 방송이 선정하는 '가장 유능한 선수'에 두
번이나 선정되었다.

아일랜드 벨파스트에서 태어났으며, 영화, 운동, 아이들과 놀기, 자전

거 타기, 책 쓰기 등 다양한 활동을 즐긴다. 현재 로키산맥에서 아내 레베카 그리고 아이들과 함께 산다.

숀에 관한 더 자세한 정보는 www.seancovey.com을 참고하라.

짐 헐링 Jim Huling

짐 헐링은 프랭클린코비의 4가지 원칙 관리 컨설턴트Managing Consultant로서 전 세계에 4가지 원칙을 전파하는 책임을 맡고 있다. 메리어트 호텔, 크로거, 리츠 칼튼, 그 외 수많은 대형 병원 등에서 정기적으로 대규모 참여를 이끌어내는 일을 주도한다. 고위 경영자 회의에서 수천 명의 청중이 모인 자리에 이르기까지 다양한 행사에서 기조연설을 하는 인기 강사이다.

짐은 지난 30년간 '미국에서 가장 일하기 좋은 기업 25곳'에 선정된 기업에서 최고경영자를 지내는 등 〈포춘〉 선정 500대 기업부터 개인 회사에 이르기까지 다양한 기업에서 리더 역할을 했다. 프랭클린코비에 합류하기 전에는 '4가지 실행 원칙'이 나온 초기에 그것을 조직에 도입해 5년 가까이 성과를 낸 리더였다. 이 경험을 바탕으로 4가지 원칙을 전 세계에 알리고 실행하는 방법을 획기적으로 개선했다.

짐이 이끈 여러 팀은 우수 고객 서비스, 경영 윤리, 탁월한 기업 문화에서 여러 차례 전국적인 상을 탔고, 일하기 좋은 곳으로 선발되어 해당 지역에서 수여하는 상도 받았다. 짐 개인적으로는 윤리와 청렴성에서 높은 기준을 제시한 최고경영자에게 수여하는 '터크넷 리더십 상_{Turknett} _{Leadership Character Award}'을 받았다.

앨라배마대학교에서 컴퓨터 공학 학위를, 버밍햄서던칼리지에서 음악 학위를 땄으며, 리더십, 윤리, 인격을 연구하는 시걸 연구소_{Siegel Institute} _{for Leadership, Ethics, and Character}뿐 아니라 여러 지역 조직에서 이사로 활동 중이다.

짐은 아내 도나와의 30년 넘는 결혼 생활을, 훌륭히 자라 성인이 된 스콧과 사라의 아빠 역할을, 그리고 세 손주의 할아버지 역할을 가장 자랑스러워한다. 그는 태권도 3단 검은띠 보유자이며, 달리기, 배낭여행, 급류 타기 팬이다.

짐에 관한 더 자세한 정보는 www.jimhuling.com을 참고하라.

프랭클린코비는 4가지 원칙 실행을 위해 다음을 지원합니다.

리더 인증

리더 인증Leader Certification은 포괄적 프로그램으로, 리더가 4가지 원칙을 적용할 준비를 하고, 강도 높은 업무 회의와 양질의 점검 그리고 성공적인 4가지 원칙 실행을 위한 코치를 수행하도록 안내한다. 이 과정은 3부 〈조직 전체에 4가지 원칙 적용하기〉에서 자세히 설명한다.

실행 전략 회의

실행 전략 회의는 고위 리더와 함께 진행하는 작업 회의로, 조직 전체의 가장 중요한 목표와 그것을 달성할 추진력 있는 소규모 목표를 정한다. 이 회의는 보통 하루나 이틀 지속되며, 4가지 원칙을 실행할 전술적 계획을 완성하는 작업도 이때 이루어진다. 이 회의에 대해서는 3부 〈조직을 가장 중요한 목표에 집중시키기〉에서 자세히 설명한다.

my4dx.com

my4dx.com은 4가지 원칙을 자동화하고 조직에 도입하는 것을 지원하기 위해 만든 소프트웨어다. 성과를 내고, 책임을 지고, 지속적으로 참여하는 능력을 기르는 도구이자 보고와 분석에 탁월한 도구다. 이에 관해서는 2부 〈4가지 원칙 자동화하기〉에서 자세히 설명한다.

4가지 원칙 기조연설

이 책의 저자들은 인기 강사들로, 수백 또는 수천 명의 청중 앞에서 정기적으로 강연을 하고 실행 개요를 설명한다. 저자들은 전 세계에서 4가지 원칙을 성공적으로 실행한 조직의 사례를 열정적으로 소개해 청중의 마음을 사로잡고 있다.

이와 관련한 더 자세한 내용은 전화 1 (800) 882-6839로 문의하거나 인터넷 www.4dxbook.com을 참고할 것.

프랭클린코비에서 나온 책

《성공하는 사람들의 7가지 습관_The 7 Habits of Highly Effective People_》

《스티븐 코비의 마지막 습관_The 3rd Alternative_》

《리더 인 미_The Leader in Me_》

《소중한 것을 먼저 하라_First Things First_》

《원칙 중심의 리더십_Principle-Centered Leadership_》

《성공하는 사람들의 8번째 습관_The 8th Habit_》

《예측 불가능한 순간의 예측 가능한 결과_Predictable Results in Unpredictable Times_》

《훌륭한 업무, 훌륭한 경력_Great Work, Great Career_》

숀 코비의 다른 책

《성공하는 십대들의 7가지 습관_The 7 Habits of Highly Effective Teens_》

《6가지 가장 중요한 결정_The 6 Most Important Decisions You'll Ever Make_》

《성공하는 아이들의 7가지 습관_The 7 Habits of Happy Kids_》

〈리더 인 미〉 교육 안내

학교 리더 인 미(LIM)

행복, 창의, 참여, 생각을 키우는 교육으로, 학업 성취도 높이기, 공교육 정상화, 사교육비 절감, 참교육, 혁신 학교, 자유 학기제, 교사의 복지 향상을 위한 프로세스다. 학습 능력 향상, 리더십 스킬, 상부상조의 학교 문화를 3대 목적으로 한다.

방법

교사들이 〈리더 인 미〉 강사 자격증을 갖추고 학교나 교실 단위로 진행한다. 등교에서부터 귀가까지 주로 학생 주도로 실행해 학생들이 성취감을 갖도록 도와준다. 매일 리더십 노트를 작성해 학생의 학습 성취 진도를 확인하며 학기 말에 제본해서 일생 동안 보관하도록 한다. 가정에 가서 배운 내용을 부모님에게 가르치고, 충분한 수면을 취한 다음, 집중 학습한다. 부모님과 소통·효도하면 매일의 생활이 행복하고 자신만만해진다. 세계 명문 〈리더 인 미〉 학교와 자매결연 맺고 교환 학생 제도를 운영해 외국 친구들과 교제하고 교류한다.

가정 리더 인 미(LIM)

글로벌 명문 가정이나 유명 사립학교에서 사용하는 〈리더 인 미〉 과정을 학교에서 채택하지 않고 학교장에게 건의해도 무시당하는 경우 가정 단위로 〈리더 인 미〉 전인 교육, 즉 지덕체(지식·지혜, 덕성·성품, 체육·건강) 교육을 가정에서 최대한 구현한다. 매일 리더십 노트를 작성해 아이의 학습 성취 진도를 확인하며 학기 말에 제본해서 일생 동안 보관하도록 한다. 교육 컨설턴트에게서 배운 내용을 실행하고, 주변에 가르치며, 충분한 수면을 취한 다음, 집중 학습한다. 부모님과 소통·효도하면 매일의 생활이 행복하고 자신만만해진다.

방법

초등학교 3학년부터 고등학교 3학년에 이르는 청소년들이 재미있는 학교 생활로 천부적인 끼와 재능을 최대한 발휘하며, 최고의 학벌보다 최적의 직업을 꿈꾸고, 글로벌 리더가 되도록 교육, 컨설팅, 코칭해준다. 정기적으로 부모님도 코칭하고 컨설팅해준다.

- 리더십 스킬(자기관리 능력, 각종 중독 해방, 정리정돈)
- 집중 학습(잡념 최소화, 집중 학습법, 스트레스 줄이기)
- 가슴 뛰는 꿈 찾기(해리슨 진단, 진로?적성, 자유학기제 준비)
- 청소년 필수 교양 쌓기

〈리더 인 미〉는 세계적인 석학 스티븐 코비 박사의《성공하는 10대들의 7가지 습관》을 기반으로 만들어졌습니다. 학생들이 급변하는 시대에 성공하기 위한 필수적인 삶의 기술과 성품을 개발하고, 리더십을 배우고, 학교 교육 과정과 삶의 방식을 통합하는 과정입니다.

그래서 선생님들이나 관계자들이 추가적으로 배워야 하는 것이 아니라 "지속적으로 실천해야 하는 것"이라고 말합니다. 다음과 같이 해마다 학교와 학생들이 변하는 것을 발견할 수 있습니다.

- 리더로 성공하기 위한 자신감과 기술 등을 개발
- 학생들의 훈육 문제 감소
- 학업 성적 향상
- 학부모들과 교사들의 참여와 책임의 수준 향상

〈리더 인 미〉는 기본 2가지 단계로 구성되어 있습니다.

우선, 교사 과정은 〈리더 인 미〉를 실행하기 위해 교사들은 물론 학교 관계자들이 동일한 비전을 갖고 그것들을 실행하기 위한 원칙들과 기술들을 습득하는 시간입니다.

다음 실행 적용 단계는 이를 토대로 실제 교육 현장에서 적용하는 과정입니다.

첫 해에는 한국청소년리더십센터가 주관하여 교사 과정을 진행하고, 2~3년 차에는 각 학교가 진행할 수 있도록 도와주고, 4년 차부터는 독립적으로 운영될 수 있도록 구성되어 있습니다.

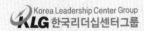

Korea Leadership Center Group
KLG 한국리더십센터그룹

한국리더십센터 http://www.eklc.co.kr

- 성과향상을 위한 맞춤형 HR Total Solution 제공
- 세계적으로 검증된 리더십, 실행력, 소통 교육 프로그램
- 회사별 교육 과정 개발, 핵심 역량 진단, HR 컨설팅

Korea Junior Leadership Center
KJLC 한국청소년리더십센터

한국청소년리더십센터 http://www.kjlc.co.kr

- 세계적으로 검증된 국내 유일 명품 리더십 프로그램 제공
- 체험을 통해 깨달음과 재미를 동시에 얻는 참여형 프로그램
- 학교와 교사, 학생, 학부모를 위한 맞춤형 프로그램 제공

Korea Leadership Coaching Center
KLCC 한국리더십코칭센터

한국리더십코칭센터 http://www.koreacoach.com

- 세계적으로 검증된 국내 유일 명품 리더십 프로그램 제공
- 비즈니스, 라이프 등 전문코치 양성
- 임직원 및 개인 대상의 1:1, 그룹, 팀코칭 서비스